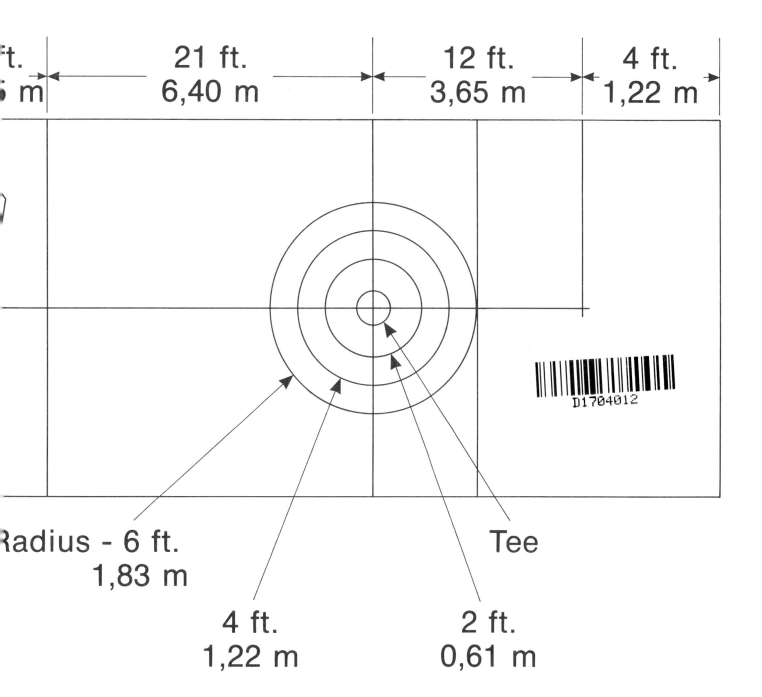

Man spricht normalerweise vom 12-Fuß-, 8-Fuß- und 4-Fuß-Kreis

Ulf von Malberg

Curling

Mit Otto Danielis Curling-Schule

nymphenburger

Bildnachweis:

Richard Drew Publishing Ltd.: Seite 8, 11, 13
Deutscher Eissport Verband: Seite 8
E. A. Sautter: Seite 12, 34, 35, 57
Archiv E. A. Sautter: Seite 25, 31
Archiv David B. Smith: Seite 14, 15, 16, 18, 19, 20, 21, 22, 56
   22, 56
Coburger Tagblatt: Seite 19
Public Archives Canada: Seite 23
Royal Caledonian Curling Club: Seite 17, 33
Air Canada (Mike Burns): Seite 25, 27, 44, 46, 47, 49, 50,
   51, 53, 54, 65, 66, 79
Gerhard Vollath: Seite 28, 38
Frieder Rösler: Seite 37, 42, 55
Erste Deutsche Curlingzeitung: Seite 39, 52, 67
Kurverwaltung Garmisch-Partenkirchen (Beckert): Seite 45
Royal Bank of Scotland: Seite 59, 62, 63
Royal Bank of Scotland: Seite 59, 62, 63
Ulf v. Malberg: Seite 61
Curling Club Hamburg: Seite 69
Bonspiel Curling Stones: Seite 77, 78
A. J. Geisser/Mauritius: Seite 81
Werkfoto adidas: Seite 82
Jarold & Sons Ltd.: Seite 68
Manus/Mauritius: Seite 97

© Nymphenburger Verlagshandlung GmbH,
München 1984
Alle Rechte, auch der fotomechanischen Vervielfältigung und des auszugsweisen Abdrucks, vorbehalten
Umschlaggestaltung: Wolf Bachmann unter Verwendung eines Fotos von Cash der Bildagentur Mauritius
Farbreproduktionen: Comgraf, Lavis/Trient
Gesetzt aus der 10 Punkt Helvetica
Gesamtherstellung: Druckerei Ludwig Auer,
Donauwörth
Printed in Germany 1984
ISBN 3-485-01678-0

Inhalt

Sport auf Eis 7
Es begann in Schottland 9
Der Sport verbreitet sich 20
Die Meisterschüler 21
Der Brier, besser als die Weltmeisterschaft 24
Die USA, der kleine Bruder 29
Vorreiter auf dem Kontinent, die Schweiz 30
50 Jahre Curling in Deutschland 36

Die Curling-Weltmeisterschaft 41
Scotch Cup 1959–1967 41
Air Canadian Silver Broom, seit 1968 43
Ladies, the ice is your's. Die Damen-Weltmeisterschaft 56
Wie die Alten sungen . . . Die Junioren-Weltmeisterschaft 66

Technik 69
Das Eis 69
Regeln der ICF (International Curling Federation) für internationale Wettbewerbe 71
Das Sportgerät 77

Otto Danieli: Theoretische Grundlagen und Trainingsaufbau 83
Vom Anfänger zum Weltmeister. Die Karriere des Otto Danieli 83

Das Team 85
Der Lead (Nr. 1) 85
Der Second (Nr. 2) 85
Der Third (Nr. 3) oder Vizeskip 86
Der Skip (Nr. 4) oder Teamführer 86
Teamverständnis 88

Training und Technik 89
Allgemeines 89
Was wird trainiert 89
Sommertraining 89
Ziel des Sommertrainings 90
Wozu überhaupt Sommertraining 90
Aufbau des Sommertrainings 90
Zeitbeanspruchung des Sommertrainings 91
Was muß trainiert werden 92
Traning 92
Trainingsprogramme (Fitneß) 96
Das Wintertraining/Training der Technik 99
Taktik und Strategie 111
Das taktische Curlingspiel 117

Anhang 133

Sport auf Eis

Am Anfang war das Eis. Laut Brockhaus ist Eis »Wasser im festen Aggregatszustand. Bei 1 Atm. Luftdruck tritt die Bildung von Eis aus flüssigem Wasser, das Gefrieren, bei 0°C ein.« Damit ist eine Eigenschaft des Eises bereits hinreichend begründet: es ist kalt. Eine zweite Eigenschaft des Eises wird spätestens dann klar, wenn man mit einem Automobil auf eine zu spät erkannte Eisplatte gerät, die Reifen die Reibung verlieren und das Automobil in unkontrollierbaren Bewegungen die Straße verläßt: es ist glatt. Da der Mensch von jeher dazu neigt, jeder unangenehmen Naturgegebenheit auch eine positive Seite abzugewinnen, begann er alsbald z. B. seine Getränke zu kühlen, die dadurch einen besseren Geschmack annahmen, oder die Gleitfähigkeit des Eises für allerhand sportliche Fortbewegungsarten auszunützen. Womit wir beim Thema sind.

Der Schlittschuh wurde bereits in vorgeschichtlicher Zeit erfunden. Man fertigte ihn aus Knochen, ehe im 15. Jahrhundert in Holland der Holzschlittschuh mit Eisenkufe aufkam. Eisschnell- und Eiskunstlaufen dürften also sehr alte Sportarten sein. Irgendwann begann man mit Stöcken auf Hartgummischeiben herumzudreschen (Eishockey), oder setzte sich in mit Kufen versehene Segelboote (Eissegeln). Da sich Fahrzeuge mit Kufen auf Eis schneller zu Tale bewegen als auf Schnee, erfand man den Rodel-, Bob- und Skeletonsport, der mittlerweile hauptsächlich auf Kunsteisbahnen betrieben wird und man begann Gegenstände auf flachem Eis hin und her zu schubsen. Je nach Ursprungsland und Formgebung des Gegenstandes nannte man das dann Eisstockschießen oder Curling. Mit anderen Worten: Bewegt eine Person oder Mannschaft in sportlichem Wettkampf einen oder mehrere Gegenstände auf Eis von A nach B um an Punkt B irgendein Ziel zu treffen, so kann das Eisstockschießen oder Curling sein. Womit die Gemeinsamkeit der beiden Sportarten bereits erschöpft ist. Auch wenn gewisse Herrschaften anläßlich der Olympischen Spiele 1976 in Innsbruck das Publikum nichtdeutscher Zunge mit der sinnigen Übersetzung »Curling, alpine style« zum Eisstockschießen animieren wollten.

Die wesentlichen Unterschiede liegen schon im Sportgerät: Während der Eisstock ein konisch gedrechseltes Holzgerät mit senkrechtem Griff sowie Holz- oder Plastiklauffläche und einem Gewicht von etwa 5,5 kg ist, besteht der Curlingstein aus Granit, hat einen kurzen gebogenen Griff und wiegt rund zwanzig Kilo. Ein Besen wird nur beim Curling verwendet. Die »Daube«, das Ziel beim Eisstockschießen, ist beweglich, kann also beim Spiel verändert werden. Das »Haus« beim Curling ist dagegen fest im Eis eingezeichnet. Auch die Bahnlänge ist verschieden, das Weitschießen beim Curling unbekannt. In diesem Zusammenhang wäre es nicht uninteressant, wie weit man einen Curlingstein bewegen kann. Angeblich sollen im frühen 18. Jahrhundert zwei Herrschaften – der Präsident der Curler von Lochmaben, dessen Name offensichtlich nicht überliefert ist, und ein Mensch namens Laurie Young – einen Zweikampf dieser Art auf dem Mill Loch in Schottland ausgetragen haben. Der Präsident soll dabei seinen Stein quer über den See – immerhin rund 1,5 Kilometer – bis ans andere Ufer bewegt haben.

Wer gewonnen hat ist nicht überliefert, aber abgesehen von der historischen Übertreibung müssen an diesem Tag phantastische Eisverhältnisse geherrscht haben. Schon die offizielle Eisstock-Weltbestleistung des Herrn Otto Kraus mit 456,92 m ist recht beeindruckend.

Das Alter beider Sportarten dürfte hingegen weitgehend gleich sein. Im Jahr 1565 malte Pieter Breughel der Ältere das Bild »Jäger im Schnee«, auf dem ganz deutlich Eisstockschützen zu erkennen sind. Das Bild entstand kurz nach Breughels Reise durch Österreich in Tirol 1554. Ist dieses Bild wohl die älteste Darstellung des Eisstockschießens, kann der Curlingsport mit einem handfesten Beweis gleichen Alters aufwarten. Im Smith Institute von Stirling, Schottland, finden wir den »Stirling Stone« mit der eingravierten Jahreszahl 1511.

Ähnlich wie die Jäger im Schnee *zeigt Breughels* Winterlandschaft mit Vogelfalle *von 1565 (Ausschnitt) Eisstockschützen oder gar Curler (links). Der* Stirling-Stone *von 1511 (rechts).*

Es begann in Schottland

Jede Sportart hat so seine Histörchen und Legenden, auch der Curlingsport. Daß sich der Ursprung tatsächlich so zugetragen hat, ist zwar mehr als zweifelhaft, aber die Geschichte ist so hübsch, daß sie sich in Curlerkreisen hartnäckig hält.

Bekanntlich waren sich Engländer und Schotten im Laufe ihrer langen und bewegten Geschichte nie besonders grün. Ob nun König Eduard I. 1296 den jahrhundertealten schottischen Krönungsstein aus Scone klaute und ihn nach Westminster Abbey verbrachte, um damit seinen Anspruch auf die Lehensherrschaft über Schottland zu demonstrieren, (Scone sollte später für den Curlingsport noch historische Bedeutung erlangen), ob sein Nachfolger vom schottischen König Robert the Bruce 1314 bei Banockburn fürchterliche Prügel bezog, ob Queen Elizabeth I. ihrer »lieben Schwester« Maria Stuart 1587 den Kopf vor die Füße legte, ob Bonnie Prince Charlie 1745 die Engländer aus Schottland hinauswarf, dafür aber bereits ein Jahr später der liebenswerte Herzog von Cumberland die schottischen Clans bei Culloden vernichtete, immer war etwas los. Im Rahmen dieses Austausches von Freundlichkeiten soll einem schottischen Admiral in holländischen Diensten eine englische Kanonenkugel mit derartiger Wucht an Deck geflogen sein, daß sie einseitig eingedrückt liegenblieb. Der Herr Admiral betrachtete selbige Kanonenkugel fürderhin als seinen Talisman und schleppte sie immer mit sich herum. Als nun im Winter die Schiffe in den Häfen festgefroren still lagen, soll besagter Admiral auf den Grachten einen neuen Sport erfunden haben. Richtig geraten, er schob seine plattgedrückte Kanonenkugel auf dem Eis von A nach B, der Curlingsport war geboren. Wie gesagt, es handelt sich um eine Legende, die man historisch zerpflücken kann. Richtig ist zwar, daß viele Schotten auf holländischer, meist aber auf französischer Seite gegen England gekämpft haben, da Schottland nie über eine schlagkräftige eigene Flotte verfügte. Die holländisch-englische Auseinandersetzung zur See begann aber erst 1651 und da war der Curlingsport bereits eineinhalb Jahrhunderte alt. Einigen wir uns also darauf, daß der Herr Admiral als erster den Curlingsport exportiert hat.

Schottland schenkte der Welt zumindest drei Sportarten: Curling, Golf und – Fußball! Während das Pflänzchen Curling noch sehr im Verborgenen blühte, nahmen Golf und Fußball bereits derart überhand, daß beide 1457 vom Kronrat als lästige Konkurrenz zum sehr viel nützlicheren Bogenschießen und wegen der Auslösung von Tumulten verboten wurden (»decreted and ordained that the futeball and golf be utterly cryit doun and nocht usit...«). Wie man sieht, hatte schon damals die Obrigkeit ihre Schwierigkeiten mit den Fußballfans. Daß aber auch die Golfer Tumulte ausgelöst haben sollen, mutet aus heutiger Sicht doch etwas merkwürdig an.

Der erste überlieferte Bericht eines Curlingspiels stammt aus der Paisley Abtei vom Februar 1541 und lautet (gekürzt) wie folgt: »venerabilis vir dominus Joannes sclater monachus pasletensis accessit ad glaciem que est inter horgart ex occidentali et cubiculum quondam venerabilis in christo patris georgii abbatis pasletensis... ex orientali partibus et Ibidem ter lecit cotem super glaciem asserens se esse paratum implere quicquid promissum erat in primo eius die adventus de certamine mittendorum super glaciem hujusmodi cotium... magister gawinus hammiltoun intimavit domino Joanni sclater vt let ad glaciem costituti loci et Ibidem certarent cotibus super glaciem missis vt promissum erat asserens se pro parte sua respondere paratum...«

»Der ehrwürdige Herr Johannes Sclater, Mönch von Paisley, ging auf das Eis, das sich auf der Westseite zwischen Horgart und der Behausung des einst in Christus ehrwürdigen Pater Georg, Abt von Paisley, befindet. Von der Ostseite warf er daselbst dreimal den Stein über das Eis und versicherte, er sei zu einem Wettkampf mit den über das Eis zu werfenden Steinen bereit, wie er es am ersten Tag seiner Ankunft versprochen habe... Magister Gawinus Hamilton teilte dem Herrn Johannes Sclater darauf mit, daß er seinerseits bereit sei, am vereinbarten Platz den Wettkampf mit den über das Eis gespielten Steinen anzunehmen, wie er es versprochen habe.«

Interessant übrigens, daß der Verfasser statt des üblichen Wortes lapis für Stein das Wort cos benützt, womit ein besonders harter Stein gemeint ist. Entdeckt wurde dieser Bericht erst 1976.

Gedruckt findet sich das Wort Curling erstmals in einem Nachruf 1620 für einen gewissen M. James Gall, Bürger der Stadt Perth »...a gentlemen of a goodly stature, and pregnant wit, much given to pastime as golf, archerie, curling; and joviall companie.« Anläßlich der Versammlung der Schottischen Kirche in Glasgow wurde im März 1638 Bischof Graham von Orkney eines besonders verdammungswürdigen Verbrechens angeklagt: »He was a curler on the ice on the Sabbath day«, er hatte am heiligen Sabbath gecurlt! Kein Wunder, denn erst in jüngster Zeit sind Sportveranstaltungen in Großbritannien auch am Sonntag erlaubt.

Die ersten Curlingsteine wurden »loofies« genannt, basierend auf dem schottischen Wort loof = die Handfläche. Sie waren flach, entsprachen etwa der Form einer Hand und waren etwa zwei bis drei Kilo schwer. Zwischen 1500 und etwa 1650 wurden die Steine schwerer, bis etwa zwölf Kilo. Man hat eine ganze Reihe dieser Steine in ausgetrockneten Seen und Weihern gefunden. Manche von ihnen sind entweder beim Wurf durch die zu dünne Eisdecke gebrochen, oder aber nachts bei Tauwetter durchgesunken. Einige fand man sogar als Baumaterial in alten Mauern.

Daß der Eissport und damit Curling gerade in dieser Zeit eine erste Blüte erfuhr, hat einen ganz natürlichen Grund. Zwischen 1500 und 1700 herrschte auf den britischen Inseln eine derartige Kälte, daß sie von den modernen Klimatologen als »kleine Eiszeit« bezeichnet wird. Die Wassertemperaturen lagen im Durchschnitt gut fünf Grad unter den heutigen Durchschnittswerten, 1684 war die Themse 23 cm dick zugefroren. Der Boden des reinen Agrarlandes Schottland war derart durchgefroren, daß im Winter keinerlei Bearbeitung möglich war. Der Wohnkomfort war zu dieser Zeit auch nicht gerade großartig. Die meisten Häuser hatten keine Glasfenster, es war also entweder bitter kalt oder es stank bei geschlossenen Läden ganz erheblich. Nichts also für eine Landbevölkerung, die gewohnt war, sich an der frischen Luft aufzuhalten. Man vertrieb sich also die Zeit im Winter vornehmlich damit, Steine in der Gegend herumzuwerfen.

Festgelegte Regeln gab es damals noch nicht, wenn auch klar war, daß man ein festgelegtes Ziel zu treffen hatte. Kein Wort von gewollter Drehbewegung des Steines, womit die Bedeutung des Wortes Curling plötzlich in einem ganz anderen Licht erscheint. Curling kommt also nicht vom englischen Wort »curl« = kräuseln, drehen, sondern vom alten Verbum »to curr«, das den tiefen Brummton des über das Eis gleitenden Steines beschreibt. Gedreht hat sich nichts, wenn die alten Schotten ihre loofies über das Eis schleuderten.

Hatten die loofies oder auch kuting-stones eine weitgehend dreieckige Form, so begannen sich ihre Nachfolger ab etwa 1650, die Boulders, bereits der heutigen Form anzunähern. Sie waren weitgehend rund bearbeitet und wurden mit einem eisernen oder auch hölzernen Griff versehen. Praktisch jedes Dorf hatte einen Schmied, der die »handle« anfertigte und im Stein verankerte. Da jeder Spieler seinen Stein besaß, waren diese oft markiert. Der erste bekannte Boulder mit Griff stammt aus dem Jahr 1551 und war noch völlig unbearbeitet. Es dauerte ja auch noch rund hundert Jahre, bis ausschließlich mit griffbewehrten Steinen gespielt wurde.

Die Entwicklung ging recht langsam voran. In diesem Zusammenhang darf man nicht vergessen, daß Schottland ein schwach besiedeltes, unwegsames Land mit sehr schlechten Verkehrsverbindungen war. Das Straßennetz konnte nicht auf römischem Ursprung, wie hierzulande, aufbauen. Man spielte innerhalb der Dorfgemeinschaft, höchstens gelegentlich Dorf gegen Dorf. Natürlich hatte man längst kapiert, daß es nicht nur darauf ankam, den eigenen Stein möglichst nahe ins Ziel zu bringen, sondern auch, den gegnerischen Stein zu entfernen. Da Gewicht und Umfang immer noch nicht reglementiert waren, kamen ganz Schlaue auf die Idee, so große Steine einzusetzen, die vom Gegner nicht mehr entfernt werden konnten. Im 18. Jahrhundert tauchten plötzlich Trümmer von abenteuerlichen Ausmaßen auf, die noch dazu mit den seltsamsten Namen belegt wurden. »The Baron« oder »Black Meg«, ein rundes Gerät von 33 kg, »The Bible«, die nicht nur so hieß, sondern auch wie ein überdimensionales Buch aussah. »The Hen«, die Henne, von der gesagt wurde: saß sie einmal im Nest (im Haus), dann war sie nicht mehr zu vertreiben. Dann als Gegenwaffe zur Henne, das Ei mit dem respektablen Gewicht von 57,5 Kilo und schließlich der Größte von allen, der Jubileestone mit 58,5 Kilo. Diese Dinosaurier des Curlingsportes konnten nur von herkulischen Spielern bei besten Eisverhältnissen bewegt werden und teilten zum Glück auch das Schicksal der Dinosaurier. Sie verschwanden in Museen und werden nur zu seltenen Anlässen hervorgeholt. So eröffnete der Weltmeister von 1967, Chuck Hay, der nun wirklich über recht stattliche Ausmaße verfügt, die Weltmeisterschaft 1975 in Perth mit eben jenem Jubilee-stone. Dabei hatte er die größte Mühe, den Stein über die gesamte

Ein Loofie *mit der für ihn typischen Handhaltung.*

Sammlung der Giganten in Perth. Ganz links der Jubilee-Stone, *zweiter von rechts* The Egg. *Links oben Martin Hardie's berühmtes Ölgemälde »Grand Match 1899 in Carsebreck« von Seite 33.*

Länge einer modernen Bahn (42 Meter) zu spielen, obwohl man dem Mammut eine Plastiklauffläche verpaßt hatte, um nicht das Eis zu ruinieren. Der Stein befindet sich übrigens in einer Vitrine des Perth Ice-rink und kann dort besichtigt werden.

Neben dem Stein war von jeher der Besen untrennbar mit dem Curlingsport verbunden. Aber während man ihn heutzutage dazu benützt, den Lauf des Steines vor allem in der Richtung zu beeinflussen, kam es in den alten Tagen tatsächlich darauf an, das Eis von Schnee und sonstigen Fremdkörpern zu reinigen. Auf den unebenen Lochs hätten die feinhaarigen Elaborate heutiger Produktion auch wenig Wirkung gezeigt. Es waren grobe Reisigbesen, mit denen die Frau Gemahlin zu Hause den Flur kehrte, oder welche die berühmten schottischen Moorhexen zu ihrem Ritt zum Blocksberg – oder wie das schottische Pendant auch immer geheißen haben mag – benutzten. An die Füße schnallte man sich eine Art von Steigeisen, ganz ähnlich wie es die Eisstockschützen teilweise heute noch tun, aber die wurden bald verbannt, weil sie natürlich das Eis ruinierten.

Langsam begannen sich die ersten Clubs zu formieren. Der Kinross Curling Club scheint der älteste gewesen zu sein, sein Gründungsjahr war 1668, das behaupten zumindest die Curler aus Kinross. Das Clubleben begann mit Sicherheit mit der Gründung der Kilsyth- und Kirkintilloch Clubs 1716. Bis 1725 kamen zwölf weitere hinzu, bis 1800 waren es 42. In den Clubs wurde in erster Linie auf gutes Benehmen geachtet, so ahndete der Muthill Club in Perthshire 1739 jeden Fluch mit zwei Shilling Strafe. In den Satzungen der Doune und Ardoch Clubs hieß es: 1. Nur ein Mitglied darf sprechen... (nicht mehrere gleichzeitig), 2. Der zu konsumierende Drink muß Whisky-Punsch sein, um den Anbau der Gerste zu fördern (!), 3. Keine politischen Diskussionen, egal ob über Kirche oder Staat. 4. Kein Mitglied darf über die Fehler eines Mitspielers sprechen oder die Offiziellen kritisieren... 6. Jedes Mitglied, das flucht, einem anderen vorschreibt, wie es abstimmen soll, oder auf Kleinigkeiten besteht ohne von den anderen unterstützt zu werden, wird mit einer Geldstrafe belegt. 8. Die Geldstrafe wird mit 6 Pence festgelegt. (Besonders der § 4 ist heutzutage leider völlig aus der Mode gekommen!).

Mit der Entstehung der Clubs und der einsetzenden Verbesserung der Verkehrswege rückten auch die Curler näher zusammen. Zwar gab es immer noch kein einheitliches Reglement, aber die benutzten Steine wurden immer ähnlicher – man spielte jetzt mit den »Round stones« – 1784 kam in Hamilton bereits die erste konkave Lauffläche auf. Diese Erfindung sollte den gesamten Sport revolutionieren. In diesem Jahr standen sich die Mannschaften von Castlesemple und eine unter der Führung des Herzogs von Hamilton gegenüber und hier passierte etwas, was bisher unbekannt war. Die Beschreibung, wie so oft in Gedichtform, lautet:

> Six stones within the circle stand
> And every port is blocked
> But Tam Pate he did turn the hand
> And soon the port unlocked.

Besagter Tam Pate machte nichts anderes, als heute jeder Curler. Er gab dem Stein einen Drall mit und spielte offensichtlich einen Draw hinter

Stein mit einem dreifach verankerten handle. Er soll um 1700 dem Reverend William Halley gehört haben.

den »blocked port«. Überraschenderweise geriet diese Technik wieder in Vergessenheit und wurde erst sechzehn Jahre später durch junge Curler aus Fenwick wiederentdeckt. Wie alles Neue erregte diese Spielart den Argwohn und den Widerstand der anderen und erst 1880 wurde der kontrollierte »twist« als Voraussetzung für ein erfolgreiches Spiel offiziell anerkannt.

Auch die Städte hatten jetzt ihre Curlingclubs: In Glasgow waren es 1825 acht, in Edinburgh neun. Einer der wichtigsten und vornehmsten, dem auch die halbe Stadtverwaltung einschließlich des Oberbürgermeisters angehörte, war der Duddingston Club in Edinburgh, gegründet 1795. Die Vornehmheit dieses 160 Mitglieder starken Vereins war weniger wichtig, als dessen Weitsicht. Seine Regeln entsprachen nämlich damals schon weitgehend den heutigen. Die wichtigste Clubgründung erfolgte jedoch am 25. Juli 1838 im Waterloo Hotel zu Edinburgh. Der Grand Caledonian Curling Club wurde aus der Taufe gehoben. Es dauerte allerdings eine Weile, bis es so weit war. Verschiedenen Herrschaften war klar geworden, daß man eine Art nationalen Verband benötigte, schon um die Regeln in den Griff zu bekommen. Einer der Vorreiter war Sir Richard Broun, der 1830 sein Werk »Memorabilia Curliana Mabenensia« herausbrachte und 1834 den »Amateur Curling Club of Scotland« gründete. Aber Sir Richard's Verein geriet etwas zu exklusiv – alleine vier Herzöge sollten die obersten Ämter bekleiden – um alle Curler unter einen Hut zu bekommen.

Im Frühling 1838 schrieb ein Dr. George Walker-Arnott, Mitglied des Orwell Clubs Loch Leven, die »Laws of Curling«, die auch publiziert wurden, wenn sie auch nicht offiziell waren, aber doch von einigen unbekannten Curlern zum Anlaß genommen wurden, für den 20. Juni zu einer Ver-

John Cairnie, erster Präsident des Grand Caledonian Curling Club.

sammlung einzuladen. Daselbst wollte man sich Gedanken zur Gründung eines nationalen Verbandes machen. Das Echo war mehr als enttäuschend. Nur etwa ein Dutzend Curler erschienen, mehr aus Neugierde, die Clubs reagierten nicht auf die anonyme Aufforderung, der Gastgeber war tatsächlich überhaupt nicht erschienen. Als die Versammlung bereits in Auflösung begriffen war, marschierte ein kleiner einarmiger Mann in den Saal, stellte sich als John Cairnie von Curling Hall Largs vor und, obwohl ihn keiner der Anwesenden kannte, faszinierte er alle auf Grund seiner Persönlichkeit. Man wählte ihn sofort zum Vorsitzenden und beschloß, es noch einmal und diesmal besser organisiert zu versuchen. Man

Curling Hall, Cairnies erste »künstliche« Curlingbahn aus dem Jahre 1828.

vertagte sich auf den 25. Juli an gleichem Ort und nun war der Erfolg überwältigend. 44 Curler repräsentierten 36 Clubs aus allen Teilen Schottlands, man gab sich eine Satzung, übernahm weitgehend die Spielregeln des Duddingston Clubs und beschloß, alle Curler der ganzen Welt zu vereinigen. »To unite curlers throughout the world into the brotherhood of the Rink.« Ein Ziel, das der Club heute noch verfolgt, denn Curling wurde damals schon in Kanada, den USA und in England gespielt und es war vorauszusehen, daß sich der Sport weiter verbreiten würde. John Cairnie wurde selbstverständlich zum ersten Präsidenten gewählt. Dieser Mann hatte sich übrigens schon früher um den Curlingsport verdient gemacht. Cairnie baute 1828 die erste künstliche Curlingbahn der Welt. Natürlich keine Kunsteisbahn, wie wir sie heute kennen, aber einen flachgewalzten Platz aus Ton und Basalt, der mit Wasser aufgespritzt wurde. Etwas mußte die Natur schon noch nachhelfen, aber man mußte bei weitem nicht mehr so lange warten, bis ein See oder Teich zugefroren war.

1842 wurde zu einem ganz wichtigen Jahr für den Club. Königin Victoria, gerade 23 Jahre alt und seit zwei Jahren mit Prinzgemahl Albert von Sachsen Coburg Gotha verheiratet, besuchte erstmals Schottland – übrigens mit der Eisenbahn – und nahm vorübergehend in Scone Palace bei Perth Quartier. Besitzer, wie heute auch,

Zwei besonders gearbeitete Curlingsteine, 1863 Geschenk des RCCC an den Prince of Wales, den späteren König Edward VII.

war der Earl of Mansfield und der war zufällig Präsident des Grand Caledonian Curling Clubs. Die Mitglieder beschlossen, dem hohen Besuch ein Paar Curlingsteine zu schenken, und da die junge Königin wissen wollte, wie dieser Sport gespielt wird, demonstrierte der Earl auf dem – damals wie heute – sehr gepflegten Parkettboden der »Long Gallery« Curling. Zwar kam die Königin mit den schweren Steinen auf Holzuntergrund nicht ganz zurecht, aber Albert bereitete der Sport offensichtlich Vergnügen. Er übernahm 1843 offiziell die Schirmherrschaft über den Club, der sich ab sofort »Royal Caledonian Curling Club« nennen durfte. Seither ist immer der regierende Monarch Großbritanniens Schirmherr, zur Zeit also Königin Elisabeth, während Prinz Phillip Ehrenpräsident ist. Der erste Schirmherr des RCCC war also ein Deutscher!
Der Royal Club bestand bei Gründung aus 28 Vereinen, heute sind es 655. 1844 erschien das erste »Annual«, ein Jahrbuch, das heute noch alljährlich gedruckt wird, ein wahrhafter Bestseller. Man gab sich universell, vorerst zumindest Groß-Schottisch. Zwar wurde noch keine schottische Meisterschaft ausgetragen, aber man erfand etwas anderes: die Grand Matches. Die Idee war, den Süden gegen den Norden antreten zu lassen, Grenze war der Forth of Clyde, in etwa also die Highlander gegen die Lowlander. Aber das Wetter war wieder einmal dagegen, die »kleine Eiszeit« gerade vorbei und so fielen die ersten beiden geplanten Veranstaltungen im wahrsten Sinne des Wortes ins Wasser. Endlich, 1847 war es soweit. Man benutzte die Erfahrungen der britischen Armee bezüglich der Eisdicke. Zwei Inches (1 in. = 25,4 mm) tragen erwachsene Männer, wenn sie mindestens sechs Fuß auseinander stehen, vier Inches tragen einen Reiter, sechs Inches einen Pferdewagen oder ein Achtpfünder-Geschütz, acht Inches eine komplette Batterie mit Zugtieren, zehn Inches eine ganze Armee und schließlich fünfzehn Inches einen Eisenbahnzug. Bei der zu erwartenden Menschenmenge beschloß man, mindestens sechs Inches (= 15,24 cm) Eisdicke als Limit anzusetzen. Die waren am 15. Januar 1847 auf dem Penicuik-Loch offensichtlich gegeben. Dreihundert Curler erschienen, 68 Mannschaften aus dem Süden, aber nur zwölf aus dem wesentlich dünner besiedelten Norden, wobei Penicuik House etwa fünfzehn Kilometer südlich von Edinburgh liegt. Also spielten nur 24 Teams das eigentliche Grand Match, während die übrigen als Province of Midlothian gegen den Rest Schottlands antraten. Der Süden gewann 238:216 und das ganze war ein Riesenspaß. Wie gut die Idee einschlug, bewies bereits das nächstjährige Grand Match, das am 25. Januar 1848 auf dem Loch von Linlithgow, dem Geburtsort Maria Stuarts, in Szene gesetzt wurde. Siebenhundert Curler nahmen daran teil,

Grand Match auf dem Loch Linlithgow 1848 (im Hintergrund Maria Stuarts Geburtshaus).

Grand Match 1897 auf der gefluteten Wiese von Carsebreck.

nicht weniger als 5000 Zuschauer wollten sich diese Gaudi nicht entgehen lassen. Die Veranstalter hatten fürchterliche Angst, ob das Eis auch alle Personen tragen würde, die Polizei war hauptsächlich damit beschäftigt, die Menschen gleichmäßig zu verteilen. Nichts passierte.

Lochwinnoch 1850, das dritte Grand Match, sprengte alle Rekorde und brachte auch zwei Neuheiten. Zum ersten Mal wurde auf einer gefluteten Wiese gespielt und zum ersten Mal spielten auch Damen mit. Damit wurde eine Entwicklung eingeleitet, die in jüngster Zeit – fast – abgeschlossen ist: Die Gleichberechtigung der Frau auf dem Eis! Für Statistiker: Auf der »Barr Meadow« betätigten sich 1096 Curler. Zum ersten Mal gewann der Norden mit genau 233 Steinen Vorsprung.

Die guten Erfahrungen von Lochwinnoch veranlaßten den Royal Club, ein Gelände bei Carsebreck in Perthshire zu pachten, um dem Grand Match eine ständige Heimat zu geben. Von 1853 bis 1935 wurden dort 25 Grand Matches gespielt, 1935 brachte die größte Anzahl von Curlern, die je bei einem Spiel teilnahmen, zusammen: 2576 Personen. Nach dem 2. Weltkrieg konnte man noch vier mal ein Grand Match organisieren. 1959, 1963, 1979 und 1981. Das Klima hatte sich verändert, der Curlingsport eine neue Entwicklung eingeschlagen: Curling war Hallensport geworden.

Seit 1977 erfuhr das Grand Match jedoch eine neue internationale Variante. Die Schweden kamen in Karlstad zum ersten Mal auf die Idee, die Zuschauer der Weltmeisterschaft ein Grand

Match spielen zu lassen. Europa gegen Nordamerika lautete die Devise, sie wurde begeistert aufgenommen. Ob nun auf dem enormen Freieis-Bandyfeld von Karlstadt, in den luxuriösen Curlinghallen von Winnipeg oder auf der berühmten Eisfläche 2 des Olympiastadions von Garmisch-Partenkirchen mitten in der Nacht, das »Grand Transatlantic Match«, an dem einfach jeder mitspielen kann, ist seither ständiger Bestandteil einer Curling-Weltmeisterschaft.

Curling im allgemeinen und die Grand Matches im besonderen erfüllten nicht nur einen sportlichen und gesellschaftlichen, sondern auch einen sozialen Zweck. Der Herzog spielte neben dem Bauern, der Unternehmer neben dem Fabrikarbeiter. Schon 1873 erkannte der Reporter der »Daily Review« wörtlich: »Whatever differences of social grade might exist amongst them were not at all apparent – they were put aside for the day, banished by that glorious, equalising quality of the game...« (Welche sozialen Unterschiede auch immer zwischen ihnen existieren mögen, sie kamen nicht zum Ausdruck, denn an diesem Tage standen sie nebeneinander fasziniert durch die großartige vereinigende Qualität des Spiels...).

Curling war nie der elitäre Sport, für den ihn Nichtkenner halten. Heute wie damals.

Königin Victorias Mann, Prinz Albert von Sachsen-Coburg-Gotha, erster Schirmherr des RCCC.

Präsent des Ayr Agricultural Curling Clubs an Commander Alexander Hamilton of Rozelle 1875.

Curling auf dem St. Margaret's Loch, Queen's Park, Edinburgh 1867.

Der Sport verbreitet sich

Wohin auch immer Schotten auf dieser Welt verschlagen wurden, eine ihrer ersten Aktivitäten war es, auf Eis Gegenstände von A nach B zu bewegen. Nicht überall hatten diese Bemühungen Bestand. So gründete z. B. ein Schotte namens William Hopper 1873 einen Curlingclub in Moskau, sechs Jahre später versuchte der britische Botschafter in St. Petersburg, Lord Dufferin, dasselbe. Aber beim Ausbruch des Krieges 1914 war alles wieder vorbei. Auch Irland erwies sich als ungünstiges Curlingpflaster. Nur zwei Perioden, zwischen 1839 und 1846, sowie 1878/79 können nachgewiesen werden. In China entstand 1890 ein Club in Tientsin, der sich immerhin rund 50 Jahre hielt. 1939 machte ihm der Krieg ein Ende, genau wie in Australien. Der Club von Melbourne, 1936 gegründet, wurde nur drei Jahre alt. Aber sonst war man recht erfolgreich. Der ganz große Hit gelang in Kanada. Die Kanadier erwiesen sich als die gelehrigsten Schüler, die ihren Lehrmeistern alsbald über den Kopf gewachsen waren.

Olympische Spiele 1924 in Chamonix, Einmarsch der britischen Mannschaft. Curling war Demonstrationssport. Erst 1988 in Calgary wird es wieder so weit sein. Curling soll dann sogar »echte« olympische Sportart werden.

Die Meisterschüler

Es begann mit der Einnahme von Quebec durch britische Truppen 1759 unter General Wolfe, der dabei den Tod fand und von Brigadier James Murray ersetzt wurde. Zu dessen Regimentern zählten auch die 78er Highlander. Diese stammten hauptsächlich aus der Gegend von Inverness und wurden von Simon Fraser Lord Lovat ausgehoben und kommandiert. Die 78er bewährten sich besonders bei der Erstürmung der Zitadelle, die sie durch besonders hart gespielte take-outs sturmreif schossen. Dieser Vergleich ist weniger an den Haaren herbeigezogen, als es zunächst den Anschein hat. Denn kaum waren die Franzosen aus Quebec vertrieben, begannen die Highlander auf dem Eis des St. Charles River Gegenstände von A nach B zu bewegen. Und da sie keine geeigneten Steine fanden, erhielten sie vom Oberkommandierenden die Genehmigung, eiserne Kanonenkugeln in brauchbare Form zu schmelzen. Hier schließt sich also der Kreis zu jenem legendären Admiral, nur handelt es sich hier durchaus um keine Legende.

Curling scheint zunächst ein Privileg der Militärs gewesen zu sein, denn erst 1805 wurde die Gründung eines zivilen Clubs in Beauport nahe Quebec bekannt. 1807 wurde der Royal Montreal

Curling in Montreal 1855. Gespielt wurde mit eisernen Geräten. Die Zuschauer-Kulisse war damals schon beeindruckend.

Curling Club gegründet, gespielt wurde fast ausschließlich mit eisernen Curling-»Steinen«.

Nach der Niederlage Napoleons bei Waterloo kontrollierte die Britische Regierung die Einwanderung nach Kanada. In den Jahren 1816 bis 1821 kamen rund 40 000 Briten alleine nach Ontario, hauptsächlich Schotten. Dieser Schub gab natürlich auch dem Curlingsport einen gewaltigen Auftrieb. 1820 wurde ein Club in Kingston ins Leben gerufen, seit 1825 curlten Einwanderer aus Dumfries und Lanark in Toronto, wo auch 1837 der Toronto Curling Club gegründet wurde. Aber schon zu dieser Zeit machte sich die Rivalität zwischen der doch stark französisch beeinflußten Provinz Quebec und der rein britischen Provinz Ontario bemerkbar. Auch im Curling. Dafür gab es mehrere Beispiele. Als 1843 der Royal Club in Schottland bestätigt wurde, schlossen sich der Royal Montreal und die Quebecer Clubs als Quebec Association an und nannten sich »Canadian Branch of the Royal Caledonian Curling Club«. Sie repräsentierten also Kanada, ohne daß die Clubs aus Ontario überhaupt dabei waren. Erst zwischen 1854 und 1857 kamen die Ontario-Clubs dazu. 1858 wurde die erste Einladung an den Mutterclub in Schottland ausgesprochen, aber es dauerte 44 Jahre, ehe die erste schottische Curling-Abordnung nach Kanada kam.

Es gab zwei weitere Gründe, warum die beiden heranwachsenden Zentren so schwer zusammenfanden. Erstens natürlich die enormen Entfernungen und zweitens Materialprobleme! Die

Prinz Arthur eröffnet am 20. Mai 1870 die Caledonia Curlinghalle (!) in Montreal.

»Canadian Branch« spielte nämlich immer noch mit den Eisengeräten, während in Ontario echte Steine benutzt wurden. 1861 wurde ein Kompromiß gefunden. Bei einem Turnier in Montreal mußten die Kontrahenten auch mit den »Steinen« der anderen Mannschaft spielen. Kein Wunder, daß sie mit den »falschen« jeweils verloren, denn Technik und Taktik waren doch zu unterschiedlich. Erst allmählich kam man sich näher. Nach der Gründung des »Dominion of Canada«, die das Land von einer reinen Kolonie 1867 in einen Bundesstaat umwandelte, verlagerte sich das Curling-Zentrum Kanadas mehr nach Toronto, aber es dauerte bis 1947 (!), bis die letzten elf Clubs aufhörten, mit Eisen-»Steinen« zu spielen. Zu einer wahren Curling-Explosion kam es zwischen den Achzigern und der Jahrhundertwende im mittleren Westen, in Alberta, Manitoba und Saskatchewan. Diese drei Provinzen streiten sich heute um die Ehre, Curlingzentrum der gesamten Welt zu sein. Eine Entscheidung fällt da schwer. In Edmonton (Alberta) steht mit 48 Bahnen die größte Curlinghalle der Welt, Winnipeg (Manitoba) zog mit 102 000 Menschen die weitaus größte Zuschauerzahl zu einer Weltmeisterschaft an und Regina dürfte wohl die prozentual zur Einwohnerzahl meisten Curler einer Kommune beherbergen.

Im Dezember 1902 landete erstmals eine Gruppe schottischer Curler zu einem Freundschaftsbesuch in Kanada. Die insgesamt sechs Mannschaften arbeiteten sich von Halifax bis nach Manitoba

Curling auf dem St. Lorenzstrom gegenüber Montreal 1878.

durch, traten Mitte Februar von Winnipeg aus die Reise über Minnesota (USA) nach New York an. Sie spielten 99 Spiele, gewannen 47 und verloren 49. Teamchef Reverend John Kerr fertigte einen minuziösen Bericht an. Besonders fiel ihm die Vielzahl der Curlinghallen auf, denn die Schotten waren nur open-air gewöhnt. Abgabe und Wischtechnik waren offensichtlich bereits viel moderner und das nahezu totale take out war in Kanada damals schon bekannt. Die alten Schotten kamen aus dem Staunen nicht heraus.

Mit der Gründung eines nationalen Verbandes hatten es die Kanadier jedoch nicht besonders eilig. Zwar wurde bereits 1927 die erste kanadische Meisterschaft – der Brier – gespielt, aber erst 1935 waren alle Hindernisse für die »Dominion Curling Association« beiseite geräumt. Der Royal Club gab seinen Segen und zum hundertjährigen Bestehen Kanadas 1967 wurde der Name in »Canadian Curling Association« geändert.

Der Brier, besser als die Weltmeisterschaft

Kanada hatte die Führung im Weltcurling übernommen. Das lag in erster Linie an der ungeheuren Menge aktiver Spieler. Bei einer Einwohnerzahl von ca. 23 Millionen spielen alleine 800 000 wettbewerbsmäßig Curling, von den Gaudicurlern, die den Sport als Freizeitbeschäftigung, wie hierzulande beispielsweise das Kegeln betreiben, gar nicht zu reden. Kein Wunder also, daß die kanadische Meisterschaft ein spielerisches Potential aufweist, das nicht nur sämtliche Landesmeisterschaften der Welt, sondern auch die Weltmeisterschaft in den Schatten stellt. Spielberechtigt sind am Brier die Meister der 12 Provinzen. Schon dieser Modus birgt eine gewisse Ungerechtigkeit in sich, denn natürlich sind die Provinzmeisterschaften von Alberta, Ontario, Manitoba und Saskatchewan bei weitem stärker besetzt, als die von Prince Edward Island oder den Territories. Es ist schon vorgekommen, daß komplette Weltmeisterschaftsformationen des Vorjahrs nicht einmal die Clubmeisterschaft geschafft haben und damit draußen waren. Bevor man nämlich die »Provincials« erreicht, muß man erst die Stadtmeisterschaft überstehen und im Falle Edmonton, Regina, Toronto oder Winnipeg ist das ein höchst langwieriges Unterfangen. Schon ab Oktober ist man wöchentlich damit beschäftigt, Qualifikationsspiele durchzustehen, bis man Mitte März das hohe Ziel, den Brier, erreicht hat.

Greifen wir einmal als Beispiel die Provinz Manitoba heraus: Der Manitoba Curling Association sind 233 Clubs mit insgesamt 15 221 Mitgliedern angeschlossen. Alleine 5793 Curler drängen sich in den 23 Vereinen der Hauptstadt Winnipeg. Dabei hat Manitoba rund eine Million, Winnipeg 243 000 Einwohner. In der Gastgeberstadt des Silver Brooms 1978 – aus diesem Jahr stammen auch die vorliegenden Zahlen – spielte also jeder 42. Einwohner Curling, ob Wickelkind oder Oma.

Der Halifax CC, erster Meister 1927. V. l. C. l. Torey, J. E. Donahoe, M. MacNeill und J. A. McInnes.

Al Hackner, Skip des Meisterteams von 1982, Thunder Bay, Northern Ontario.

Und wieder sind die Freizeitcurler, die keinem Verein angehören, nicht mitgezählt.

Die »British Consols Trophy« ist die Meisterschaft von Manitoba. An ihr dürfen nur mehr 21 Mannschaften teilnehmen, sieben aus der Stadt Winnipeg, 14 aus den »out of town zones«, womit der Rest der 650 000 Quadratkilometer großen Provinz gemeint ist. Von den 15 221 Curlern haben also 84 hier ihre letzte Chance zum Brier zu kommen, vier dürfen dann wirklich hin.

Mit 22 kanadischen Meisterschaften hält Manitoba den absoluten Rekord. Seit Einführung der Weltmeisterschaft 1959 wurde Kanada allerdings nur sechsmal durch ein Team aus Manitoba vertreten, zweimal brachte man den Titel nach Hause. Das ist nun auch schon über ein Jahrzehnt her und beide Weltmeisterschaften gingen auf das Konto desselben Teams vom Granite Curling Club in Winnipeg: Don Duguid, Rod Hunter, Jim Pettapiece und Brian Wood. Schauplätze des Erfolgs: Utica und Mégève 1971.

Diese inzwischen schon wieder übertroffenen Zahlen beweisen, wie schwer es ist, in Kanada zum Erfolg zu kommen. In anderen Provinzen sieht das nämlich ganz ähnlich aus, deshalb hat man die größte von ihnen – Ontario – in zwei Curlingprovinzen aufgeteilt. Der Weltmeister von 1982, Al Hackner, stammt ausdrücklich aus Northern-Ontario. Um Weltmeister zu werden, betritt das Hackner-Team in der Saison 1981/82 etwa 50 Qualifikationsspiele, von denen es nur 7 verlor. Drei davon während des Brier, nur zwei während der Weltmeisterschaft. In den kanadischen Titelkämpfen belegte Hackner nach der Round Robin nur den zweiten Platz und mußte sich die Finalteilnahme durch einen Halbfinalsieg gegen Manitoba erkämpfen, während er trotz der Niederlagen gegen Norwegen und Italien bei der WM nie die erste Position verlor.

Diese Flut an Meisterschaftsspielen hat für kanadische Spitzenmannschaften mehrere Auswirkungen: Natürlich wird Kanada bei der Weltmeisterschaft das besttrainierte und wettkampferfahrenste Team stellen. Aber daraus muß nicht immer das erfolgreichste resultieren. Mehrere Beispiele zeigten, daß die kanadische WM-Vertretung oft hoffnungslos überspielt und ausgebrannt ist. Kulminationspunkt ist für viele der Brier, dann beginnt die Leistungskurve nach Erreichung des gesteckten Zieles wieder nach unten zu verlaufen. Konzentration und die rein physische Kraft nehmen deutlich ab. Dazu kommt eine gewisse Unterschätzung der Gegner, vornehmlich der aus Europa, und schon ist es passiert. Kanada wird von den anderen prinzipiell als der schwerste Gegner angesehen, was oft Leistungsexplosionen gegen den hohen Favoriten auslöst. Gelegentlich scheitern die Kanadier an Kleinigkeiten. Schlechtes Eis, wie in Duluth 1976, oder meist an den eigenen Nerven. Zwischen 1959 und 1972 holte sich Kanada zwölfmal den Titel, seit 1973 nur noch dreimal.

Das erinnert alles fatal an die Situation im Eishockey, obwohl international gesehen kein übermächtiger Gegner wie die UdSSR entstanden ist. Nach Eishockey ist Curling auch die unbestrittene Nummer zwei der kanadischen Wintersportarten. Sogar in der Gunst des Publikums. Der Brier ist, egal wo er auch stattfindet, prinzipiell seit Wochen ausverkauft. Sogar die Provinzmeisterschaften finden vor vollen Häusern statt. Und dann die Medien! Sämtliche Entscheidungen, und seien es die der Mixed-Meisterschaft, werden im Fernsehen life übertragen. Die CBC (Canadian Broadcasting Corporation) geht sogar so weit, ein hochdotiertes Turnier selbst zu veranstalten und natürlich auch zu übertragen. Damit erreichen die Curling Cracks eine ungeahnte Popularität. Werbeverträge, Autogrammstunden und ähnliche Folgeerscheinungen des Professionalismus sind an der Tagesordnung. Erfolgreiche Teams werden zu Turnieren, in denen es um viel Geld geht, eingeladen. Zwar halten sich die Preisgelder solcher »Cash-spiels« noch in den unteren Grenzen, verglichen mit Eishockey oder gar Tennis, trotzdem gibt es einige Curler, die von ihrem Sport durchaus leben können.

Die großen Persönlichkeiten werden am Brier geboren, wobei sie nicht einmal unbedingt gewinnen müssen. Verhätscheltes Lieblingskind war vor nicht allzu langer Zeit zum Beispiel Paul Gowsell der Junioren-Weltmeister von 1976 und 1978. Der bärtige Hippie fiel nicht nur durch exzellente Leistungen, sondern durch ausgesprochen schlechte Manieren auf dem Eis auf. Auf Grund seiner show wurde er zu einem der bestverdienenden Curler Kanadas. Auf der anderen Seite Garnet Campbell, der Grand Old Man aus Avonlea (Saskatchewan). Mit zehn Brier-Starts ist er neben Bernie Sparkes absoluter Rekordhalter, nur einmal – 1955 – gewann er auch. 1947 war er das erste Mal dabei, dreißig Jahre später schaffte er mit seinem perfekten Draw-Spiel beinahe noch einmal die Qualifikation. Es gab berühmte Familienteams, das erfolgreichste: die Richardsons. Fünfmal beim Brier, viermal siegreich, viermal Weltmeister! Ein Sieg im Brier mußte aber nicht nur Glanz und Gloria mit sich bringen. Jack MacDuff wurde von den Curlinggewaltigen 1976 als »falscher« Meister bezeichnet, er kam aus Neufundland, was offensichtlich bereits ein Sakrileg ist. Das bis dahin jüngste Sieger-Team wurde dadurch derart verunsichert, daß es in Duluth dann auch völlig versagte und auf der WM nur Neunter wurde. Man kann im Curling lange zur absoluten Spitze zählen, wie Ken Watson und Hec Gervais bewiesen. Ken wurde 1936 und 1949 kanadischer Meister, Hector 1961 und 1974. Auch mit Spitznamen ist man in Kanada schnell zur Hand: Bob »Pee Wee« Pickering, der Mann mit dem gewaltigen Backswing, einer der besten Dreier Rod »the

Barry »the snake« Fry, kanadischer Meister 1979 aus Manitoba, hinter ihm sein Dreier Bill Carey.

arrow« Hunter, der bebrillte Ron »the owl« Northcott, oder Barry »the snake« Fry mit seiner tiefen Abgabe. Hatte einer einmal einen Spitznamen weg, brauchte er sich um seine Popularität keine Sorgen mehr zu machen. Viele erfolgreiche Brier-Teilnehmer blieben nach Beendigung ihrer aktiven Karriere dem Curling beruflich verbunden. Don Duguid ist schlechthin der Fachkommentator bei der CBC, Hec Gervais schreibt Zeitungskommentare. Hecs Zweier von 1974, Warren Hansen ist PR-Direktor bei »Curl Canada«, sein Lead von 1961, Wally Ursuliac verkauft Curlingsteine und bringt den Japanern Curling bei. Ray Turnbull, Lead bei Terry Braunsteins Meistermannschaft von 1965, leitet die bekannteste Curlingschule Kanadas, Ernie Richardson, »Fast« Ed Lukowich und Paul Gowsell schrieben Curlingbücher.

Fünfzig Jahre stand der Brier ununterbrochen unter dem Patronat der Macdonald Tobacco Company. Die Besitzer Walter und später sein Sohn David Stewart, der berühmte »Mann mit

Einer der ganz Großen, Hec Gervais aus Alberta. Er holte sich 1961 und 1974 den Brier, *1961 auch die Weltmeisterschaft. Man beachte die selbstgebastelten »Curlingschuhe«.*

dem Waschbärmantel«, war bei jedem Brier eine vertraute Erscheinung. Seit 1978 hat die Brauerei Labatts die Sponsorschaft übernommen. Die Zukunft ist sportlich wie finanziell gesichert. Der Name Brier stammt übrigens von einer Macdonald-Kautabak-Marke. Labatt hat das Recht am Namen für die Meisterschaft, nicht aber für den Kautabak, übernommen.

Die USA, der kleine Bruder

Es soll tatsächlich Sportarten geben, in denen die Amerikaner nicht die Größten sind. Eishockey gehört dazu, Fußball und eben Curling. Der Einfluß der Kanadier trug zwar auch in den USA seine Früchte, der Ursprung des Sportes ging aber unabhängig vor sich. Natürlich waren es auch hier schottische Einwanderer, die allerdings von Norden, also von Kanada kamen. Die Geschichte hört sich wiederum recht spannend an. Eigentlich wollten die Schotten aus dem Norden nach Chicago. Aber ihr Schiff ging an den Ufern des Lake St. Clair zu Bruch. Es muß dort sehr schön gewesen sein, denn die Passagiere beschlossen genau dort, wo sie gestrandet waren, zu bleiben und sich niederzulassen. Ganz in der Nähe liegt der kleine Orchard Lake und am 2. Januar 1832 wurde im Haus eines gewissen Dr. Robert Burns der »Orchard Lake Curling Club« gegründet und am Samstag, dem 7. Januar das erste Spiel auf US-amerikanischem Boden ausgetragen. Man benützte Blöcke aus Hickory-Holz. 1840 folgte Milwaukee, eigentlich eine »deutsche« Stadt, in den Fünfzigern drei Orte in Wisconsin. 1854 wurde Curling in Chicago eingeführt, doch wenn die Lake-Orchard-Schotten ihr Ziel erreicht hätten, wäre es vielleicht schon 22 Jahre früher geschehen. 1855 folgten New York und Philadelphia, 1858 Boston, 1860 New Jersey und 1865 Detroit. 1867 gründete man in New York den »Grand National Curling Club of America«.

Seit 1864 fanden bereits Vergleichsspiele zwischen Chicago und Milwaukee statt, 1892 erstmals in der ganzen Welt auf Kunsteis! 1864 kam es auch zum ersten Länderkampf mit Kanada vor Black Rock nahe Buffalo auf dem Erie-See. Je 23 Mannschaften waren angereist, also fast so etwas wie ein Grand Match. Die Kanadier gewannen mit 658:478 Steinen.

Aus klimatischen Gründen verlegte sich das Zentrum der amerikanischen Curlingaktivitäten in die nördlichen Staaten des Mittelwestens, also Wisconsin, Minnesota und Illinois und da ist es eigentlich heute noch zu finden. Diese drei Staaten grenzen auch an Kanada, was einen regen Austausch mit sich bringt. Nicht umsonst ist Duluth (Minnesota) bereits zum zweiten Mal Austragungsort der Weltmeisterschaft, 1970 war es Utica (New York). Es gäbe noch einen geeigneten Ort: die zweimalige Olympiastadt Lake Placid!

1957 fand die erste US-Meisterschaft statt, 1958 wurde die »United States Mens Curling Association« gegründet. 1961 nahmen die USA als dritte Nation an der Weltmeisterschaft teil. Mit vier Titeln ist man inzwischen die Nummer zwei: 196-5, 1974, 1976 und 1978. Seit jenem verflixten Jahr 1973, als die Durststrecke für Kanada begann, waren die Kanadier dreimal, die Amerikaner ebenfalls dreimal Weltmeister. Also doch die Größten?

Vorreiter auf dem Kontinent, die Schweiz

Im Winter 1880/81 sah man auf der Eisbahn beim Kulm Hotel St. Moritz erstmals einige Herren mit vierzigpfündigen, kreisrunden und mit Metallgriffen versehenen Granitsteinen und sonderlichen Besen hantieren, während sich die übrigen – meist britischen – Gäste dem Eislauf hingaben. Einem in der »Neuen Zürcher Zeitung« vom 16. Januar 1968 erschienenen Artikel über die »Rettung zweier Hotels in St. Moritz« – es betraf das Kulm und das Carlton – ist zu entnehmen, daß bereits im Winter 1864/65 die ersten Gäste im Kulm »überwinterten«, daß 1878/79 dort die erste Glühbirne brannte und die Wintersportgeräte Bob und Skeleton erfunden wurden. Nicht genug: auf den Eisfeldern des Kulm-Hotels fand am 22. Dezember 1880 das erste Curlingspiel auf dem europäischen Kontinent statt. Auch in einem Faltblatt des St. Moritz Curling Club aus dem Jahr 1970 wird das Jahr 1880 als der Beginn des Curlingsports in der Schweiz bezeichnet. In der im Dezember 1980 herausgekommenen Schrift »Curling 1880–1980« ist der Leiter des Schweizerischen Sportmuseums in Basel, Dr. Max Triet, nach umfangreichen Nachforschungen im Engadin und in Schottland sowie am Sitz des St. Moritz CC in London zum Schluß gekommen, daß »um 1880/81 erstmals zwei schottische Curlingsteine mit St. Moritzer Eis in Berührung gekommen sind«. Beizufügen ist auch, daß es vor 100 Jahren bereits schon fünf Curlingklubs in Schweden und Norwegen gab. Der Begriff vom »europäischen Kontinent« muß also enger gefaßt werden, wenn die Rede vom St. Moritz Curling Club als »the oldest curling club on the continent of Europe« die Rede ist, wie in dem erwähnten Prospekt. Die Gründung des St. Moritz CC wird von Triet als frühestens im Winter 1883/84 angenommen.

Die drei Wintersportstationen St. Moritz, Davos und Grindelwald waren bis zur Jahrhundertwende die einzigen Plätze in den Alpen, wo das Curlingspiel ausgeübt werden konnte. Die drei lokalen Klubs, der St. Moritz CC, der Davos Belvedère CC (gegründet 1888) und der Grindelwald CC (1898), wurden als erste Curlingvereine in der Schweiz in den »Mutterklub« aller Curlerbruderschaften, den Royal Caledonian Curling Club mit Sitz in Edinburgh, aufgenommen.

Im Winter 1886/87 wurde den Curlern in St. Moritz eine eigene Eisfläche zugeteilt und ein »Commitee« ging an die Ausschreibung der ersten Wettspiele, wie den Einzelwettbewerb um die »Royal Caledonian Medal«, der ab 1895 ausgetragen werden konnte. Die Preisträger der ersten Jahre hießen: J. Smith (1895), C. P. Foster (1896), C. Maxwell (1897) und H. L. Paterson (1898). Ein gewisser R. W. Paterson stiftete im Januar 1897 einen Pokal als »Challenge Medal Trophy« der an zwei Tagen ausgetragen werden mußte. Der Pokal ging in den ersten Jahren an die Einzelspieler H. L. Paterson (1897 und 1898), B. J. Porter (1899) sowie H. N. P. Shawe (1900). Für die Förderung des Curlingspiels als Teamsport leistete der Brite N. L. Jackson einen ersten und entscheidenden

Anstoß. Der von ihm im Jahr 1898 gestiftete Pokal wurde anfänglich zwischen den Klubs von St. Moritz und Davos ausgetragen, die sich abwechslungsweise im Engadin und im Landwassertal trafen. Ab 1903 nahmen auch Curler aus dem Gletscherdorf Grindelwald im Berner Oberland am Jackson Cup teil. In den Jahren 1898 bis 1910 ging der Wanderpokal zwölfmal an die St. Moritzer Curler und nur einmal – im Winter 1902 – an die Davoser, während die Grindelwalder mit vier zweiten Plätzen zufrieden sein mußten. Schon damals scheinen offensichtlich die Skips im Team nicht nur die Nr. 4 gespielt zu haben. 1904 hatte sich das Sieger-Quartett wie folgt formiert: Lead W. Dod, Skip H. Walker, J. N. Martin und J. Rowan als Nr. 4. Nicht anders beim Runner-up Grindelwald: Lead G. B. Thoms, H. L. Woodroffe, Skip W. Muir und der berühmte Pfarrer H. C. Gaye als Nr. 4. Beim Davos CC spielten damals: Lead H. K. Oakley, F. W. Burt, Dr. E. Talbot und Skip J. Somervail-Clerk. Schweizer sucht man vergeblich in den Spielerlisten der damaligen Zeit.

Über die Anfänge des Curlingsports in Davos tappt man nicht weniger im Dunkeln als über den eigentlichen Ursprung dieses alten schottischen Spiels. Im Bericht über »80 Jahre Curling-Club Davos« in der »Davoser Zeitung« vom 25. Januar 1968 wird der Vermutung Ausdruck gegeben, daß im Landwassertal schon um 1872 Curling gespielt worden sei. Auch über die Gründung des Davos Curling Club (1888) bestehen keine schriftlichen Dokumente. »Da das Curlingspiel damals eher ein mit Eifer betriebener Zeitvertreib und wenigen auserlesenen Persönlichkeiten vorbehalten war, muß es uns auch nicht verwundern, daß wenig Wert auf große Publizität gelegt worden ist.« Die Klubgründung fiel in eine Zeit, in der Frauenkirch eine telefonische Verbindung mit Davos-Platz erhielt und erstmals eine Internationale Wettschlittenfahrt auf der Clavadelerstraße ausgeschrieben wurde.

Als dritter Klub im Kanton Graubünden entstand im Jahr 1900 der Arosa CC, der 1904 in den Royal Caledonian Curling Club aufgenommen wurde. Über die Gründung dieses Klubs bestehen schriftliche Zeugen, wie das kleine Regelbüchlein »Rules and Bye Laws«, in dem unter »General Information« nachzulesen ist, daß der Arosa CC einer der ältesten Klubs in der Schweiz sei

Vor dem Krieg spielten hauptsächlich Schotten auf Schweizer Eis ihre Turniere. 1927 gewann der Penninghame CC den Thomas Cook & Sons Ltd. Curling Shield *in Kandersteg.*

und zur Förderung des Curlingspiels 1900 gegründet worden sei. Der Klub besitze seinen eigenen Eisplatz, der von Aktiv- und Passivmitgliedern gegen Entschädigung benützt werden kann. Die ordentliche Generalversammlung finde jeweils im Februar statt. Neulinge könnten das Curlingspiel in kurzer Zeit erlernen, um an diesem Sport Freude zu finden. Alle Gäste seien eingeladen, Mitglied des Klubs zu werden. Nur Kindern unter 16 Jahren war der Zutritt zum Curlingplatz untersagt. Unter den sieben Trophäen, die in Arosa ausgetragen wurden, gab es auch einen Pokal, der zwischen Briten und Schweizern ausgetragen wurde und die Cunningham Trophy, um die Damenteams gegen Herrenteams anzutreten hatten.

Zwischen 1909 und 1914 werden weitere Bündner Klubs in den Royal Club aufgenommen, wie der Celerina CC, der Suvretta CC und der Maloja CC, also Vereine, die zum Teil heute nicht mehr existieren; der Celerina CC fusionierte 1978 mit dem in den frühen zwanziger Jahren entstandenen Saluver CC, der seit dem Jahr 1924 dem RCCC angehörte. Verschwunden ist auch der 1922 gegründete St. Moritz Junior CC, der 1926 entstandene Kulm CC und der St. Moritz Villa's, der 1910 in den RCCC aufgenommen worden war. Im Oberengadin erfolgten weitere Klubgründungen in Pontresina, Silvaplana, Samedan, Sils-Maria, und Zuoz sowie in Scuol im Unterengadin.

Das Engadin mit einem Dutzend Curlingklubs hat sich in den vergangenen 100 Jahren zum Mekka des Open-air-Curling entwickelt: wo früher nur britische Damen und Herren die Rinks zu betreten wagten, findet man heute mehrheitlich Schweizer Curler beim Spiel mit Stein und Besen. Nicht anders in den übrigen bündnerischen Ferienregionen, wo Curling im Sportkalender erwähnt wird, wie in Arosa, Klosters, Flims, Davos, Lenzerheide, Bergün, Parpan und Savognin.

Das Oberengadin war auch der Schauplatz der »1. Meisterschaftsspiele des Schweizerischen Curling-Verbandes«, die vom 12. bis zum 14. Februar 1943 auf dem Kurvereins-Eisrink von Pontresina stattfanden. Ein Jahr zuvor war in Bern der Schweizerische Curling-Verband aus der Taufe gehoben worden. An der Gründungsversammlung vom 17. Mai 1942 nahmen auch Vertreter der Bündner Klubs Arosa, Davos und Pontresina teil. Den Klosters CC hatte man vergessen, nach Bern einzuladen. Gegen die Gründung eines schweizerischen Verbandes opponierte der St. Moritz Engiadina CC in einem Schreiben an die in der Bundesstadt versammelten Delegierten; der Royal Club empfehle, mit der Gründung bis nach Kriegsende zuzuwarten.

Nach den regionalen Ausscheidungsspielen vom 23. und 24. Januar in Davos durften die Gruppensieger Davos und Pontresina, die sich im Final ein 9:5-Resultat geliefert hatten, in Pontresina gegen Adelboden, Bern, Gstaad und Saanenmöser zur ersten Schweizer Curlingmeisterschaft antreten. Für den Final qualifizierten sich Adelboden und Bern, während die Bündner Teams die Schlußlichter markierten. Der Adelboden CC mit Lead Eduard Nikles, Karl Geiger, Christian Aellig und Skip Gilgian Aellig konnte sich als erster Klub ins Goldene Buch der SCV-Meisterschaften einschreiben. Zwei Jahre später holten sich die Curler vom St. Moritz Engiadina CC in Adelboden die Goldmedaillen und 1949 gelang dem Saanenmöser CC mit Skip Fritz Jutzeler in St. Moritz der vielbejubelte Hattrick.

Der Schweizerische Curling-Verband stand also (erster Präsident: Dr. Gustav v. Grenus), die Meisterschaften liefen, während rund um die glückliche Schweiz noch geschossen wurde. So dauerte es auch bis 1955, ehe der SCV in den RCCC

Das wohl berühmteste Curling-Bild der Welt: Charles Martin Hardie malte das Grand Match 1899 von Carsebreck in Öl. Die Telnehmer sind auf das genaueste portraitiert, man weiß heute noch, wer dargestellt ist. Das Bild hängt über der »Gigantenvitrine« im Perth Ice Rink, Schottland.

Abgabestudie des Weltmeisters 1981 Schweiz. Von oben: Franz Tanner, Patrick Lörtscher (2), Jürg Hornisberger (3) und Jürg Tanner. Unüblich dabei: Wenn der Skip abgibt, steht der Lead im Haus.

aufgenommen wurde. Europa hatte andere Sorgen, als Curling zu spielen. Aus der ruhigen innerschweizerischen Entwicklung kam es aber, daß, sobald die Zeiten wieder normal wurden, die Schweiz zum Geburtshelfer des Curlingsportes auf dem europäischen Kontinent wurde. Das Entstehen des Sportes in Deutschland, Österreich und Italien ist ohne kräftige Unterstützung der Eidgenossen kaum denkbar.

Im Lande entwickelte sich der Sport immer weiter. Das Gebiet wurde in drei Regionen unterteilt (Ost-, Zentral- und Westschweiz), nicht zuletzt um die Landesmeisterschaft in geordnete Bahnen zu lenken. Seit 1951 melden sich auch die Damen kräftig zu Wort. Anders als in den Nachbarländern, wo die Damen eine Art Anhängsel der bestehenden Clubs bilden, entstand als erster reiner Damenverein der Grindelwald Damen CC, 1959 veranstalteten die Damen des Basel Damen CC die Red Ox-Trophy, das erste reine Damenturnier. An historischer Stätte, auf dem Freieis von Grindelwald, fand 1964 die erste Schweizermeisterschaft der Damen statt. Inzwischen sind die Schweizer Damen fast genauso erfolgreich wie die Herren. 1979 und 1983 Weltmeister, 1979 und 1981 Europameister, 1984 Zweiter der Weltmeisterschaft.

Auf Grund von Tradition und Lage war die Schweiz von jeher Schauplatz internationaler Begegnungen. Das gilt nicht nur für die Politik oder Organisationen, auch für den Sport. Dabei tritt sie jedoch zumeist als Gastgeber auf, das Reisen ist offensichtlich nicht so sehr des Schweizers Lust. Internationale Großturniere, wie der »Jackson Challenge Cup« (seit 1898) oder das »Swiss International Bonspiel« (seit 1905) wurden durch hochwertige Bonspiels der Neuzeit, allen voran die »Kronenbourg Trophy« ergänzt oder ersetzt. Natürlich profitierten Anliegerländer von der gro-

Lausanne Beau Rivage, das erfolgreichste Team der Schweiz in »Ruhestellung«.
Von links: Jürg Tanner (Skip), Jürg Hornisberger (3), Patrick Lörtscher (2), Franz Tanner (Lead).

ßen Zahl schweizerischer Curler, aber es dauerte bis 1957, ehe beispielsweise der »Swissair Cup« ganze Delegationen ins Ausland oder gar über den Atlantik führte. 1964 nahm die Schweiz dann erstmals an der Weltmeisterschaft in Calgary teil. Zehn Jahre später gelang der erste große Durchbruch. Auf heimischem Eis, im Allmendstadion zu Bern, war die Schweiz nicht nur erstmals Gastgeber der gesamten Curlingwelt, mit dem Attinger-Team drangen Schweizer Curler auch in die absolute Weltspitze ein. Ein Jahr später war die Schweiz Weltmeister. Otto Danieli, Roland Schneider, Rolf Gautschi und Ueli Mülli holten sich im schottischen Perth den Titel.

Für die nachfolgenden Schweizermeister bedeutete das hervorragende Abschneiden der Attingers und der Danieli-Mannschaft eine gewisse Hypothek. Alle wurden sie an diesen Vorbildern gemessen. Das bekam beispielsweise der ICF-Vizepräsident Freddy Collioud in Winnipeg zu spüren (siehe WM 1978) oder erst recht die Binggeli-Mannschaft 1983 in Regina. Sie hatte das Pech, direkt auf die Tanner-Truppe aus Lausanne zu folgen, die 1981 Weltmeister und 1982 Zweiter geworden war. Von Marignano wurde da geschrieben, die Schweizer Journalisten waren eben erfolgsgewöhnt. 1984 hatte man wieder Grund zum Jubel: Die Attingers wurden zehn Jahre nach ihrem Erfolg von Bern wieder Zweite. Zum dritten Mal übrigens. Und wie 1979 verloren sie im Finale wieder gegen Norwegen. In Europa

Peter Scheurmann, Zentralpräsident des SCV 1983/84.

sind die Schweizer inzwischen Rekordhalter. Von neun möglichen Titeln holten sie sich vier: 1976 Dübendorf, 1978 und 1981 Lausanne und 1983 Zermatt.

Erfolge kommen nicht von ungefähr. Curling ist in der Schweiz ein etablierter und anerkannter Sport. Im SCV sind rund 9000 Aktive in 200 Clubs zusammengefaßt, darunter etwa 1700 Damen. Das Wichtigste ist allerdings die Zahl von annähernd 40 reinen Curlinghallen, eine Zahl, die den Curlern des »großen Nachbarn« Deutschland den blanken Neid ins Gesicht treibt. Neben den alpinen Skifahrern sind die Curler die absolut erfolgreichsten Sportler der Schweiz!

50 Jahre Curling in Deutschland

Vor fünfzig Jahren wurde erstmals ein Curling-Stein auf deutschem Eis bewegt. Damals fanden in Oberhof (Thüringen) Weltmeisterschaften einiger Wintersportarten statt. Der Herzog von Sachsen-Coburg-Gotha wollte aus diesem Anlaß einen Überblick über die Möglichkeiten geben, im Winter Sport zu betreiben. Aus diesem Grund ließ er auch Schotten nach Oberhof kommen, die dort den Sport mit Stein und Besen demonstrierten. Da das Eis bereits wenige Tage nach der Veranstaltung geschmolzen war, kam man zu dem Schluß, daß dieser Eissport wohl für die milden deutschen Breiten nicht geeignet sei.

So war es denn Anfang der fünfziger Jahre in den hochgelegenen Schweizer Wintersportorten wie z.B. Davos und St. Moritz, wo deutsche Winterurlauber von Einheimischen und Schotten in die Kunst des Curlens eingeführt wurden. Von dort kam Curling in die deutschen Wintersportorte Oberstdorf und Garmisch-Partenkirchen. Am 23. 3. 1959 wurde auf das Betreiben von Carry Gross und Fritz Geiger mit dem Internationalen Curling-Club Oberstdorf der erste deutsche Curling-Club aus der Taufe gehoben. Deutschlands zweiter Club wurde zwei Jahre später in Mürren gegründet und als CC Deutschland 61 weitere zwei Jahre später ins Düsseldorfer Vereinsregister eingetragen. Eine weitere Wiege des deutschen Curlings stand in Kitzbühel, wohin schottische Winterurlauber Steine und Besen mitgenommen hatten und bei ihrer Suche nach Gegnern auf ein paar interessierte Münchner Eisstockschützen stießen. Man traf sich jedes Jahr um die Weihnachtszeit wieder, machte ein paar Spiele und legte dann den Besen für den Rest des Jahres wieder zur Seite. So wurde es zehn Jahre lang betrieben, ehe man sich auf Anregung von Franz Eggenhofer daran machte, auch in der Heimatstadt einmal Curling zu spielen. Bei einem solchen Versuch auf dem zugefrorenen Nymphenburger Kanal stieß David Lampl dazu und bei einem Bier wurde die Gründung der Curling-Abteilung des Münchner Eislauf-Vereins beschlossen. Diese entwickelte sich nolens volens dank der Initiative von Werner Fischer-Weppler zur Keimzelle nicht nur der übrigen Münchner Curling-Vereine, sondern auch der Curling-Abteilungen des EC Bad Tölz und des EV Landshut.

Bei der Mitgliederversammlung des Deutschen Eissportverbandes im Jahre 1965 trafen sich die Vertreter der Curling-Vereine eigentlich eher zufällig in der Hotelhalle. Sie hatten nichts zu tun, während die anderen Fachsparten wie Eishockey usw. tagten. »Eigentlich wollten wir nur sicherstellen, daß wir im nächsten Jahr einen eigenen Tagungsraum bekommen«, erinnert sich dazu Erich Lindstedt, Vorsitzender des CC Düsseldorf. So einigte man sich, daß beim folgenden Verbandstag der Deutsche Curling-Verband gegründet werden soll. Dies wurde 1966 in die Tat umgesetzt, eine Satzung beschlossen und Carry Gross zum 1. Vorsitzenden gewählt. Noch im gleichen Jahr wurde der Verband durch die Austragung der ersten deutschen Curling-Meisterschaft aktiv. Er beantragte die Mitgliedschaft im Mutterclub des Curling, dem Royal Caledonian Curling-Club, und dem Internationalen Curling-Verband. Die Aufnahmen wurden rasch bestätigt und so konnte Deutschland bereits 1967 als 8. Nation an der Curling-Weltmeisterschaft teilnehmen. Hierfür qualifizierte sich der 1. Deutsche Meister vom Münchner Eislaufverein mit Skip David Lampl, Dreier Günther Hummelt, Zweier Ottmar Paebst und Lead Dr. Rolf Klug. Das Quartett schaffte auch gleich den Eintrag in das Guinness-Buch der Rekorde mit einer 0:34-Niederlage (allerdings bei 13 Ends) gegen Schottland.

Die deutschen Meisterschaften wurden in jenen Jahren noch wie Turniere gespielt. Der Modus war meistens ein abgewandeltes Sonnenborn-Berger System, ging aber immer über 13 Ends. Um aus den rund 50 deutschen Curlern und Curlerinnen der damaligen Zeit ein Maximum an Mannschaften zur Deutschen Meisterschaft zu holen, durfte man noch in jeder gewollten geschlechtlichen Mischung antreten. Die Verantwortlichen jener Tage waren froh, daß die Spiel-

Der amtierende DCV-Präsident Charles Heckmann und sein Vorgänger Werner Fischer-Weppler.

ergebnisse sie jeweils der Entscheidung enthoben, durch wen gegebenenfalls der weibliche Teil einer Mannschaft zu ersetzen gewesen wäre, gab es doch nur eine Weltmeisterschaft der Herren. Erst als es 1974 zur Internationalisierung des Damen-Curlings in Form der Europameisterschaft kam, trennte der Deutsche Curling-Verband bei den deutschen Meisterschaften Damen und Herren.

1969 trat Werner Fischer-Weppler die Nachfolge von Carry Gross als Erster Vorsitzender des Deutschen Curling-Verbandes an. Er unterstützte im folgenden Jahr den Vorschlag von Rudi Hagen, die Deutschen Meisterschaften in die Curling-Halle der Kanadischen Streitkräfte in Lahr zu verlegen. Dort fungierten die saarländischen Curler lange Jahre als Ausrichter der Deutschen Meisterschaft, bis der Curling-Funke sich über Baden-Württemberg ausgebreitet hatte und neben einer Curling-Abteilung im Baden-Württembergischen Eissportverband auch ein deutscher Club

Manfred Räderer und seine Oberstdorfer stießen 1972 erstmals in die Weltspitze vor. Aufgenommen während der WM 1974 in der »größten Curlinghalle der Welt«, dem Berner Allmendstadion. Fassungsvermögen über 16 000 Zuschauer.

in Lahr entstanden war. Die Kanadier waren großzügige Gastgeber der Deutschen Meisterschaften und wirkten auch als erste Lehrmeister moderner Taktik. Noch gut in Erinnerung ist das erste Curling-Großereignis in Deutschland nicht nur den wenigen Einheimischen, die 1972 schon Curling spielten, sondern auch zahlreichen Kanadiern, die Curling-Weltmeisterschaft in Garmisch-Partenkirchen 1972. Mit einem kleinen Team sorgte Hans Thaut damals dafür, daß die Woche unvergeßlich blieb. Die Gastfreundschaft der Garmisch-Partenkirchner trug damals ebenso dazu bei wie das herrliche Frühlingswetter. Der Erfolg der deutschen Mannschaft mit Skip Manfred Räderer, die das Halbfinale erreichte, verhalf Curling erstmals zu größerer Publicity innerhalb Deutschlands. Das Fernsehen interessierte sich plötzlich ebenso für Curling wie die schreibende Presse, das Finale zog die Rekordzahl von 3000 Zuschauern an. In der Folge stieg die Zahl der Curler in Deutschland auf rund 500 an.

Deutschland hatte als Curling-Nation auf sich aufmerksam gemacht, und so kam die Einladung, erstmals eine Juniorenmannschaft zum Uniroyal-Turnier nach Toronto, dem Vorläufer der Junioren-Weltmeisterschaft, zu entsenden, nicht von ungefähr. In den ersten beiden Jahren entsandte der Deutsche Curling-Verband Auswahlmannschaften, dann stiftete der Bayerische Eissportverband für die Qualifikation den »Bayern-Pokal der Junioren« und 1977 wurde schlußendlich die erste deutsche Juniorenmeisterschaft ausgespielt.

Von Mitte 1973 bis Mitte 1974 löste Ernst Johann Horn kurzzeitig Werner Fischer-Weppler als 1. Vorsitzenden des DCV ab, der sich mit seiner Wiederwahl 1974 sofort bemühte, den Ausbildungsstand der deutschen Curler zu verbessern. Er initiierte Lehrgänge der kanadischen Curling-Lehrer Don Duguid, John McConnell, Ray Turnbull und Wally Ursuliak. Durch einige Lehrgänge wurde so ein Grundstock geschaffen, auf dem der heutige Bundestrainer Otto Danieli aufbauen kann.

1976 war für das deutsche Curling wieder ein ereignisreiches Jahr. Beim Verbandstag in Braunlage beschloß man auf Antrag des Münchner CC eine neue Wettkampfordnung, die erstmals für die Deutsche Meisterschaft ein Spielsystem mit Halbfinale und Finale vorsah. Des weiteren wurde die Deutsche Meisterschaft der Damen ebenso institutionalisiert wie die der Junioren, der Mixedteams und der Senioren. Da Curling sehr jung zu halten scheint, hatte letztere gravierende Startschwierigkeiten und kam nicht eher als 1982 erstmals zur Durchführung. Das Großereignis des Jahres 1976 war jedoch die Curling-Europa-Meisterschaft in Berlin. Kurzfristig war die Bundesrepublik als Ausrichter für Cortina d'Ampezzo eingesprungen. Die Wahl war auf Berlin als Austragungsort gefallen, da allein hier so kurzfristig die nötigen öffentlichen Zuschüsse sichergestellt werden konnten. Dies bedeutete für das kleine Organisationsteam unter der technischen Leitung von Peter Fischer-Weppler und Hermann Binder aus München zusätzliche Mühen. Die reibungslose Abwicklung wäre nicht möglich gewesen, wenn nicht Curler aus dem ganzen Bundesgebiet auf eigene Kosten nach Berlin gereist wären, um dort mitzuhelfen.

Für den notwendigen glatten Untergrund im Stadion an der Jaféstraße sorgte damals ein junger Mann, der das deutsche Curling nicht nur als Eismeister revolutionieren sollte: Keith Wendorf. Obwohl der Familienname hübsch deutsch klingt, ist Wendorf waschechter Kanadier. Geboren in Toronto, kam er mit seinen Eltern schon in zarten Jugendjahren nach Deutschland. Vater Wendorf war bei den kanadischen Streitkräften und während Keith sein Studium in Kanada ab-

Gebeugt unter der Last der Verantwortung: DCV-Sportwart und BEV-Obmann Sigi Heinle.

Hansjörg Herberg (Oberstdorf) gegen Keith Wendorf (Schwenningen), immer eine interessante Partie.

solvierte, war der Herr Papa immer noch im Badischen. Ein Besuch bei den Eltern weitete sich derart aus, daß Keith heute noch da ist und inzwischen als Manager des Golf- und Curlingclubs in Lahr seine Brötchen verdient. Wichtig dabei ist, daß er nicht unter das Truppenstatut fällt und als Ausländer für die deutsche Meisterschaft spielberechtigt ist. Diesen Umstand machte sich Sascha Fischer-Weppler zunutze, denn der holte sich Keith in die Mannschaft des Münchner Curling Clubs. 1977 konnte Abonnementsmeister Micky Kanz aus Bad Tölz die Münchner noch stoppen, aber dann war Wendorf an der Reihe. 1978 und 1979 errangen sie die Meisterschaft und konnten in Bern bis in das Semifinale vordringen. Damit wurde Manfred Räderers Erfolg bei der WM 1972 wiederholt. München lag jedoch zu weit von Lahr entfernt, um die nötigen Trainingseinheiten absolvieren zu können, deshalb folgte Wendorf dem Ruf aus dem viel näheren Schwenningen. Die drei Spieler, zu denen er jetzt stieß, hatten schon WM-Erfahrungen und nach zwei Jahren Aufbauarbeit stellten sich die Erfolge ein: 1981 vierter Platz bei der Europameisterschaft in Grindelwald, 1982 dritter Platz bei der Weltmeisterschaft in Garmisch-Partenkirchen und zweiter Platz bei der EM in Kirkcaldy und schließlich die Finalteilnahme in Regina.

Auch an der Verbandsspitze hatte es eine Änderung gegeben. Auf dem Verbandstag 1981 in Mannheim legte Werner Fischer-Weppler, der nicht mehr kandidierte und zum Ehrenpräsidenten gewählt wurde, die Geschicke des DCV in die Hände von Charles Heckmann. Der wortgewaltige Kaufmann aus Frankfurt ist jetzt dabei, die aufsteigende Tendenz des deutschen Curlingsports weiter voranzutreiben. Die sportlichen Erfolge sollten sich dabei als nützlich erweisen.

Die Curling-Weltmeisterschaft

Scotch Cup 1959 – 1967

Die Idee stammt von Robin Welsh. Der war zu dieser Zeit Sekretär, genauer gesagt Geschäftsführer des Royal Caledonian Curling Clubs. Und da man dem guten Robin alles andere als ein gestörtes Verhältnis zum schottischen Nationalgetränk Whisky nachsagen kann, fand er in Jock Waugh schnell einen Gleichgesinnten. Jener war nun Mitglied der Scotch Whisky Association, dem Verband der schottischen Whisky-Hersteller. Ideen werden meist erst dann realisierbar, wenn man sie auch bezahlen kann und so ergänzte sich dieses Duo auf das vorzüglichste. Robin wollte nämlich einen offiziellen Vergleich des schottischen mit dem kanadischen Curlingmeister ins Leben rufen, Jock und mit ihm der Verband, sorgte für die Finanzierung dieses Unternehmens, das dann den Namen »Scotch Cup« erhielt.

Es ist zwar etwas vermessen, dieses erste Aufeinandertreffen der beiden Champions bereits als Weltmeisterschaft zu bezeichnen, aber natürlich war es die Basis der WM und in den modernen Curling-Statistiken werden die Richardsons heute noch als die ersten Titelträger der Geschichte registriert. Belassen wir es dabei.

Bis zu diesem Zeitpunkt fanden ja nur die bekannten Reisen von schottischen Curlern nach Kanada (die erste bekanntlich 1902) und umgekehrt statt, nie aber ein echter Vergleich der Leistungsträger. 1959 kam also der Sieger des Briers nach Schottland und spielte in Ayr, Perth, Falkirk und Edinburgh gegen Bobby Young und sein Team. Wie schon 1902, trafen auch 57 Jahre später zwei Curlingwelten aufeinander. Während Young immer noch das Drawspiel aus dem Stand bevorzugte, führten die Richardsons bereits die lange Slidingabgabe und das harte Takeout vor. Die Schotten hatten nicht den Hauch einer Chance und verloren glatt 0:5. Dasselbe passierte ein Jahr später, als sich auch Hugh Neilson dem Familienteam aus Regina mit 0:5 beugen mußte. 1961 wurde die Angelegenheit schon enger. Zum ersten Mal waren die USA mit Frank Crealock als Skip dabei, für Schottland spielte Willie McIntosh und für Kanada der freundliche Riese Hec Gervais. Alle drei Mannschaften gewannen und verloren je zwei Spiele, in einem Halbfinale schlug Kanada die USA 14:9 und im Finale Schottland 12:7.

Als vierte Nation tauchten 1962 die Schweden

auf. Sie teilten mit den später hinzukommenden Ländern das Schicksal, erst einmal tüchtig Lehrgeld zahlen zu müssen. Sie verloren alle Partien zweistellig und wurden Letzte, Ernie Richardson und seine Brüder plus Cousin holten für Kanada Titel Nummer vier und ein Jahr später auch Nummer fünf. Hier trat insoferne eine Änderung ein, als bei den Kanadiern erstmals ein Nicht-Richardson im Team stand (Mel Perry als Lead) und daß die Richardsons ihr erstes Spiel in einem Scotch Cup verloren (6:7 gegen Mike Slyziuk aus Detroit). Als gelegentlicher Skip der Schweden agierte ein Mann, der später der oberste Weltcurler werden sollte: Sven Eklund, von 1978 bis 1982 Präsident des Weltverbandes ICF. Schweden gewann immerhin ein Spiel, gegen die USA mit 10:6.

1964 zog man erstmals über den großen Teich, nach Calgary. Erstmals waren auch die Schweiz und Norwegen dabei, die auch in dieser Reihenfolge die letzten beiden Plätze belegten. Sieger wurde wieder Kanada mit dem inzwischen verstorbenen Lyall Dagg aus Vancouver, der sich zwar gegen Schottlands Alex Torrance sehr schwer tat, dennoch das Programm ungeschlagen absolvierte.

Ein Jahr später wurde endlich die kanadische Vorherrschaft gebrochen. Der große Bud Somerville, von dem später noch häufig die Rede sein wird, holte für die USA erstmals die Weltmeisterschaft. Im Finale gewann er gegen das Team von Granite CC aus Winnipeg mit Terry Braunstein 9:6. In Braunsteins Mannschaft spielten zwei Leute mit, die sich später ebenfalls einen Namen machen sollten. Auf der Leadposition Ray Turnbull, Chef der wohl bekanntesten kanadischen Curlingschule und Don Duguid auf Position drei, der später zweimal Weltmeister werden sollte. Dritter wurde Schottland mit einem gewissen

Sven Eklund aus Schweden, ICF-Präsident 1978–1982.

Chuck Hay als Skip und ihm blieb es vorbehalten, die schottische Curlerehre wiederherzustellen. Bis es jedoch so weit war, holte erst einmal Ron Northcott den Titel 1966 nach Kanada zurück, wobei seine 8:0-Siege auf den Umstand zurückzuführen sind, daß mittlerweile Frankreich dazugekommen war und natürlich Letzter wurde. Bisher war man immer bemüht, zwei Neulinge gleichzeitig zur WM zuzulassen, denn eine ungerade Zahl brachte immer ein Freispiel mit sich. Deshalb war man 1967 glücklich, daß Deutschland die entstandene Lücke wieder schloß. Die vier aus München setzten gleich jene Rekordmarke, die nie wieder erreicht werden sollte: Jene berühmte 0:34-Niederlage gegen den Weltmeister, der endlich Schottland hieß. Nach dem dritten Rang 1965 und dem zweiten 1966 gewannen Chuck Hay, John Bryden, Alan Glen und David Howie im schottischen Perth. Zum ersten Mal stand kein kanadisches Team im Finale, wenn auch ein kanadischer Skip. Aber Bob Woods spielte für Schweden, das 5:8 verlor. Die Deutschen wurden, wie es einem Neuling geziemt, Letzte.

Offensichtlich waren die schottischen Whisky-Häuptlinge so beglückt, daß Schottland den Scotch Cup endlich gewonnen hatte, daß sie ihn für das nächste Jahr nicht mehr ausschrieben. Von heute auf morgen war die Weltmeisterschaft in ihrer bestehenden Form gefährdet. Ohne Sponsor war es für Mini-Verbände wie Deutschland oder Frankreich völlig unmöglich, für ihre Mannschaften Reisen nach Kanada zu finanzieren. Da tauchte glücklicherweise ein neuer Sponsor auf, der noch dazu mit dem Transport von Menschen, unter anderem über den Atlantik, sein Geld verdiente: die Air Canada.

Air Canada Silver Broom, 1968–1985

Die »Aircanadier« gingen gleich systematisch zu Werke. Sie ließen sich erst einmal den Titel offiziell vom Weltverband bestätigen, bestimmten die Regeln und begannen aus der Weltmeisterschaft langsam ein Geschäft zu machen. Das Transportmonopol hatten sie ohnehin und warum sollte man nicht bei derartigen Investitionen auch einen gewissen Profit machen. Über ihre Tochtergesellschaften Ventourex und Touram verkaufte man Reiseprogramme zur Curling-Weltmeisterschaft. Der Curling-Tourismus begann zu florieren.

1968 blieb man noch im eigenen Land, in Pointe Claire (Quebec). Chuck Hay war drauf und dran, seinen Titel erfolgreich zu verteidigen, denn er marschierte ungeschlagen durch die Round Robin. Im Finale verlor er jedoch gegen die »Eule aus Calgary«, gegen Ron Northcott. Bud Somerville wurde Dritter, Deutschland war ja immer noch der neueste Neuling und wurde brav Letzter.

Der Sieg der Kanadier kam der Air Canada gerade recht, denn jetzt war das Interesse der überseeischen Schlachtenbummler besonders groß, besonders da der Brier-Gewinner des Jahres 1969 erneut Ron Northcott hieß. So flog man die erste kanadische Großoffensive nach Perth in Schottland und Northcott tat, was man von ihm erwartete. Er schlug Bud Somerville im Finale 9:6, auf dem Rückflug drohten die Getränke aus-

Eröffnung der Curling-Weltmeisterschaft 1983 in Regina/Saskatchewan/Kanada.

zugehen. Die Deutschen gaben erstmals die rote Laterne an die Norweger ab und wurden hinter der Schweiz immerhin Sechste.

War man bisher zwischen Schottland und Kanada hin und her gependelt, fand der Silverbroom 1970 erstmals in einem anderen Land statt, logischerweise in den USA. Nun ist zwar Utica im Staate New York eine schreckliche Stadt, verfügte aber über ein prächtiges Eisstadion, das zur Stätte des Triumphes eines der ganz Großen im Curlingsport wurde: Don Duguid. Mit Rod Hunter, Jim Pettapiece und Bryan Wood fegte er die gesamte Konkurrenz buchstäblich vom Eis, einschließlich seines Finalgegners Bill Muirhead aus Schottland. Deutschland plazierte sich mit dem EC Oberstdorf erstmals vor der Schweiz durch einen 8:7-Erfolg gegen Roland Schenkel aus Lausanne.

1971 war erstmals ein Ort auf dem europäischen Kontinent Austragungsstätte einer Curling-Weltmeisterschaft, Mégève. Wieder war gegen Don Duguid kein Kraut gewachsen und wieder verlor er keine einzige Partie. Wieder war Schottland Finalgegner, diesmal der junge James Sanderson. In Mégève wurde ebenfalls ein neuer Rekord aufgestellt, die Norweger brauchten 14 Ends, um die USA 6:5 zu besiegen. Die Schweiz mit Cesare Canepa kam erstmals ins Halbfinale, Deutschland rutschte auf den gewohnten letzten Platz zurück.

Keine gute Ausgangsbasis, um im eigenen Land den nächsten Silverbroom auszurichten. 1972 traf man sich nämlich in Deutschland, in Garmisch-Partenkirchen. Aber es scheint doch so etwas wie einen Heimvorteil im Curling zu geben, denn die Oberstdorfer mit Manfred Räderer wuchsen über sich selbst hinaus, schlugen Schweden, die USA, die Schweiz und Frankreich und fanden sich erstmals im Halbfinale wieder. Erst dort verloren sie gegen die USA 4:9. Zu einem echten Krimi wurde jedoch das Finale zwischen den USA und Kanada. Eigentlich hatten die Amerikaner das Spiel bereits gewonnen, denn der letzte Stein der Kanadier konnte vom US-Dreier Frank Aasand so weit nach hinten gezogen werden, daß er schlechter lag als die beiden entscheidenden amerikanischen Steine. Das veranlaßte den amerikanischen Skip Bob Labonte zu einem Freudensprung mit verhängnisvollen Folgen. Er rutschte aus und schob just jenen kanadischen Stein mit dem Fuß wieder in Richtung Mitte. Orest Meleschuk, Skip der Kanadier, ließ messen und siehe, jetzt stand es unentschieden. Über keinen Vorfall in der Geschichte des Curling wurde mehr diskutiert, als über diesen. Rein juristisch war Meleschuk zweifellos im

1972 und 1982 beherbergte das Olympia-Eisstadion von Garmisch-Partenkirchen den Air Canada Silver Broom.

Bud Somerville (ganz rechts) trug sich zweimal ins Goldene Buch der WM ein. 1978 mußte er pausieren, wurde aber von seinem Dreier Bob Nichols (links) bestens vertreten. 1981 verlor er das knappste aller Finale gegen Jürg Tanner aus der Schweiz 1:2.

Recht, aber wo blieb der »Spirit of Curling«? Kanada gewann das Zusatzend zum 10:9, wurde aber daraufhin acht Jahre lang nicht mehr Weltmeister. Ein Fluch? Hat sich der »Spirit« gerächt?

Nach zwei Jahren Kontinentaleuropa fand die WM in Regina/Saskatchewan statt. Wieder kamen zwei Nationen dazu, Italien und Dänemark, und damit war das Eis voll. Mehr als zehn Teams kann keine Eisfläche in Nordamerika aufnehmen und bei der Zehnerregel ist es seither geblieben. Neulinge mußten ab sofort durch eine Qualifikation, aber bis dahin sollten noch neun Jahre vergehen. Schweden hatte in Garmisch-Partenkirchen sämtliche Spiele verloren und war glatt Letzter geworden, in Regina wurde dieselbe Mannschaft mit Kjell Oscarius, Bengt Oscarius, Tom Schaeffer und Boa Carlman Weltmeister. Einziger Unterschied, Bruder Bengt hatte in Deutschland Lead gespielt. Wieder kam es zu einem dramatischen Finale, aber Harvey Mazinke spielte in seiner Heimatstadt den letzten Draw zu kurz, da das Eis durch die Wärme der Fernsehscheinwerfer weich geworden war. Dänemark übernahm die Pflichten des Neulings und wurde Letzter, die Schweiz landete mit positivem Siegverhältnis auf Rang fünf, Deutschland auf Rang acht.

1974 war endlich die Schweiz als Gastgeberland dran. Das grandiose Allmendstadion von Bern wurde zur Curlinghalle umfunktioniert. Vor eigenem Publikum steigerten sich die Schweizer in einen wahren Spielrausch. Ungeschlagen absolvierte das Attinger-Team, diesmal ohne den Herrn Papa, der in Garmisch noch geskipt hatte, die Round Robin und wäre nach heutigem Reglement sofort ins Finale gekommen. So aber traf man im Halbfinale auf die USA, jenen Bud Somerville, der neben Hec Gervais das bei weitem routinierteste Team stellte. Der Elan mußte sich der Erfahrung beugen, Somerville gewann denkbar knapp 3:2. Trotzdem prägten die Schweizer jene Weltmeisterschaft, für den Curlingsport in der Schweiz bedeutete das hervorragende Auftreten dieser jungen Mannschaft einen enormen Schub nach vorne Richtung Leistungscurling. Hec Gervais, der Ex-Weltmeister, dem man sogar einen Ehrenaschenbecher auf dem Eis zugestand, scheiterte im Halbfinale. Die USA besiegten Schweden im Finale 11:4.

Deutete sich in Bern schon der Durchbruch der Schweizer zur absoluten Spitze an, in Perth 1975 wurde er Wirklichkeit! Otto Danieli, Roland Schneider, Rolf Gautschi und Ueli Mülli hatten in ihrem Finalspiel wenig Mühe, die USA mit ihrem kanadischen Skip Ed Risling 7:3 zu bezwingen.

Erster WM-Titel für die Schweiz 1975 in Perth. Otto Danieli, Roland Schneider, Rolf Gautschi und Ueli Mülli. In der Mitte: Air Canada-Präsident Claude Taylor.

Das schwierigste Spiel für die Eidgenossen war das Halbfinale gegen Bill Tetley aus Kanada. Dabei spielte Danieli im zehnten End jenen berühmt gewordenen Stein, der im Portrait des deutschen Bundestrainers ausführlich behandelt wird. Deutschland wurde hier und die beiden nächsten Male durch den EC Bad Tölz unter Klaus Kanz vertreten, fiel aber nur in Perth und da bei der Siegerehrung auf. Zur Dachauer Joppe hatte man sich mit einem Kilt bekleidet. Ein netter Beweis Schottisch-Bayerischer Verbundenheit.

1976 gab es einen sehr triftigen Grund, den Silverbroom nach den USA zu vergeben. Die Vereinigten Staaten feierten ihren zweihundertsten Geburtstag. Nachdem jede Nation besonders stolz auf das ist, was sie nicht hat – die USA also auf ihre Tradition – wurde dieser Geburtstag mit großem Gepränge gefeiert. Zur Curling WM wurde sogar der große Showstar Jerry Lewis nach Duluth in Minnesota verpflichtet, einer Provinzstadt am westlichen Ende des Lake Superior. Die amerikanischen Curler taten das ihre, dem Geburtstagskind ihre Reverenz zu erweisen, so gewann Bruce Roberts (1966 als Dreier und 1967 als Skip bei der WM) gegen Bill Muirhead aus Schottland (1969 und 1970) knapp 6:5. Das sehr komplizierte Eis brachte so manches Ergebnis durcheinander, die Kanadier kamen überhaupt nicht damit zurecht und erreichten einen kläglichen und einmaligen neunten Platz. Die Schweiz mit Böbbes Aerni verlor erst im Halbfinale gegen Muirhead, Deutschland wurde Achter, aber vor Kanada.

Karlstad in Schweden konnte 1977 gleich mit zwei Königen aufwarten. Der echte, Karl XVI Gustav, eröffnete die Weltmeisterschaft höchstpersönlich mit dem Broom in der Hand, König Frost gab den Startschuß zum ersten Grand Transatlantic Match. Beide Könige konnten mit ihren Untertanen zufrieden sein, denn Ragnar Kamp gewann das hinreißende Finale gegen Jimmy Ursel aus Kanada 8:5 und auf dem riesigen Bandy-Feld tummelten sich an die vierhundert Curler »united into the brotherhood of the rink«. Jon Karl Rizzi aus Scuol konnte nicht an die Leistungen seiner Vorgänger anschließen und wurde nur Sechster, Micky Kanz aus Bad Tölz Achter.

1978 in Manitobas Hauptstadt Winnipeg wurden sämtliche Rekorde gebrochen. Erstmals spielte man in einer der berühmten kanadischen Eishockey-Arenen, dort, wo sonst die Winnipeg Jets ihre NHL-Spiele bestreiten. Die Ränge fassen rund 10 000 Zuschauer und in Kanada konnte dies nur absoluten Zuschauerrekord bedeuten. 102 193 waren es ganz genau, nahezu jedes Spiel war ausverkauft. Am beeindruckendsten aber die rund 6000 beim einsamen Tie-Breaker zwischen Norwegen und Schottland (4:1). Obwohl er nicht zu den Favoriten zählte und auch nur Siebenter wurde, war ein Mann der Publikumsliebling: Pierre Boan (52), achtmal bei einer Weltmeisterschaft und tödlicher Draw-Spezialist. Das mußte er auch, denn seine Vorderleute hinterließen ihm meist schier unlösbare Aufgaben und die fachkundigen Zuschauer hatten sehr schnell spitz gekriegt, was der korpulente französische Skip zu leisten hatte. Als er gegen Schottland ein Viererhaus mit einem Draw plus Wig – den Standort des Besens hatte er von der anderen Seite der Bahn dirigiert – abwehrte, erhielt er minutenlang »standing ovations« des gesamten Hauses. Für diese Zeit ruhte sogar der Spielbetrieb auf den anderen Bahnen und der gute Pierre durfte seinen Triumph richtig auskosten.

Für die Kanadier war die Zeit immer noch nicht reif. Die Kombination Mike Chernoff/»Fast« Ed Lukowich blieb im Halbfinale an Christian Sörums Norwegern hängen, die USA bezwangen

Bestes Jahr für den deutschen Curlingsport war 1983. In Regina scheiterte der CC Schwenningen lediglich im Finale an Kanada. Von links: Didi Kiesel, Heiner Martin und Keith Wendorf.

Schweden. Das Finale gewann schließlich die Bud Somerville-Mannschaft, allerdings ohne den kranken Bud Somerville gegen Norwegen 6:4. Der etatmäßige Dreier Bob Nichols hatte die Amerikaner schon durch das ganze Turnier geskipt. Der jetzige ICF-Vize Freddy Collioud wurde als »Friendly Freddy« hauptsächlich vom schönen Geschlecht verehrt, was die Herren Konkurrenten nicht davon abhielt, ihn häufiger aufs Haupt zu schlagen. Deutschland, erstmals durch Keith Wendorf vertreten, kam mit seiner Münchener Mannschaft auf Platz sechs.

Bern war die erste Stadt, die die Ehre hatte, den Silverbroom zum zweiten Mal ausrichten zu dürfen. Auch hier wurde ein neuer Rekord aufgestellt, denn zum Finale Schweiz gegen Norwegen kamen 11 179 Zuschauer! Die größte Anzahl, die je einem Curlingspiel beigewohnt hatte. Über dieses Finale und vor allem Peter Attingers letzten Stein wird heute noch heftig diskutiert. Beim Stand von 4:4 hatte die Schweiz den letzten Stein. Christian Sörum ließ alle Steine vor das Haus spielen, sogar den eigenen ersten und den Schweizern gelang es nur unvollkommen, vorne alles so wegzuräumen, daß auch kein eigener Stein als Cornerguard liegen blieb. Sörum spielte seinen zweiten Stein als Draw hinter die Cornerguards, allerdings nicht so gut versteckt, daß er nicht durch einen relativ langsamen Takeout zu erwischen gewesen wäre. Attinger entschied sich jedoch zu einem Draw mit dem anderen Handle, aber der wurde, noch dazu gewischt, viel zu lang und der neue Weltmeister hieß erstmals Norwegen. Diese Weltmeisterschaft war überhaupt reich an Dramatik. Nicht weniger als drei Tie-Breaker waren nötig, bevor das Halbfinale gespielt werden konnte. Kanada besiegte die USA 8:4, Deutschland die USA 7:4 und gleich darauf Norwegen Deutschland 6:5. Das Semifinale

Den Collin-Campwell-Award bekommt der Spieler, der von seinen Konkurrenten zum fairsten Akteur gewählt wird. Als einziger erhielt ihn Wendorf zweimal. Rechts Brian Ross, ehemals Lead bei Jimmy Ursel.

brachte die Begegnungen Norwegen gegen Kanada (6:3) und Schweiz gegen Deutschland (9:5). Dabei gingen die Schweizer haarscharf am Rande eines Sechserhauses für Deutschland spazieren, ein einziger Wischfehler des deutschen Dreiers Sascha Fischer-Weppler verhinderte eine Niederlage der Attingers (plus Matti Neuenschwander). Mit der Halbfinalteilnahme erreichte Keith Wendorf die beste Plazierung für den DCV seit 1972.

Die Zahl Sieben soll ja magisch sein, sieben Jahre hielt Bob Labontes Fluch die Kanadier vom Weltmeistertitel fern. Im achten war es endlich wieder soweit. Rick Folk marschierte glatt durch die Round Robin, ersparte sich das Halbfinale und besiegte den amtierenden Weltmeister im Finale 7:6. Vielleicht war auch Moncton in der kanadischen Ostprovinz New Brunswick eine Art magischer Ort, denn dort laufen Bäche sogar bergauf! Für die Schweiz tauchte 1980 erstmals das Tanner-Team aus Lausanne auf, das im Semifinale den Norwegern 6:9 unterlag. Auch bei den Deutschen gab es eine Novität: Zum ersten Mal wurde die Bundesrepublik nicht von einer bayerischen Mannschaft vertreten, wenn auch der Skip in München beheimatet war. Aber in der Mannschaft gab es zu viele Kompetenzschwierigkeiten, der Skip spielte die Dreiersteine, so daß es nur zu Platz sechs reichte.

Ein Jahr später in London/Ontario, hielt die Freude der Kanadier nur bis zum Halbfinale an. Der jüngste Brier-Sieger, Kerry Burtnick, blieb acht Runden ungeschlagen, bis die Schweden unter Jan Ullsten diese Serie beendeten. Es ist nicht ausgeschlossen, daß der sehr selbstbewußte Burtnick den Veteranen unterschätzt hat, Ullsten war ja bereits 1974 Skip der schwedischen Vertretung. Kanada verlor daraufhin auch das Halbfinale gegen die Schweiz, die USA schalteten den Weltmeister von 1979 und Zweiten von 1980, Norwegen aus. In diesem Spiel standen natürlich nur acht Mann, aber elf Weltmeister auf dem Eis, wobei die beiden Leads noch keinen Titel zu verzeichnen hatten. Die USA wurden nämlich wieder einmal durch das Somerville-Team vertreten, diesmal wieder mit dem Altmeister, der allerdings die Dreiersteine vor Bob Nichols spielte. Aber all die Erfahrung half diesmal gegen die Schweizer Präzision nichts und den Lausannern gelang sozusagen die Revanche für das Halbfinale von 1974. Das Ergebnis war allerdings noch knapper. 2:1 für Jürg Tanner, Jürg Hornisberger, Patrick Lörtscher und Franz Tanner. Die Schweiz war zum zweiten Mal Weltmeister! Die deutsche Mannschaft wurde wieder durch den CC Schwenningen gestellt, allerdings mit einem anderen Skip. Dr. Franz Engler wurde durch Keith Wendorf ersetzt, aber die Anlaufschwierigkeiten waren noch nicht behoben: Platz neun.

Bevor der Silverbroom nach zehn Jahren wieder nach Garmisch-Partenkirchen zurückkehrte, stellte sich ein elfter Bewerber ein. England war Mitglied in der ICF geworden und wollte nun begreiflicherweise auch mitspielen. Die Engländer mußten deshalb gegen den Letzten der WM 1981 eine Qualifikationsrunde »best of fife« spielen, die sie mit einem einzigen Stein gegen Frankreich verloren. Es blieb also alles beim alten, als Bundestagspräsident Richard Stücklen am Montag, 29. März 1982 gegen 13.00 den ersten Stein spielte. Weltmeister Schweiz oder Kanada mit dem starken Al Hackner-Team wurden als Favoriten richtig gehandelt, im eigenen Land traute man auch den Deutschen eine gute Leistung zu. Bevor es allerdings soweit war, gab es allerhand Aufregungen, denn hinter den führenden Kanadiern mit 7:2 Siegen lagen fünf Mannschaften mit 5:4 punktgleich auf Platz zwei. Da die Deutschen drei der vier punktgleichen geschlagen hatten, gingen sie direkt ins Halbfinale, die Norweger hatten hingegen drei der entsprechenden vier

Die Vize-Skips bei ihrer aufregenden Arbeit. Vorne Franz Tanner, dahinter Bob Nichols. (Aus dem Finale 1981 Schweiz – USA 2:1).

Spiele verloren und waren damit vorerst draußen. Neu auch, daß der Beste im Steinelegen (die Schweiz) den Gegner für den Tie-Breaker auswählen durfte. Jürg Tanner entschied sich für die Italiener, gegen die er zwei Stunden vorher verloren hatte! Aber diesmal ließen die Schweizer keinen Zweifel an ihrer Überlegenheit aufkommen und gewannen glatt 8:3, während der Juniorenweltmeister des gleichen Jahres, Schweden, mit den Norwegern erhebliche Mühe hatte und erst im Zusatzend 4:3 gewann. Patrick Lörtschers perfekter Draw beim Steinelegen hatte noch etwas gutes: die Schweiz wurde nach dem Tie-Breaker deshalb auf Platz drei, Schweden auf Platz vier gesetzt. So kam es zu den Halbfinalspielen Kanada gegen Schweden und Deutschland gegen die Schweiz. Die Kanadier mußten bis ins neunte End zittern, ehe Al Hackner zwei gelangen und das Spiel entschieden war. Im zweiten Halbfinalspiel drehten die Schweizer den Spieß um und gingen nach drei Ends bereits 3:0 in Führung, ehe die Deutschen aufholen konnte. Das war bereits die Entscheidung, denn Keith Wendorf kam nach dem neunten End nur auf 4:5 heran mit letztem Stein für Jürg Tanner. Der erwischte dann auch den deutschen Shot und die Sache war an und für sich klar, wenn nicht... ja wenn nicht Franz Tanner im Haus den deutschen Stein mit dem Fuß aufgehalten hätte und zwar in Shotposition! Zwar schubste er ihn geistesgegenwärtig, wieder mit dem Fuß, noch ganz hinaus. Das ging so schnell, daß kaum jemand im Stadion diesen Regelverstoß bemerkte. Die unbestechliche Fernsehkamera hielt jedoch den Vorfall sogar aus zwei verschiedenen Blickwinkeln fest. Unwillkürlich wurde man an das Drama von 1972 erinnert, aber Keith Wendorf ist eben nicht Orest Meleschuk. Der hatte damals auf seinem Recht bestanden, die Deutschen verzichte-

Der letzte Stein der WM 1982. Al Hackner (oben) drawt genau auf den Punkt. (Kanada – Schweiz 9:7).

ten mit dem Wissen, daß der Stein getroffen war und das Haus verlassen hätte. Das nennt man »Spirit of Curling«!
Im Finale zog Kanada schnell 4:1 davon und kam lediglich im 9. End kurz in Schwierigkeiten, als Jürg Tanner drei gelangen. Aber Al Hackner legte seinen letzten Stein genau auf den Punkt und das war der 9:7 Sieg und der Titel für Kanada.
Das 25jährige Weltmeisterschaftsjubiläum wurde 1983 in Regina mit großem Gepränge gefeiert.

*Auch hier ein haargenauer Draw. Er bedeutet die Finalteilnahme Deutschlands in Regina 1983.
Sjur Loen (Norwegen) wischt vergebens, Sven Saile und Didi Kiesel bemerken es mit Freude.*

Dazu wurden sämtliche Skips, die den Titel errungen hatten, eingeladen. Und es waren fast alle da. Vor 2500 Zuschauern im Sascatchewan Centre of the Arts, einem großzügig gebauten Theater plus Nebenräumen, marschierten sie alle noch einmal durch das Rampenlicht. Vorgestellt von Mr. Curling himself, Doug Maxwell, flimmerten nochmals die Highlights über Leinwand und Monitore. Man konnte auch den viel zu früh verstorbenen Lyall Dagg sehen, jenen berühmten Stein von Garmisch Partenkirchen 1972, was prompt zur Folge hatte, daß »Big O« Meleschuck den dünnsten Applaus bekam, den Wunder-Raisetakeout von Otto Danieli 1975 und feststellen, daß 1976 ein gewisser Bruce Roberts Weltmeister wurde. Der hatte es nämlich als Einziger nicht für nötig befunden, in Regina zu erscheinen. Zum ersten Mal fand die Eröffnungsfeier im ausverkauften Agridome als getrennte Veranstaltung statt, nicht weniger als achthundert Personen nahmen daran aktiv teil, natürlich auch besagte Weltmeister.

Regina begrüßte 1973 zum letzten Mal zwei neue Teilnehmer: Dänemark und Italien, zehn Jahre später betrat erstmals Österreich die Bühne des Weltcurling. Die vier Kitzbühler Arthur Fabi, Gunter Märker, Manfred Fabi und Dieter Küchenmeister brachen dann auch gleich mit einer alten Tradition. Im ersten Spiel besiegten sie Italien und wurden damit als Neulinge bei einer WM nicht Letzte. Den Titel konnte Kanada erfolgreich verteidigen. Ed Werenich, Paul Savage, Ron Kawaja und Neil Harrison erwiesen sich als ausgebuffte Profitruppe, die in der laufenden Saison schon 45 000 Dollar plus vier Autos in sogenannten Cashspielen zusammengecurlt hatten. Die Mannschaft spielte nicht nur hervorragend, sie beherrschte auch die kleinen Tricks »off the ice«. Eine hungrige kanadische Presse stürzte sich auf die Sprüche und kleine Flegeleien des 35jährigen Feuerwehrmannes aus Toronto und bauschte sie gehörig auf. Die Gemütsbewegung, die der angeblich so harte Ed beim Abspielen von »Oh Canada« zeigte, bewies dann, daß er ein ganz normaler Curler ist, der am Höhepunkt seiner Karriere halt doch einiger Tränen fähig ist. Bei der jedesmal sehr eindrucksvollen Siegerehrung stand, nur wenige Zentimeter tiefer als der neue Weltmeister, die deutsche Mannschaft. Keith

Harter Wischeinsatz beim Weltmeister 1983, Kanada. Von links: Ed Werenich (Skip), Neil Harrison (Lead), Ron Kawaja (2) und Paul Savage. (Aus dem Finale Kanada – Deutschland 7:4).

Wendorf, Hans Dieter Kiesel, Sven Saile und Heiner Martin hatten die Finalteilnahme geschafft und waren erst im Endspiel mit 4:7 gestoppt worden. Nach dem dritten Platz von Garmisch-Partenkirchen und den zweiten bei der Europameisterschaft in Kirkcaldy schafften die vier Schwenninger nun auch Silber auf der Weltmeisterschaft. Wendorf hatte sich schon vorher ein T-shirt mit dem hoffnungsvollen Aufdruck »I love to curl on Sundays« besorgt. Am Sonntag fand das Endspiel statt. Wie wär's mit: »I love to win on Sundays«? Nicht nur Wendorf, das gesamte Team zeigte eine hervorragende Leistungssteigerung. Nach einem relativ leichten Anfangsprogramm wurden auch die dicken Brocken, bis auf Schottland und Kanada, gut verdaut. Die Schotten wurden dann im Tie-Breaker geschlagen und nur für Kanada reichte es auch beim zweiten Mal nicht ganz.

Die Schweiz trat mit einer ganz neuen Mannschaft an, der noch jede internationale Spielpraxis fehlte. Die Binggeli-Equipe mußte diesem Umstand Tribut zollen und wurde unter Wert nur Achte.

Markenzeichen der Attinger-Brüder ist das perfekte Wischen mit dem Cornbroom. Gegen Kanada gewann die Schweiz 1984 im Semifinale 9:8 ...

... aber im Finale reichte es gegen Norwegen, genau wie 1979 in Bern, nur zum 2. Platz. Siegerehrung in Duluth 1984 – Norwegen vor der Schweiz.

War das 25jährige WM-Jubiläum in Regina ein rauschendes Curling-Festival, so geriet die 26. Auflage in Duluth/Minnesota gründlich daneben. Sie wird als Weltmeisterschaft der überzogenen Preise und des daraus entstehenden mangelnden Zuschauerinteresses in die Annalen eingehen. Die Treuesten der Treuen wurden ausgenommen wie Weihnachtsgänse, in den Genuß der täglich sinkenden Eintrittspreise kamen diese Pauschalzahler natürlich nicht. Der Versuch, aus einer Curling-WM ein Geschäft um jeden Preis zu machen, schlug gründlich fehl, hoffentlich eine heilsame Lehre für die Zukunft. Norwegen gegen die Schweiz hieß die Neuauflage des Finales von 1979, fünf der acht Teilnehmer waren damals schon daran beteiligt. Damals hatte Peter Attinger die Möglichkeit, das Spiel mit seinem letzten Stein zu gewinnen, diesmal fiel die Entscheidung zu Gunsten der Skandinavier im fünften respektive siebenten End, als Eigil Ramsfjell, Sjur Loen, Gunnar Meland und Bo Bakke jeweils zwei schrieben – dazu im ersten – die Schweizer (bis auf End Nr. 8) jeweils nur einen.

Deutschland scheiterte im Tie-Breaker am neuen Weltmeister mit 5:6 und belegte Platz fünf, was absolut keine Enttäuschung darstellt. Die Österreicher waren gesundheitlich nicht auf der Höhe – Skip Märker mußte sich sogar durch den ÖCV-Präsidenten Hummelt ersetzen lassen – und gewannen kein Spiel. Sie werden demnach zur nächsten Qualifikation herausgefordert.

Sie waren die Ersten. Die Countess of Eglinton und Lady Egidia Montgomery machten das Curling 1860 »ladylike«.

Ladies, the ice is your's! Die Damen-Weltmeisterschaft

»Ladies do not curl – on the ice«, schrieb 1890 der Reverend John Kerr, eine der großen Persönlichkeiten des schottischen Curling und bekanntermaßen Teamcaptain der Expedition nach Kanada 1902, »... die meisten finden den Stein zu schwer für ihre schwachen (delicate) Arme.« Nun, Hochwürden mußten sich gründlich korrigieren, als seine (männlichen) Schotten auf eben jener Kanada-Reise vom Ladies Montreal Curling Club, wie vom St. Lawrence Ladies' Curling Club empfindliche Niederlagen einstecken mußten – auf dem Eis. Soviel auch über deren »delicate arms«.

Nun ist es natürlich keineswegs so, als hätten die Kanadierinnen das Damencurling reexportiert. Die Wiege stand natürlich auch hier in Schottland. Auch Kerr notierte, allerdings mehr als anekdotische Fußnote, daß bereits »vor fünfzig Jahren« auf dem Loch Ged je zwei »Damenschaften« aus Capenoch und Waterside gegeneinander antraten und weil's halt doch etwas neues war, auch eine Menge Zuschauer anzogen. Die Sonne schien schön und warm und die armen Damen standen knöcheltief im Schmelzwasser. Trotzdem muß es ein harter Kampf gewesen sein, den Capenoch gewann mit einem einzigen Stein Vorsprung. Und offensichtlich war es nicht der einzige Stein, der überhaupt durch das Wasser ins Haus rauschte, denn das hätte John Kerr sicherlich vermerkt.

Bereits am 7. Januar 1823 berichtet das »Dumfries Weekly Journal« von einem reinen Damenturnier und daß sie (die Damen) sich nach guten Leistungen in die Kneipe zurückgezogen hätten, um (vermutlich) kräftig einen zu heben. 1850 spielten ja erstmals Damen beim Grand Match mit, der erste abgebildete Damenskip war die Gräfin Eglinton 1860, die sogar über Steine mit eingravierten Initialen verfügte. Der älteste, noch existierende, reine Damenclub sind die Hercules (ausgerechnet!) Ladies, Provinz Five, gegründet 1895, fünf Jahre später folgten die Montreal Ladies.

Die Damen waren also längst integriert, spielten auch schon ihre eigenen Meisterschaften, aber nur national. Noch in den frühen siebziger Jahren dieses Jahrhunderts wurde dem schwedischen ICF-Mitglied, Sven Eklund, als sich dieser für internationale Damenmeisterschaften stark machte, bedeutet, dies sei eine »heiße Kartoffel«, er solle »die Finger davon lassen und sich wieder hinsetzen«. Aber Eklund ließ nicht locker. 1975

Sie ist die Größte. Elisabeth Högström aus Schweden. Rechts Birgitta Sewick und Karin Sjogren.

bekamen die Damen ihre eigene Europameisterschaft. Anläßlich des Silver Broom 1976 in Duluth setzten sich einige Damen zusammen, um erste Richtlinien für eine geplante Weltmeisterschaft auszuarbeiten, 1977 in Karlstad beschloß man ein eigenes »Ladies Committee« ins Leben zu rufen, das dann in Winnipeg 1978 auch tatsächlich gegründet wurde. Vertreten waren die Länder Schottland, USA, Kanada, Norwegen, Schweden und die Schweiz (Lilliane Gilroy). Deutschlands damaliger Damenwart Ruth Haller war nicht auf der Weltmeisterschaft, so daß DCV-Präsident Werner Fischer-Weppler die einzige deutsche Dame, die überhaupt in Winnipeg aufzutreiben war, in die Gründungsversammlung schickte. So wurde Erika Kornmüller, die im Organisationskomitee arbeitete, Deutschlands erste ICF-Lady (1979–1982 Andrea v. Malberg, seit 1983 Marlies Janetz).

Die erste Weltmeisterschaft stieg 1979 in Perth/Schottland. Zwar noch inoffiziell, denn die alleinherrschenden Männer des ICF waren immer noch skeptisch und wollten das Gebotene erst einmal begutachten. Aber mit der Präsidentschaft von Sven Eklund hatte sich im ICF ein Meinungsumschwung durchgesetzt, das Damenkomitee wurde als Legislative anerkannt. Die WM bekam die höheren, weil offiziellen Weihen und sogar die »Probeweltmeisterschaft« von 1979 wurde später als die erste offizielle anerkannt. Das dauerte allerdings rund ein Jahr, deshalb liefen auch kurzfristig die Schweizer und die internationalen Statistiken nicht synchron. Weltmeisterin wurde nämlich Gaby Casanova und ihr Team von Basel Albeina. Deutschland wurde durch den Meister CC Schwenningen vertreten, Susi Kiesel und die ihren landete auf dem achten Platz, elf Nationen waren erschienen.

Die Damen hatten sich international durchgesetzt, die Weltmeisterschaft hat ihren festen Platz auf dem Terminkalender. Nun ist so eine Veranstaltung ohne Sponsor nicht zu bewerkstelligen, aber die erste Präsidentin, Frances Brodie, zog mit der Royal Bank of Scotland einen Zahlmeister an Land, der sich zunächst für drei Jahre und dann wieder für 1984 verpflichtete. Damit war zunächst Perth als Austragungsort festgeschrieben und 1980 waren also wieder zehn Mannschaften in Schottland. Es fehlten die Engländerinnen, die ein Jahr zuvor eigentlich versehentlich eingeladen wurden. England war damals noch kein ICF-Mitglied, aber man wollte die ausgesprochene Einladung nicht mehr zurückziehen. Inzwischen war die Spielberechtigung präzisiert worden: Neben den gesetzten Ländern Kanada, USA und dem Gastgeberland mußten sich die restlichen Vertreter auf der Europameisterschaft qualifizieren, zehn durften mitmachen. Im Finale gewannen die Kanadierinnen vom Caledonian CC in Regina gegen Schweden 7:6 im Zusatzend, Elisabeth Högström mußte noch ein Jahr auf den Titel warten.

Den deutschen Damen, wieder war es der CC Schwenningen, ging es diesmal gar nicht gut, sie wurden punktgleich mit den letztplazierten Däninnen Neunte, einen Platz hinter der Schweiz mit Gaby Charrière aus Lausanne.

Schweden gehörte immer schon zu den ganz heißen Favoriten im Damencurling. Elisabeth Branäs hatte dreimal die schwedische Meisterschaft und 1974 den Sechsnationen-Cup gewonnen und war 1976 und 1977 überlegen Europameisterin, 1975 Zweite. Als sie sich Ende 1977 vom aktiven Sport zurückzog, hinterließ sie ihr Erbe ihrer Dreierin von Berlin, Elisabeth Högström. Die setzte nun die Tradition würdig fort, führte Schweden 1980 zur Europameisterschaft und nahm auf der Weltmeisterschaft mit 7:2 gegen

Dieses Team wurde 1981 Weltmeister, sowie 1980 und 1982 Europameister: Karin Sjogren, Birgitta Sewick, Carina Olsson und Elisabeth Högström aus Schweden. »Bettan« Högström holte sich 1976 in Berlin noch einen Europa-Titel als Dreierin bei Elisabeth Branäs.

Kanada (Susan Seitz) gründlich Revanche für die Einsteinniederlage aus dem Vorjahr. Die Schweiz schickte Meister CC Bern, aber Susann Schlapbach hatte ihre beste Zeit (EM 1981) noch vor sich und wurde Vierte. In Deutschland war mit dem EC Oberstdorf erstmals eine junge Mannschaft Titelträger geworden, aber Almut Hege mußte erst einmal einen kräfteraubenden Kampf mit einer Fischgräte bestehen und das warf sie auf Platz neun zurück. Überraschend war Frankreich nach schwachen Leistungen bei der EM in Kopenhagen durch die Holländerinnen ersetzt worden, die aber kein Spiel gewannen.

Dem Schweizerischen Curling-Verband und der jungen, tatkräftigen Carole Barbey blieb es vorbehalten, für die nächste Auflage der Damen-WM ein Sponsoren-Konsortium aufzutreiben und die Aktiven nach Genf einzuladen. Das traf sich natürlich gut, denn Susann Schlapbach war in Grindelwald Europameisterin geworden und so hoffte man natürlich, den Heimvorteil nutzen zu können. Aber, wie das häufig so ist, der CC Bern scheiterte in der Schweizer Meisterschaft an den Bern-Egghölzli-Damen und statt Susann Schlapbach erschien Erika Müller in Genf. Die konnte nun die Erwartungen nicht erfüllen und wurde nur Siebente. In Deutschland endete die nationale Meisterschaft ebenfalls überraschend, vor allem für den Titelträger selbst. Susi Kiesel konnte sich gegen ihre eigenen Erwartungen in Oberstdorf nochmals durchsetzen und mußte erst Termine umlegen, um überhaupt nach Genf fahren zu können. Bis zur vierten Runde schlugen sich die Schwenningerinnen hervorragend, besiegten sogar die große Elisabeth Högström 11:10, aber dann machte sich doch die mangelnde, weil nicht geplante, Spielpraxis bemerkbar. Den neunten Platz kannte man ja schon.

An der Spitze erwartete man natürlich den Zweikampf Schweden gegen Kanada. Für die kanadischen Damen gilt ja dasselbe, wie für die Herren: Sie müssen durch eine beinharte Meisterschaft, und wer sich im »Scott's Tournament of Hearts« durchsetzt, gehört automatisch zur absoluten Weltspitze. Genau wie die Herren beim »Brier«. Diesmal war eine Familientruppe aus Halifax Champion geworden, dreimal Jones plus Cousine Smith. Aber auch bei der Weltmeisterschaft wurde eine gewisse Parallele zu den Männern fortgesetzt. Der Höhepunkt war offensichtlich überschritten, die hochgelobte Equipe blieb im Tie-Breaker an Norwegen hängen. Für das Finale setzte sich erwartungsgemäß Schweden (8:3 gegen Schottland) und überraschend Dänemark (4:3 gegen Norwegen) durch. Und die Überraschung sollte anhalten. Je ein gestohlener Punkt im fünften und sechsten End brachte die Däninnen so weit in Front, daß sie im neunten ein Dreierhaus verkraften konnten. Ein gelungener letzter Draw bescherte Marianne Jørgensen, Helena Blach, Astrid Birnbaum und Jette Olsen vom Hvidovre Curling Club die Weltmeisterschaft. Mit 21 Jahren Schnitt waren die Vier so jung, daß sie noch 1983 den ersten europäischen Juniorentitel gewinnen konnten.

Diese vier in Europa ausgetragenen Meisterschaften waren zwar ein Erfolg, hielten sich jedoch im äußerlichen Rahmen eines gut besetzten Damenturniers. Das Interesse blieb weitgehend gering, 500 Zuschauer bei einem Finale das Höchste der Gefühle. Die Medien berichteten spärlich, im Fernsehen waren höchstens Ausschnitte zu sehen. Dafür hatten diese Weltmeisterschaften einen ausgesprochen familiären Charakter angenommen, man war unter sich. Das sollte sich nun alles ändern, als erstmals in Kanada, genauer gesagt in Moose Jaw/Saskatchewan, gespielt wurde. Curling in Kanada – noch dazu eine Weltmeisterschaft – sprengt jeden gewohnten Rahmen. Zudem betätigten sich die Damen nur eine Woche vor den Herren und noch dazu nur rund 70 Kilometer von ihnen entfernt. Mit der »Pioneer Life and Trust« hatte eine große Versicherungsgesellschaft das Patronat übernommen, die Voraussetzungen für einen »Mini-Silverbroom« waren gegeben. 300 Personen Organisationskomitee, 24 000 Zuschauer, Fernsehen live, die Zeitungen brachten seitenlange Sonderausgaben. Friendly games in der nahen 14-Bahnanlage unter den Zuschauern, ein Empfang jagte den anderen.

Für ein Team muß dieses ganze Brimborium geradezu erschreckende Ausmaße angenommen haben: Österreich. Die vier Kitzbühlerinnen ersetzten Deutschland bei dieser fünften Weltmeisterschaft. Wie war es dazu gekommen?

Es galt ja immer noch der alte Qualifikationsmodus via Europameisterschaft, die ja erst in zwei Gruppen ausgetragen wurde, dann spielten ab Platz vier die entsprechenden Platzhalter gegen-

Ankunft im Spitzenfeld. Almut Hege, Josefine Einsle, Susanne Koch und Petra Tschetsch wurden Dritte der WM 1984. Rechs DCV-Sportwart Sigi Heinle.

einander um die bessere Plazierung der Gesamtrangliste.

Dabei war Österreich auf Platz acht, Deutschland auf Platz neun gekommen. So weit, so gut, Platz acht berechtigte zur Teilnahme an der WM, Platz neun nicht. Daß nun die Deutschland-Gruppe wesentlich schwerer war, als die Österreich-Gruppe, war Pech für die Deutschen. Dann kamen jedoch einige ICF-Mitglieder auf die Idee, daß es laut ICF-Regel für eine Weltmeisterschaftsqualifikation keine Punktgleichheit geben dürfe und die war in der einen Gruppe, vor den Spielen um die Gesamtrangliste, zwischen Deutschland und Schottland tatsächlich gegeben. Zwar hatten die Schottinen die direkte Begegnung gewonnen, dies aber sei, so argumentierten besagte Herren, für die WM-Qualifikation ohne Belang. Also ließ man Schottland und Deutschland nochmals gegeneinander antreten. Überraschenderweise war der schottische Oberschiedsrichter und ex-RCCC-Präsident, Jim Whiteford, die treibende Kraft. Obwohl im schotti-

Ein seltener Anblick. Damen arbeiten nur wenig mit dem Cornbroom und noch dazu so gut. Nur mit diesem Gerät kann man von der Position hinter dem Stein im 90°-Winkel wischen.

schen Kirkcaldy den Einheimischen immer wieder kleine Vorteile verschafft wurden, bewies der regelunsichere Oberschiedsrichter seinen weiblichen Landsleuten hier einen Bärendienst. Deutschland gewann nämlich das Spiel und so kam es zu der seltsamen Konstellation, daß der Neunte für die WM qualifiziert war, der Siebente jedoch nicht. Das Spiel hatte nämlich keinerlei Auswirkung auf die Reihenfolge der Europameisterschaft. Ob nun das Ladies-Committee tatsächlich erst nach dem Spiel davon erfuhr oder nicht, wird wohl nie ganz geklärt werden. Jedenfalls wurde jetzt behauptet, das Spiel sei völlig sinnlos, in den Regeln heißt es ganz eindeutig, der Endstand der Europameisterschaft sei für die Qualifikation maßgeblich, egal, wie er zustandegekommen ist. Lange Rede kurzer Sinn: Die Schottinen spielten in Moose Jaw, die Deutschen nicht. Die Proteste des DCV wurden praktisch überhaupt nicht zur Kenntnis genommen. Zwar wurde dann in Moose Jaw (ohne Beteiligung der deutschen ICF-Delegierten) der Qualifikationsmodus geändert, aber für den Deutschen Meister SC Rießersee war die WM gestorben. Das hatte mit den Österreicherinnen eigentlich gar nichts zu tun, aber sie mußten auf dem Eis schrecklich Lehrgeld zahlen. Ihnen, die nur das fürchterliche Berg-und-Tal-Freieis von Kitzbühel gewohnt waren, gab das perfekte Eis von Moose Jaw unlösbare Probleme auf. Draws und Takeouts wurden prinzipiell zu schnell gespielt, die armen Tirolerinnen gewannen kein einziges Spiel. Und daraus kann man ihnen nicht einmal einen Vorwurf machen. Aber auch an der Spitze fiel man in alte Gewohnheiten zurück, die dem Damencurling von jeher angelastet wurden: »Häuslbauerei«, taktische Fehlleistungen und daraus resultierende hohe Ergebnisse. Spätestens seit den Tie-Breakern von Genf dachte man, dieser Zustand sei überwunden, in Moose Jaw entfaltete er sich wieder zu voller Blüte. Daß zumeist die Schweizerinnen an diesen Mammutergebnissen beteiligt waren, konnte ihnen relativ egal sein, denn sie waren jedesmal siegreich. Ob mit 17:9 gegen die USA, 12:10 gegen Schweden im Halbfinale, oder 18:3 gegen Norwegen im Finale. Die Siebente von Genf, Erika Müller, wurde mit Barbara Meyer, Barbara Meier (was einige Verwirrung auslöste) und Christina Wirz jedenfalls Weltmeister.

»Zurück nach Perth« lautete die Devise für 1984, zurück unter die Fittiche der Royal Bank of Scotland. Zum nunmehr vierten Mal luden die königlichen Banker zur Damen-WM und Deutschland war wieder dabei. Der SC Rießersee hatte mit

Sliding-delivery in Vollendung; Kanadas Skip Connie Laliberte mit Christine More und Janet Arnott. Kanada wurde Weltmeister 1984.

seinem glatten Erfolg gegen Österreich auf der Europameisterschaft (eigentlich mehr am Rande der EM in Västerås in einer playoff-Runde »best of three«, die nach zwei Begegnungen erledigt war) die Spielberechtigung zurückgewonnen. Den Nutzen daraus zog der EC Oberstdorf, der das deutsche Endspiel gegen die Garmisch-Partenkirchnerinnen gewonnen hatte. In derselben Aufstellung, wie bei der Katastrophen-EM 1982 nur wenige Kilometer von Perth entfernt, gelobten die vier Allgäuerinnen Besserung. Und diese trat ein, sehr eindrucksvoll sogar!
Neue Gesichter bei den automatischen Favoritinnen Kanada, Schweden und Schweiz. Die Manitoba-Curler kassierten in diesem Jahr bekanntlich alle drei Titel, die kanadischen Damen spielten zwar erst ein Jahr zusammen, aber was für ein Jahr war das! Zwei von ihnen sind zudem wilde Hockeyspielerinnen (ausnahmsweise nicht auf dem Eis). Die bisher international unbekannten Schwedinnen vom Stocksund CC lösten die von einer Rückenverletzung geplagte Elisabeth Högström ab, auch die Vier aus Wetzikon waren neu auf der WM, wenn auch keinesfalls unerfahren. Brigitte Kienast und Evi Ruegsegger waren 1978 bereits Zweite der EM, Dreierin Irene Bürgi mit dem Schlapbach-Team 1981 sogar Europameisterin. Die beliebten Githmark-Schwestern aus Norwegen traten mit zwei WM-Neulingen an. Gute Bekannte, die Dauer-Teams aus Frankreich und Italien. Auch die Däninnen kannte man schon aus Kirkcaldy und Moose Jaw, wobei die Dreierin 1979 bei der ersten WM das damalige Team skipte. Neu dagegen wieder die Teams aus Schottland und den USA.

Vom spielerischen Niveau gesehen war diese sechste Auflage der Damen-Titelkämpfe zweifellos die beste. Zwar geriet das Finale zwischen Kanada und der Schweiz mit 10:0 gründlich daneben, aber während der ganzen Woche wurde technisch und taktisch eine ganze Menge geboten. Das war natürlich in erster Linie Verdienst der ausgezeichneten Kanadierinnen, die sich eine einzige Niederlage leisteten – gegen Deutschland in der Round Robin. Wenn Almut Hege ihre Nerven im Griff hat, darf man gegen sie keinen Draw im letzten End zu kurz spielen. Dagegen scheinen die Auseinandersetzungen Deutschland gegen die Schweiz prinzipiell zu besonderen Zitterpartien auszuarten. Sowohl in der Round Robin, wie im Halbfinale, gingen die Deutschen in Führung, um sich im letzten End die Butter vom Brot stehlen zu lassen. Glück? Nerven? Wer will es beurteilen? Für die Schweizerinnen bedeutete das jedenfalls den standesgemäßen zweiten Platz, während Almut Hege, Josi Einsle, Susanne Koch und Petra Tschetsch auf einem erfreulichen und nie erwarteten dritten Rang landeten. Daß der Dampf bei der Schweiz dann völlig draußen war, ist eigentlich nicht verwunderlich, denn vor dem Semifinale-Krimi mußten sich die Wetzikonerinnen durch zwei Tie-Breaker durchkämpfen, während Kanada und Deutschland als erste und zweite der Round Robin ausruhen konnten. Im zweiten Halbfinale schlug Kanada Norwegen 8:6. Von den drei Manitoba-Teams, die kanadische Meister werden konnten, setzt sich nur die Vertretung aus Winnipeg auch bei der WM durch: Connie Laliberte, Christine More, Corinne Peters und Janet Arnott.

Nochmal Finale Deutschland – Kanada 1983 in Regina. Keith Wendorf slided weit seinem Stein nach.

Wie die Alten sungen...
Die Junioren-Weltmeisterschaft

Es war im Winter 1967. Da saßen fünf Mitglieder des East York Curling-Clubs Toronto in der Lounge und zerbrachen sich die Köpfe, wie sie etwas für ihre ausgezeichneten Junioren tun konnten. Die Fünf: Willis Blair, Dave Prentice, Jack Manley, Bob Kennedy und Jimmie Brown fanden es nämlich absolut nicht richtig, daß die Jeunesse mit 21 Jahren zwar zu alt für die kanadische Junioren-Meisterschaft (bis 19 Jahre), aber zu jung für die meisten Seniorenwettbewerbe sei. Deshalb beschlossen sie, ein Einladungs-Turnier für die betroffene Altersgruppe zu organisieren. Es lief über zwei Wochenende und war kein großer Erfolg. Besser, aber auch noch nicht der Weisheit letzter Schluß, war der Versuch, an einem Wochenende über drei Tage zu spielen. Aber man war immerhin so bekannt geworden, daß die Teams von sich aus um eine Einladung baten. Die Angelegenheit begann größer und damit teurer zu werden, in Gestalt der »Thorn Press« konnte auch im letzten Moment ein Sponsor gefunden werden, man nannte sich ab sofort »International Junior Masters«. 1971 erschien immerhin je eine Mannschaft aus Schottland und von den kanadischen Streitkräften aus Deutschland, ein Jahr später eine aus Schweden.

1973 übernahm Uniroyal das Patronat, das Turnier wurde jetzt wirklich international, denn Norwegen, Deutschland und die Schweiz kamen hinzu. Natürlich stand schon längst der Gedanke im Raum, eine echte Junioren-Weltmeisterschaft auszuspielen und 1964 erhielt man beim ICF-Kongreß in Bern den Segen. Damit war die »Uniroyal World Junior Curling Championship« neben dem »Air Canada Silver Broom« die zweite offizielle Curling-Weltmeisterschaft. Die Entscheidung von Bern wurde sicherlich durch einen Umstand beschleunigt: Beim Silverbroom 1974 stand mit Sjur Loen ein 15jähriger Winzling als Skip für Norwegen auf dem Eis, der dann zwei

Sjur Loen, 15jähriger Skip Norwegens, 1964 zwischen den Riesen Renato Ghezze (Italien) und Hec Gervais (Kanada). Dieses Bild beschleunigte die Einführung der Junioren-Weltmeisterschaft.

Jahre später bei der Junioren-WM »optisch« besser aufgehoben war und 1982 wieder beim Silverbroom auftrat. Das Höchstalter der Junioren wurde auf 21, das Mindestalter für Senioren auf 19 Jahre festgelegt. Somit war eine fließende Übergangszeit gewährleistet, die von einigen Herrschaften ausgenutzt wurde, auf beiden Meisterschaften mitzuwirken. So drang zum Beispiel der Junioren-Weltmeister von 1982, Sören Grahn bis ins Semifinale des Silverbroom vor und scheiterte dort erst am Senioren-Weltmeister Al Hackner; der Europameister 1982, Mike Hay, wurde mit dem kompletten schottischen Team bei den Junioren 1983 und 1984 Dritter. Dieser interessante Vergleich besagt nämlich nichts anderes, als daß die Spielstärke in beiden Weltmeisterschaften kaum differiert. Blättert man in den Annalen beider Wettbewerbe, wird man häufig auf dieselben Namen stoßen: 1975 und 1976 skipte Hans Dieter Kiesel die deutsche Juniorenmannschaft, 1983 wurde er auf Position drei Vizeweltmeister bei den Senioren. 1977 belegten vier junge Herren aus Lausanne gerade den sechsten Platz, vier Jahre später waren drei von ihnen Weltmeister der »Erwachsenen«, 1982 Vize, sowie 1978 und 1981 auch noch Europameister: Jürg Tanner, Jürg Hornisberger und Patrick Loertscher (zusammen mit Papa Franz Tanner, der 1977 die Mannschaft in Quebec gecoacht hatte). Der zweifache Junioren-Weltmeister Paul Gowsell aus Calgary wählte hingegen einen anderen Weg: Er verlegte sich aufs Geldverdienen und räumte auf den sogenannten »Cash-spiels« kräftig ab.

Oberstdorfs Junioren bei der WM in Moos Jaw 1979: Wolfgang Burba (2), Werner Kolb (Lead), Hans Joachim Burba (3) und Roland Jentsch (Skip).

Die Junioren spielen nach demselben Modus wie die Senioren, also mit zehn Mannschaften. Erfolgreichste Nation auch hier Kanada mit bisher vier Titeln, dann folgen einträchtig Schweden, Schottland und die USA mit je zwei Erfolgen. Diese »großen Vier« machten die ersten drei Plätze fast immer unter sich aus, lediglich Norwegen konnte einmal mit einem zweiten und einmal mit einem dritten Rang »stören«. Es dauerte bis 1984, ehe sich auch eine kontinentaleuropäische Mannschaft in die Medaillenränge spielen konnte, die Schweiz. Im Gegensatz zum Silverbroom wird Bronze bei den Junioren in einem eigenen Spiel ermittelt.

Die Long Gallery in Scone Palace (Perthshire). Hier demonstrierte der Earl of Mansfield Königin Victoria 1842 den Curlingsport.

Technik

Das Eis

Eis ist durchaus nicht gleich Eis. Diese anfänglich vielleicht verwirrende Aussage kann jedoch leicht belegt werden: Man stelle sich auf ein x-beliebiges Eishockeyfeld, postiere einen Men-

Beispiel einer reinen Curlinghalle mit gutem Eis – das Domizil des CC Hamburg.

schen mit dem Besen in der Hand auf die andere Seite und versuche nun mit absolut korrekter Abgabe den Stein an die gewünschte Stelle zu platzieren. Das Ergebnis ist deprimierend. Der Stein wird nach höchstens zwanzig Metern wie ein fallengelassener Kuhfladen liegen bleiben und nur mit höchstem Kraftaufwand zu entfernen sein. Erklärung: Ein moderner Curlingstein hat an seiner Lauffläche eine Art Hohlschliff, er läuft nur auf einer sehr dünnen Auflagefläche. Es soll nicht behauptet werden, es entstehe daher ein Vakuum, aber der Effekt ist recht ähnlich. Der Stein saugt sich am Eis fest und rührt sich nicht mehr, auch wenn die Eisoberfläche noch so glatt ist. Curlingeis ist also recht anders als normales Eis. Mit einer Art Gießkanne wird der möglichst makellos glatte Untergrund besprüht, so daß sich winzige Erhebungen bilden. Diese gefrorenen Tropfen verursachen nun zweierlei Effekt:

1. bekommt der Stein »Luft von unten«, die Vakuumsymptome treten nicht mehr auf, der Stein gleitet wesentlich weiter.
2. Erst jetzt wird das Wischen mit dem Besen sinnvoll.

Da Reibung bekanntlich Wärme erzeugt, bildet sich ein hauchdünner Wasserfilm. Auf diesem Film gleitet nun der Stein noch weiter, als auf dem ursprünglichen »pebbled ice« – in der Schweiz ist der Ausdruck »Kieseleis« gebräuchlich – und, der Stein wird lenkbar. Seit jenem legendären Tam Pate (siehe Seite 13) wissen wir, daß ein Curlingstein nicht kerzengerade auf das Ziel zuläuft, sondern in einer weiten Kurve. Durch das Wischen wird diese Kurve bis zu einem gewissen Maß begradigt, der dem Stein mitgegebene Curl bis zu einem gewissen Grad aufgehoben. Wird nun der Wischvorgang beendet, kommt der Stein wieder auf den ursprünglichen Untergrund und der Curl setzt wieder ein, der Stein folgt der ursprünglichen Kurve.

Nehmen wir einmal an, diese Voraussetzungen sind erfüllt, trotzdem sind wir vom idealen Curlingeis noch weit entfernt. Wir wiederholen unser Experiment mit der Folge, daß zwar der Stein die gewünschte Länge erzielt, aber weit neben dem gewünschten Platz zur Ruhe kommt, obwohl er absolut korrekt gespielt wurde. Der Grund: die gesamte Bahn hängt nach einer Seite. Dieses Phänomen tritt vor allem in Stadien auf, die für den (Schlittschuh-)Publikumslauf zur Verfügung stehen. Kein noch so wildes Eishockeyspiel ramponiert die Eisfläche derart, als das ewige Rundherum des Publikumslaufes. Im Schnitt erhält die komplette Fläche ein wellenartiges Profil. Quer wie längs fällt das Eis von den Banden nach unten, bis zum »Trampelpfad« der Eisläufer, steigt dann gegen die Mitte wieder nach oben. Dasselbe wiederholt sich auf der anderen Seite und an beiden Enden. Die Eisoberfläche wird also zur Berg- und Talbahn und daß ein sich recht langsam bewegendes Trumm Granit von fast zwanzig Kilogramm auf Grund der Eigenträgheit mehr den Wellen als dem mitgegebenen Curl folgt, ist leider eine unumstößliche Tatsache. Ein guter Skip wird mit diesen Gegebenheiten trotzdem fertig werden. Er wird das Eis »gelesen« haben und die Spielanlage darauf abstellen, ja seine Taktik darauf aufbauen. Aber schönes Curling ist das natürlich nicht. Es kommt also nicht nur darauf an, daß das Eis an sich absolut eben ist, die Schwierigkeiten beginnen bereits beim Unterbau. Um das Abtauen zu erleichtern, neigte man früher dazu, absichtlich ein Gefälle in der Längsachse einzubauen, damit sich das Wasser an einem Ende der Bahn sammeln und abfließen kann. Das machte oft 10 und mehr Zentimeter aus. Für Curling ist dieses Gefälle natürlich Gift, der Spieler muß jedesmal eine neue Länge suchen, ob er nun »hinauf« oder »hinunter« spielt. Beim Eislauf spielen zehn Zentimeter Gefälle auf sechzig Meter keine Rolle, beim Curling sehr wohl.

Und dann die Eisbereitungsmaschine, nach dem Marktbeherrscher schlicht Zamboni genannt. Der Hobel- und Schwemmechanismus am Ende dieses tonnenschweren Geräts hat natürlich nicht die Breite einer Curlingbahn. Die Folge: An beiden Seiten dieses Auslegers bildet sich ein Grat, der einen Stein ganz entscheidend in seiner Laufrichtung beeinflußt. Fegen dann die Herrn Eismeister noch dazu wie Walter Röhrl in atemberaubenden Driftwinkeln um die Bahn, kann man Curling auf einer derart präparierten Fläche eigentlich gleich vergessen.

Dennoch werden z.B. Weltmeisterschaften in Eishockeystadien veranstaltet, natürlich wegen der Zuschauerkapazität. Dabei werden die fünf Bahnen mit kleinen Holzbanden voneinander getrennt und einzeln eingeschwemmt. Ein wirklich guter Eismeister braucht zum Aufbau eines perfekten Eises mindestens eine Woche! Ideal sind eigentlich nur spezielle Curlinghallen. Hier wird das Eis nur zu Beginn der Saison vorsichtig aufgebaut, dann nur gesäubert und gepebbled. Wichtig ist eine gute Klimaanlage, mit der man auf Außentemperaturen wie Luftfeuchtigkeit reagieren kann. Ein guter Eismeister hat es im Gespür, ob er eventuell seine Eismaschine hochfahren muß. Curlingeis ist härter, also kälter, als normales Schlittschuheis. Apropos Schlittschuh. Niemals wird so ein barbarisches Gerät mit dem Eis einer Curlinghalle in Berührung kommen!

Regeln der ICF (International Curling Federation) für Wettbewerbe

1. Auslegung

In diesen Spiel- und Schiedsrichterregeln sowie anderen offiziellen Dokumenten des Verbandes und seiner Funktionäre versteht man unter:

a) »Competition« den Wettkampf zwischen einer beliebigen Anzahl von Mannschaften, um durch Spiele einen Gewinner zu ermitteln;

b) »End« den Teil eines Spieles, während dem die beiden gegeneinander kämpfenden Mannschaften abwechselnd je acht Steine spielen und anschließend werten;

c) »Federation« den Internationalen Curling-Verband;

d) »Game« das Spiel zwischen zwei Mannschaften zur Ermittlung eines Gewinners;

e) »House« den Teil der Spielfläche an jedem Ende der Eisfläche, der durch den äußersten Kreis umschlossen ist;

f) »Match« den Wettkampf zwischen zwei oder

mehr Mannschaften auf der einen Seite gegen eine gleiche Anzahl von Mannschaften auf der anderen Seite zur Ermittlung eines Gewinners aufgrund der größeren Anzahl von Steinen oder Spielen;

g) »Rink« eine Eisfläche entsprechend den Vorschriften von Regel 3.

2. Anwendung

Diese Regeln sind anzuwenden auf Spiele

a) innerhalb der Rechtsprechung des Verbandes, oder

b) auf solche, bei denen die Rechtsprechung des Verbandes angewandt werden soll.

3. Rink

1. Wenn möglich, soll die Eisfläche entsprechend der Zeichnung auf dem Vorsatzpapier dieses Buches markiert werden.

2. Zwei Gummi-Fußstützen in der vom Verband gutgeheißenen Form und Größe sollen so auf der Fußlinie befestigt werden, daß die Innenkante jeder Fußstütze 7,62 cm (3 inches) von der Mittellinie entfernt ist. Die Fußstützen sollen nicht länger sein als 20,32 cm (8 inches). Der Gummi soll fest mit einem Stück Holz oder einem anderen geeigneten Material verbunden werden, und die Stütze soll nach eigenem Ermessen in das Eis eingelassen werden, jedoch nicht tiefer als 5,04 cm (2 inches). Hinter den Fußstützen darf sich kein Hindernis befinden.

4. Steine

1. Curlingsteine müssen kreisförmig sein.

2. Kein Stein darf, incl. Griff und Bolzen, mehr als 19,96 kg (44 lbs.) wiegen und mehr als 91,44 cm (36 inches) Umfang haben. Seine Höhe soll mindestens 11,34 cm (4,5 inches) betragen.

3. Bricht ein Stein während des Spieles, so zählt in diesem End das größte Bruchstück; danach benutzt der Spieler einen anderen Stein.

4. Ein Stein, der sich während seines Laufes überschlägt oder auf der Seite bzw. auf dem Kopf liegenbleibt, muß sofort aus dem Spiel entfernt werden.

5. Löst sich während der Abgabe der Griff aus dem Stein, so darf der Stein noch einmal gespielt werden.

6. Ein Stein, der die entfernte Hog-line nicht vollständig überquert hat, muß aus dem Spiel entfernt werden, es sei denn, er hat einen gültigen Stein berührt.

7. Ein Stein, der die Back Line vollständig überschritten hat, ist zu entfernen.

8. Ein Stein, der eine Seitenwand oder nach seinem Stillstand eine auf das Eis gezeichnete Trennlinie berührt, ist zu entfernen.

9. Wenn ein gleitender Stein eine auf das Eis gezeichnete Trennlinie berührt oder überschreitet, nachher aber mit seinem vollen Umfang auf der Spielbahn zum Stillstand kommt, bleibt er im Spiel.

10. Kein Stein darf mit Hilfe eines Instrumentes gemessen werden, bevor der letzte Stein des Ends gespielt ist. Eine Ausnahme besteht lediglich für den Schiedsrichter, wenn dieser auf Verlangen eines Skips zu entscheiden hat, ob der Stein im Spiel bleibt oder entfernt werden muß.

5. Team

1. Zu Beginn eines Turniers muß ein Team aus vier Spielern bestehen, von denen jeder über zwei Steine verfügt, die abwechslungsweise mit dem Gegner gespielt werden.
2. Die Spieler dürfen weder Schuhwerk noch andere Ausrüstung verwenden, die die Eisfläche beschädigen könnte.
3. Die Reihenfolge der Spieler darf nach dem ersten End für das laufende Spiel nicht mehr geändert werden.
4. Das Los entscheidet, welches Team das erste End beginnt. Nachher beginnt stets das Team, welches das vorhergehende End gewonnen hat.
5. Ist während eines Spiels ein Spieler infolge Krankheit, Unfall oder anderen triftigen Gründen unfähig,
   a) während eines Spiels weiterzuspielen, oder
   b) ein Spiel zu beginnen,
   so kann der Skip des betroffenen Teams entscheiden:
   c) das zu beginnende oder bereits begonnene Spiel mit den verbleibenden Spielern zu Ende zu spielen, wobei die beiden ersten Spieler je drei Steine spielen, oder
   d) einen spielberechtigten Ersatz für das zu beginnende Spiel oder bereits begonnene Spiel oder des Turniers eintreten zu lassen.
6. Ist ein Spieler unfähig, ein Spiel zu Ende zu spielen oder zu beginnen, so darf er erst wieder zum Beginn eines folgenden Spiels antreten.
7. Ein Team darf während eines Turniers nicht mehr als zwei Ersatzspieler einsetzen.
8. Ein Team darf unter keinen Umständen mit weniger als drei Spielern spielen.

6. Skip

1. Der Skip hat für sein Team die ausschließliche Leitung des Spiels.
2. Unter Vorbehalt der Bestimmung von Art. 5.3 spielt er in der von ihm gewählten Reihenfolge.
3. Wenn er seine Steine spielt, amtiert ein von ihm bestimmter Mitspieler als Skip. Er kann sich jedoch zu einer kurzen Beratung zum Haus begeben.

7. Stellung der Spieler

1. Nur die Skips (oder deren Stellvertreter) dürfen im Haus stehen. Der Skip des spielenden Teams wählt seinen Standort; er darf vom andern Skip nicht behindert werden. Hinter der T-Line haben beide Skips in bezug auf das Wischen gleiche Rechte.
2. Die Spieler, ausgenommen der Skip, dürfen nicht hinter dem Hause stehen, sie sollen sich auf den Spielbahnseiten zwischen den Hoglinien aufhalten, ausgenommen bei der Steinabgabe oder wenn sie wischen.

8. Steinabgabe

1. Rechtshänder spielen von dem links der Center Linie gelegenen Hack, Linkshänder von dem rechts der Center Linie gelegenen Hack.
2. Bei der Abgabe muß der Stein die Hand verlassen, bevor er die nähere Hoglinie erreicht. Ist dies nicht der Fall, so muß der Stein sofort durch das spielende Team aus dem Spiel genommen werden. Hat ein solcher Stein, bevor er aus dem Spiel genommen wurde, andere Steine berührt, so müssen diese durch das spielende Team, zur Zufriedenheit des Gegen-

skips so genau als möglich an die ursprünglichen Standorte zurückgelegt werden.

3. Ein Stein, der die Hand des Spielers nicht verlassen und die nähere T-Line nicht erreicht hat, kann noch einmal gespielt werden.
4. Jeder Spieler muß, wenn die Reihe an ihn kommt, zur Steinabgabe bereit sein. Er darf das Spiel nicht verzögern.

   Wenn ein Team grundlos langsam spielt, so kann der Chief-Umpire dem Skip des fehlbaren Teams mitteilen, daß der nächste Stein sofort aus dem Spiel genommen wird, sofern er nicht innerhalb 30 Sekunden nach seinem Zeichen gespielt wird.
5. Spielt ein Spieler einen Stein des anderen Teams, darf der Stein nicht aufgehalten werden. Der gegnerische Stein wird, nachdem er zum Stillstand gekommen ist, gegen einen eigenen Stein ausgewechselt.
6. Hält ein Spieler die Reihenfolge nicht ein, so soll der Stein durch das spielende Team aufgehalten und dem Spieler zurückgegeben werden. Wird der Fehler erst entdeckt, nachdem der Stein zum Stillstand gekommen ist oder einen andern Stein berührt hat, soll das Spiel fortgesetzt werden, als ob der Fehler nicht geschehen wäre. Der Stein, der hätte gespielt werden sollen, darf dann durch den Spieler, der die Reihenfolge verpaßt hat, als letzter Stein seiner Mannschaft in dem betreffenden End gespielt werden.
7. Stellen die Skips fest, daß ein Stein ausgelassen wurde, können sich aber nicht einigen, welcher Spieler die Reihenfolge verpaßt hat, dann spielt der Lead des fehlbaren Teams den letzten Stein in diesem End.
8. Wenn zwei Steine eines Teams hintereinander gespielt werden, so entfernt der Gegenskip den falsch gespielten Stein und legt durch diesen verschobene Steine nach seinem Gutdünken an den ursprünglichen Ort zurück. Das Spiel nimmt seinen Fortgang, als ob der Fehler nicht geschehen wäre. Der falsch gespielte Stein wird durch den gleichen Spieler als letzter Stein seines Teams in diesem End gespielt.
9. Hat ein Spieler drei Steine in einem End gespielt, geht das Spiel normal weiter. Der letzte Spieler des betreffenden Teams spielt nur einen Stein.

9. Wischen

1. Zwischen den T-Lines darf der gleitende Stein wie auch ein durch ihn in Bewegung gesetzter Stein durch das Team gewischt werden, dem der Stein gehört.
2. Hinter der T-Line dürfen die Skips jeden Stein wischen. Ein gegnerischer Stein darf erst gewischt werden, wenn er die T-Line erreicht hat.
3. Die Wischbewegung erfolgt vor dem Stein, auf der ganzen Breite quer zur Gleitfläche, wechslungsweise von einer Seite zur andern und wird deutlich auf einer der beiden Seiten beendet.

   Es dürfen keine Bruchstücke oder andere Wischrückstände vor dem gleitenden Stein gelassen werden.
4. Wenn mit einem Schottenbesen gewischt wird, darf sich der Stiel nicht über dem Stein bewegen.

10. Berührte gleitende Steine

1. Wird ein gleitender Stein durch das spielende Team oder dessen Ausrüstung berührt, muß er sofort entfernt werden.

Wenn aber der Gegenskip der Meinung ist, das Entfernen des Steines wäre für das fehlbare Team von Vorteil, kann er diesen möglichst nahe am Ort plazieren, wo er seiner Auffassung nach ohne Berührung zum Stillstand gekommen wäre.

Er kann auch den oder die Steine dorthin plazieren, wohin sie sich verschoben hätten, wenn der gleitende Stein nicht berührt worden und normal weiter gelaufen wäre.

2. Wenn ein gleitender Stein durch das Gegenteam oder dessen Ausrüstung berührt wird, so soll er durch den Skip des spielenden Teams dorthin gelegt werden, wo er nach Auffassung dieses Skips ohne Berührung zum Stillstand gekommen wäre.
3. Wird die Lage irgend eines Steines durch einen so berührten Stein verändert, so kann der Gegenskip des fehlbaren Teams entscheiden:
   a) den berührten Stein zu entfernen und alle bewegten Steine so nahe als möglich an den Ort zurückzulegen, wo sie seiner Auffassung nach vor der Berührung lagen oder
   b) den berührten Stein, sowie alle berührten Steine an ihrem neuen Ort zu belassen.

11. Verschobene stehende Steine

1. Wird ein Stein, der den Lauf eines gleitenden Steines verändert hätte, durch das spielende Team verschoben, so soll der gleitende Stein bis zu seinem Stillstand belassen werden. Erst dann kann der Gegenskip entscheiden, ob der Stein an seinem Platz bleibt oder entfernt wird.
2. Wenn der gespielte Stein entfernt wird, so sollen alle verschobenen Steine so nahe als möglich dorthin gelegt werden, wo sie nach Auffassung des Gegenskips vorher lagen.
3. Wenn der gespielte Stein an dem Ort belassen wird, wo er zum Stillstand kam, so sollen auch alle verschobenen Steine an ihrem neuen Ort bleiben.

12. Zählende Steine

1. Ein Spiel wird durch die Mehrzahl der zählenden Steine entschieden. Ein Team bucht einen zählenden Stein für jeden Stein, der näher beim Zentrum liegt als irgend ein Stein des Gegenteams.
2. Jeder Stein, der innerhalb von 183 cm vom Zentrum liegt, kann gezählt werden.
3. Gemessen wird vom Zentrum des Hauses zum nächsten Teil des Steines.
4. Ein End wird als entschieden betrachtet, wenn die Skips oder Stellvertreter, die im Augenblick für das Haus verantwortlich sind, über die Anzahl zählender Steine einig sind.
5. Wenn zwei oder mehrere Steine so nahe am Zentrum liegen, daß es unmöglich ist, eine Messung vorzunehmen, soll das End als Nullerend gewertet werden.

13. Schiedsrichter

1. Der Schiedsrichter hat die allgemeine Aufsicht über das Spiel, dem er zugeteilt ist.
2. Der Schiedsrichter entscheidet alle zwischen gegnerischen Skips entstehenden Streitfragen, unabhängig davon, ob die Angelegenheit in den Regeln verankert ist oder nicht.
3. Der Schiedsrichter schaltet sich in kein Spiel ein und entscheidet keine Meinungsverschiedenheiten, ohne von einem der beiden Skips dazu aufgefordert worden zu sein.

14. Chief-Umpire (Oberschiedsrichter)

1. Der Chief-Umpire soll alle Meinungen eines Schiedsrichterentscheids anhören; sein Entscheid ist jedoch unwiderruflich.
2. Wenn der Delegierte der Technischen Kommission dem Chief-Umpire die Vollmacht gegeben hat, kann er in jedes Spiel eingreifen und Weisungen erteilen, wie er sie für richtig hält.

Spirit of Curling

Curling ist ein Spiel, dem Geschicklichkeit und Überlieferung zugrunde liegen. Einen meisterhaft gespielten Stein zu verfolgen, bedeutet eine Augenweide; noch schöner ist jedoch die Beachtung der jahrhundertealten Tradition, die der wahren Wesensart des Curling innewohnt. Curler spielen um zu gewinnen, nie aber um den Gegner zu erniedrigen. Ein echter Curler zieht die Niederlage einem ungerechten Sieg vor:

Ein guter Curler wird nie versuchen, seinen Gegner abzulenken oder ihn daran zu hindern, sein Bestes zu tun.

Kein Curler verstößt absichtlich gegen Spielregeln oder eine der (geschriebenen und ungeschriebenen) Überlieferungen. Sollte er aber ungewollt einen Fehler begehen und sich dessen bewußt werden, so ist er der erste, der diesen zugibt.

Während Curling darin besteht, im Spiel gegenseitig Geschicklichkeit und Können zu messen, verlangt der diesem Spiel innewohnende Geist von jedem einzelnen sportliche Fairneß sowie freundschaftliches und ehrenhaftes Benehmen. Dieser Geist soll sowohl für die Auslegung und Anwendung der Spielregeln als auch das Verhalten auf und außerhalb des Eises maßgebend sein.

Stand 1983/84. Das Regelwerk wurde original in englischer Sprache abgefaßt, so gilt auch im Zweifelsfall der englische Wortlaut (Official Handbook 1983/84). Offizielle Übersetzung des Schweizerischen Curling-Verbandes (SCV/ASC). Die Numerierung der Paragraphen wurde dem Official Handbook angeglichen, ein Paragraph (2/2) entsprechend dem Original erweitert.

Das Sportgerät

Der Stein

Fährt man mit dem Auto entlang der schottischen Westküste auf der A 77 von Stranraer nordwärts Richtung Glasgow, erhebt sich gegenüber dem Ort Girvan aus dem äußeren Firth of Clyde die Insel Aisla Craig. Sie liegt etwa 15 km vor der Küste, ist drei Kilometer lang und bis zu 338 Meter hoch und besteht fast ausschließlich aus Granit. Dieser Granit macht sie zu einer Art Heiligtum für Curler. Denn auf Aisla Craig befanden sich die Steinbrüche, aus denen das Rohmaterial für Curlingsteine stammte.

Das Geheimnis dieses Granits liegt in seiner außergewöhnlichen Dichte und dabei doch relativ leichten Schleifbarkeit. Was nur wenige wissen: ein Stein saugt sich mit Wasser voll, wie ein Schwamm, und das beeinträchtigt seine Gleitfähigkeit ganz erheblich. Nicht so der Granit von Aisla Craig und auch anderer Steinbrüche, die aber nur ganz selten anzutreffen sind. Der Abbau auf der Insel wurde inzwischen eingestellt, da vor allem der Transport auf den kleinen »Steinkuttern« durch die oft recht bewegte See nicht nur teuer, sondern auch gefährlich war. So bricht man heute den begehrten Granit hauptsächlich in Nord-Wales und um dem Naturprodukt möglichst nahe zu sein, zog der größte Hersteller von

In solchen Blocks kommt der Rohling aus den Steinbrüchen. Der »Käse« ist bereits herausgeschält.

Der »Käse« wird zur Bearbeitung transportiert.

Diamantbearbeitung ist das Geheimnis für die Präzision der Steine.

Curlingsteinen von Inverness nach Deganwy Gwynedd/Wales um. Anders die ebenfalls traditionsreiche Firma Andrew Kay's Curling Stone Factory, die in Mauchline, fast in Sichtweite der Aisla Craig, angesiedelt ist, aber das Rohmaterial aus den walisischen Brüchen bezieht.

In älteren Zeiten, als das Sportgerät zwar schon reglementiert, nicht aber einer derartigen Präzision wie heutzutage unterworfen war, wurden die Steine noch paarweise gefertigt. Damals hatte ja jeder Spieler seine Steine selbst dabei, sorgfältig verpackt in Weidenkörbe.

Inzwischen ist Curling ja vornehmlich Hallensport geworden, die Steine werden nicht mehr transportiert, ja sollten tunlichst überhaupt nicht vom Eis genommen werden. Kein Spieler wird auf die Idee kommen, eigene Steine zu kaufen und gar mit sich herumzuschleppen. Als Bezieher von Curlingsteinen treten jetzt Clubs oder Hallen auf und die kaufen die Steine möglichst bahnweise, also 16 Stück auf einmal. Deshalb ist es auch einigermaßen verwunderlich, daß der Vertreter von Bonspiel Curling Stone Co. Ltd., die Firma Hornisberger in Echandens/Schweiz, die Steine immer noch paarweise zu einem Preis von sFr. 1325,- anbietet. Eine alte Tradition?

Mit zunehmender Präzision des Sportes wuchs auch die Präzision der Steinherstellung. Früher schickte man Sträflinge in die Steinbrüche und es drängt sich die Vermutung auf, daß mancher Rohling, der später einmal ein Curlingstein werden sollte, von Sträflingshand gebrochen wurde. Ganz ähnlich mutet auch die Arbeit an, die noch vor gar nicht allzu langer Zeit in den Herstellerbe-

Polieren der Laufflächen.

Wiegen, bevor das Striking-Band *herausgearbeitet wird.*

Ein fertiger Bouspiel-Stone.

trieben zu leisten war. Da mußten die 60 Kilo-Quader herumgewuchtet werden, denen man dann mit riesigen Hämmern zu Leibe ging. Es herrschte ein infernalischer Lärm. Heute heißt das Zauberwort Diamantbearbeitung!

Aus dem 38 × 38 × 81 cm messenden Trefor-Granitblock wird mit einem diamantbesetzten Kernbohrer ein »Käse« herausgeschnitten, der dann mit einer diamantbesetzten Kreissäge auf ein gewisses Rohmaß verkleinert wird. Dann wird dieser »Käse« in eine Drehbank gespannt und von vier ebenfalls diamantbesetzten Formwerkzeugen in die endgültige Form gebracht, die Lauffläche herausgearbeitet und die Bohrung für den Griff vorgenommen. Dann erfolgt die Feinpolitur und mittels eines Sandstrahlgebläses die Bearbeitung des Kollisionsringes. Zum Schluß wird der Stein auf Maße und Gewicht geprüft und erhält seine Seriennummer.

Eines wird mit dieser Präzisionsmethode garantiert: alle von Bonspiel gelieferten Steine desselben Typs passen immer zusammen. Man kann also im Notfall Einzelexemplare nachkaufen ohne Gefahr zu laufen, daß der Neue nicht mehr zum Set paßt. Ein großer Fortschritt.

Maße und Gewichte:
Gewicht: 18,16 kg, Toleranz: 113 g
Steindurchmesser: 280 mm, Toleranz: 3 mm
Durchmesser des Gleitringes: 127 mm, Toleranz: 1,5 mm
Preis pro Stück, verzollt ca. sFr. 663,- plus Mehrwertsteuer.

Der Besen

Der Besen scheint von jeher ein Bestandteil des Spieles gewesen zu sein. Natürlich war seine erste Aufgabe tatsächlich, das Eis von Schnee und sonstigen Fremdkörpern frei zu halten. Aber irgendwann kam irgendwer auf die Idee, daß man durch heftiges Wischen den Lauf des Steines verlängern kann. Die beiden Saubermänner bekamen eine spielentscheidende Funktion.

Auf alten Bildern kann man feststellen, daß die ersten verwendeten Besen in der Tat die entwendeten Säuberungsgeräte der Frau Gemahlin waren, flache Reisigbesen, wie sie heute noch für grobe Arbeit zu finden sind. Später wurden sie in runder Form gebündelt, sie waren damit leichter zu handhaben. Noch heute existieren seltene Schaustücke, die als Ehrengabe versilberte oder gar vergoldete Stiele aufwiesen. Gegen 1800 kam in der Gegend von Kilmarnock die Roßhaar-Bürste auf und bis 1920 hatte sie den »Broom« weitgehend verdrängt.

Auf dem amerikanischen Kontinent lief die Entwicklung ganz anders. Der rund gebündelte Reisigbesen wurde wieder etwas abgeflacht, das Material war Maisstroh. Und diese Cornbrooms sind heute noch in Gebrauch. Womit wir mitten in einem nahezu weltanschaulichen Disput sind,

Beispiel für kraftvolles Wischen mit der schottischen Bürste: Österreichs Dieter Küchenmeister und Manfred Fabi bei der Arbeit.

welche Art nun die effektivere sei. Diese Frage ist bis heute nicht beantwortet. Die schottische und die kanadische Wischart drohte die Brotherhood of the rink zu spalten.

Ganz ohne Zweifel wirkt es sportlicher, wenn die Wischer im Synchrontakt die Bahn hinunterdonnern, die auftretende Lautstärke ist recht erheblich, besonders wenn statt des Materials Stroh die stoffumwickelten Kunststofflappen benützt werden. Aber der Verschleiß der Cornbrooms ist gewaltig. In Meisterschaften und großen Turnieren ist man schon dazu übergegangen, die Bahn nach fünf Ends zu säubern. Nicht selten kann man den Besen nach einem Turnier wegwerfen.

Die schottische Roßhaarbürste brachte Curling in den Verruf der Hausfrauensportart. Sie ist leiser und wesentlich widerstandsfähiger. Je nach Fleiß läßt sich schon eine Saison damit auskommen. Befürworter meinen, man kann sie auf engerem Raum einsetzen, Gegner, man sähe durch die gebückte Haltung nicht, wo man hinwischt. Denn tatsächlich müssen die Wischer schon bei Steinabgabe und vor einem Kommando durch den Skip erkennen, ob der Stein gerade gezogen werden muß, ob die Richtung stimmt. Kein Zweifel besteht allerdings, daß die Wischtechnik mit der Bürste einfacher und weniger anstrengend ist. Insbesondere Frauen werden mit ihr eine höhere Wirkung erzielen als mit dem Broom.

Inzwischen haben sich die konträren europäisch-kanadischen Ansichten ohnehin verwischt. Auf internationalen Meisterschaften treten zumeist die Schweden, aber auch das berühmte Attinger-Team aus der Schweiz mit Cornbrooms an, auf dem Brier 1982, der kanadischen Meisterschaft, wischte nur noch eine Mannschaft mit Cornbrooms. Weltmeister Al Hackner benutzte die Bürste. Ganz sture Anhänger der einen oder anderen Wischart wurden schließlich durch den Weltmeister 1983 völlig verwirrt. Ed Werenich und sein Team benutzten für Draws die Bürste, für Takeouts den Broom. Da soll sich einer auskennen!

Die Schuhe

In alten Zeiten des Curlingsportes war es ziemlich egal, welches Schuhwerk der Spieler anzog. Es kam in erster Linie darauf an, die Füße einigermaßen warm zu halten und allenfalls auf dem glatten Eis nicht auszurutschen. Um bei der Abgabe des Steines nicht auszurutschen, zog man sich gelegentlich eine Art von Steigeisen an, die aber bald verboten wurde, weil diese Geräte natürlich das Eis zerkratzten. Außerdem waren diese Dinger natürlich höchst unpraktisch, dann nämlich, wenn man versuchte, den eigenen Stein einzuholen um eventuell mitzuwischen.

Darauf konzentrierte man sich auf die Aufgabe, dem Spieler einen möglichst festen Stand zu verschaffen. Die »Triggers« kamen auf, oft kunstvoll geschmiedete kreuz- oder hufeisenförmige Metallplatten, die mit Dornen im Eis verankert wurden. Später benützte man Holzplatten, die teilweise mit einem Teppichstoff versehen waren. Durchgesetzt haben sich dann aber doch die eisernen Fußstützen, die »Crampit« genannt wurden.

Spezialschuhe kamen erst in den fünfziger Jahren des 20. Jahrhunderts auf, als sich nämlich die Abgabetechnik völlig veränderte. Noch 1959 benutzte Willie Young im Scotch Cup gegen die Richardsons die Standabgabe vom Crampit, aber die Kanadier führten bereits die »sliding-Delivery« vor. Um den Stein möglichst genau und damit lange auf das Ziel zuzuführen, rutscht man auf der linken Sohle (bei Rechtshändern) bis zur Fünfmeter-Linie und hat somit Zeit, die Richtung

Curlingschuh mit Gleitsohle und Standsohle mit Saugnäpfen.

Jürg Tanner und Otto Danieli begutachten den Curling-Stiefel, links adidas-Entwicklungschef Vogler.

zu korrigieren. Seither braucht man zwei verschiedene Sohlen. Eine glatte, um jene Gleitbewegung durchführen zu können, und eine Haftsohle, die den nötigen Stand vermittelt. Nach durchgeführter Abgabe kann man über die Gleitsohle einen Antislider aus Gummi ziehen, der aber bei Spitzencurlern höchst selten ist. Diese gleiten auch beim Wischen und stoßen sich dabei mit der Haftsohle auf dem Eis ab. Der »Slider«, eine Teflonsohle mit Lederhülle und Gummizug, den man wie einen Überschuh über den normalen Schuh ziehen konnte, ist weitgehend aus der Mode gekommen. Er war eigentlich nur eine Übergangslösung, ehe führende Sportschuhfabriken (adidas, Bally, Bauer, Spogo) den echten Curlingschuh auf den Markt brachten.

Mehrere Eigenschaften sind Voraussetzung für einen guten Curlingschuh: Eignung für den curlingspezifischen Bewegungsablauf, also Gleit- und Standsohle, Wasserfestigkeit, Wärmefestigkeit, da man ja die ganze Zeit auf dem Eis steht, dabei leicht und strapazierfähig. Je nach individuellen Anforderungen der einzelnen Spieler werden knöcheldeckende Stiefel oder Halbschuhe geliefert. Der Schaft besteht entweder aus wasserundurchlässigem Nylonmaterial mit Lederverstärkungen (Stiefel) oder Rindboxleder, eingearbeitete Fersenkappe mit Schaftrandpolsterung, aufgesetzte Ledervorderkappe, die den Schuh beim Nachziehen des Standschuhes schützt, Teflonsohle auf dem Gleitschuh, rutschfeste Zellgummisohle mit Saugnäpfen auf dem Standschuh.

Wie bei anderen Sportschuhen auch, werden Curlingschuhe von den Meistern ihres Fachs immer wieder weiterentwickelt. So wurde z. B. der adidas-Curlingschuh vom Autor initiiert (der sich allerdings nicht zu den Meistern zählt), aber dann von Otto Danieli verbessert. So steht die Entwicklung auch nicht still, die etwas sinnlose seitliche Gummiumrandung des Vorderschuhs wird sicherlich demnächst verschwinden.

Preise: z. B. adidas. Halbschuh: DM 172–; Stiefel: DM 196,– (unverbindlicher Richtpreis)

Otto Danieli
Theoretische Grundlagen und Trainingsaufbau

Vom Anfänger zum Weltmeister
Die Karriere des Otto Danieli

Es begann mit einer Wette mit meinem Vater. Der Altherren-Zeitvertreib Curling brauche kein Training, behauptete ich. Dem Otto Danieli Senior – so verkündete ich kühn – würde ich den Meister zeigen. Mein Vater war damals 52, ich erst 22. Vater war mit der Wette einverstanden. Deshalb betrat ich im Hallenstadion in Oerlikon erstmals das Glatteis der Curler. Ich verlor damals zweierlei, die Wette und das Herz. Curling war für mich von nun an mehr als ein Altherrenvergnügen. Es war ein hochwertiger Sport, der körperliche und geistige Fitness erfordert. Schachspiel auf dem Eis.

Die notwendige Kondition brachte ich mit. Ehe ich erstmals zu Stein und Besen griff, hatte ich als Leutnant an den Sommer-Divisions-Meisterschaften eine Patrouille geführt. Ich hatte auch Waffenläufe bestritten und trainierte seit neun Jahren Judo. Bis zum 22. Altersjahr aber hatte die berufliche Ausbildung den Vorrang. Nach einer kaufmännischen Lehre besuchte ich als Wirtssohn die Weinbaufachschule in Wädenswil, dann die Hotelfachschule in Lausanne. Bei einem passionierten Curler des CC Zürich absolvierte ich die Kochlehre. Heute führe ich das elterliche Geschäft in Wallisellen. In der alten Danieli-Tradition, versteht sich.

Als 1968 die Curlinghalle in Wallisellen bezogen wurde, trainierten wir jungen Curler so oft, bis uns die älteren, die den Bau bezahlt hatten, vom Eis jagten. Zwei Jahre später gehörte ich aber doch mit einem gleichaltrigen Freund und den beiden Vätern zu einem Team des CC Zürich. Und wir hatten Erfolg: Sieg beim 20. Turnier um die »Zürcher Kanne«! Von nun an machte man uns 25jährigen »Junioren« keine Schwierigkeiten mehr. Wir durften voll trainieren.

Ein Jahr später kamen wir beide als erste Junioren zum CC Crystal Zürich. Hier brachte uns der Arzt Dr. Luigi Realini, ein begeisterter Curler und Anhänger der modernen kanadischen Curlingschule, den neuen Schliff bei. Schon im ersten Jahr stellten sich Erfolge ein. Aber es gab auch Niederlagen. So verloren wir bei der Schweizer Meisterschaft, für die wir uns qualifiziert hatten, jedes Spiel. Aber diese Erfahrung gehört zu diesem Sport. Wer nicht verlieren kann, sollte die Hände vom Curling lassen.

Wenn sie in Zürich spielten, gingen Vaters schottische Curling-Freunde in unserem Haus ein und aus. Sie nahmen mich früh in ihre Mannschaft auf. So spielte ich wiederholt mit dem Royal Caledonian Curling Club.

1972 gewannen wir sogar die Zürcher Kanne mit diesem berühmtesten Klub der Welt! Wichtiger als der Erfolg war für mich die Tatsache, daß ich den Curling-Geist des Ursprungslandes kennenlernte:

Curling ist Spiel und Sport für jung und alt. Entscheidend ist der gute Teamgeist, die gegenseitige Aufmunterung, das Ausmerzen der eigenen Fehler mit Hilfe der Teamkameraden. Von den Schotten lernte ich auch das korrekte sportliche Verhalten auf dem Eis und vor allem auch nach dem Spiel. Die Pflege der Curlerkameradschaft bleibt dem Außenstehenden fast unverständlich. Noch deutlicher wurde mir die schottische Curling-Tradition, als ich an die Geburtsstätte des Curlingspiels reiste.

Die Schotten machten mich schon in jungen Jahren zum Ehrenmitglied des Royal Caledonian Curling Club, dem schon mein Vater angehört hatte. Daß ich einmal in Schottland als Weltmeister ausgerufen würde, habe ich allerdings bei meinen früheren Aufenthalten in Edinburg und Perth nie geträumt.

Mit Ueli Mülli – auch er gehört zum Hotelfach –, dem Zahnarzt Dr. Rolf Gautschi, dem Kaufmann Roland Schneider und mir fanden sich im CC Crystal Zürich vier junge Curler zusammen, die zusammenpaßten: Im Training, im Wettkampf und in der Freizeit. Erste Station war die Vorrunde zur Regionalmeisterschaft in Urdorf, die wir gewannen. Die Regionalmeisterschaft auf dem »Heimplatz« Wallisellen, die zweite Station, beendeten wir als zweite. Dabei mußten wir zuschauen, wie sich das famose Attinger-Team aus Dübendorf, Bronzemedaillengewinner an der Weltmeisterschaft, nicht zu qualifizieren vermochte. So grausam hart kann Curling sein. Durch die beiden Runden der Schweizermeisterschaft – die dritte Station – kamen wir ungeschlagen. Und damit standen wir als Vertreter der Schweiz an der Curling-Weltmeisterschaft fest.

Nach vielen Trainingsspielen im In- und Ausland zogen wir gut gewappnet nach Perth (Schottland). Betreut wurden wir von einem der berühmtesten Curling-Lehrer der Welt, von Wally Ursuliak (Kanada). Er hatte uns gelehrt, die Absichten des Gegners zu durchschauen. Was uns dann auch gelang.

Als wir am Abend des 23. März 1975 im Finale die USA besiegt hatten, konnten wir die Wünsche des fast vollzählig mitgereisten CC Crystal Zürich entgegennehmen. Curling-Freundschaft ist wirklich etwas Einmaliges.

Seit unserem Weltmeisterschafts-Sieg ist mein Leben noch stärker als zuvor mit dem Curling verbunden. Als Curling-Lehrer arbeite ich im In- und Ausland, sogar in der Curling-Hochburg Kanada. Bei alledem darf man das Training nicht vernachlässigen. Denn ich möchte weiterhin Curling spielen.

Noch möglichst viele Jahre.

Das Team

Man unterteilt das Team in zwei Gruppen:

Frontendspieler (Lead und Second): Die Positionen Nr. 1 und Nr. 2
Backendspieler (Third und Skip): Die Positionen Nr. 3 und Nr. 4

Jede einzelne Position in der Mannschaft hat bestimmte Aufgaben zu erfüllen. Jeder Spieler übernimmt eine spezifische Verantwortung im Spiel sowie in der Mannschaft. So sind die Nr. 1 und 2 die Schwerarbeiter im Team, welche die meiste Wischarbeit zu verrichten haben; die Nr. 3 ist der Vizeskip oder Allroundmann, die Nr. 4 ist der taktische Kopf der Mannschaft.
Der Skip (Nr. 4) sollte sich sein Team zusammenstellen. Dann ist er auch verantwortlich für die Aufstellung der Mannschaft. Die einzelnen Spieler sollten sich charakterlich und spielerisch ergänzen. Nur ein psychologisch ausgereiftes und abgestimmtes Team kann Höchstleistungen vollbringen. Die kleinsten Unstimmigkeiten schwächen ein Team und nur ein in jeder Beziehung harmonisierendes Team kann Erfolg haben.

Der Lead (Nr. 1)

Der Lead ist die Schlüsselfigur im Team. Er muß die ersten Steine spielen und die ganze Taktik wird auf dem Resultat seiner Steine aufgebaut. Sein Können entscheidet bereits, ob der Gegner uns sein Spiel aufzwingen kann, oder wir dem Gegner unseres. Dies kann bereits spielentscheidende Folgen haben. Der Lead muß ein äußerst exakter Spieler sein, denn anhand des Laufes seiner Steine muß der Skip das Eis beurteilen können. Sein Gefühl für die Länge (Draws) sowie die Eisbeschaffenheit kennzeichnet eine gute Eins. Er muß der erste sein, der eine Veränderung des Eises bemerkt, um sie sofort seinen Mitspielern bekannt zu geben. Er muß aber auch einen genauen Take-out spielen können. Seine Fähigkeiten geben dem Team die Grundlage und das Selbstvertrauen, das Spiel optimal aufzubauen.
Eine sehr schwierige Aufgabe für die Nr. 1 ist das Spielen der allerersten Steine. Der Lead muß also die Fähigkeit und die Erfahrung haben, die Eisverhältnisse nach dem Steinmaterial sowie der Eisbeschaffenheit richtig zu beurteilen.
Entscheidend ist, daß der Lead seinen direkten Gegenspieler in Schach hält und durch präziseres Spiel seiner Mannschaft Vorteile schafft.

Der Second (Nr. 2)

Seine Verantwortung liegt darin, eventuelle Vorteile weiter auszubauen oder Fehlsteine der Nr. 1 wieder auszumerzen. Der Second ist entscheidend für den Spielaufbau. Er muß die verschiedenen Längen genauestens beherrschen. Er muß das Eis richtig beurteilen können, denn er ist wie die Nr. 1 verantwortlich für die meiste Wischarbeit. Er ist ebenso besorgt für die Steine der Nr. 3

und 4, sowie für die Sauberkeit der Bahn. Die Frontendspieler (1 und 2) haben keinen Einfluß auf taktische Entscheidungen. Sie verhalten sich absolut ruhig, sind immer aufmerksam und spielbereit und halten sich, wenn der Gegner am Spielen ist, meistens vor der Hogline auf. Für Steine, bei denen nur die Länge maßgebend ist, sind nur die Wischer für den Wischeinsatz verantwortlich, jedoch für Steine, bei denen die Richtung maßgebend ist, entscheidet der Skip über den Wischeinsatz.

Der Third (Nr. 3) oder Vizeskip

Er ist der Allroundmann im Team. Er sollte der beste und vielseitigste Spieler der Mannschaft sein, denn er hat vielfach schwierige Aufgaben zu meistern (ein guter Shotmaker). Er muß genauso wie der Skip das Eis perfekt beurteilen können und muß die Taktik des Skips verstehen. Er dirigiert die letzten Steine des Skips und muß die Lage genau und rasch beurteilen können. Er wird auch im Wischeinsatz beschäftigt, wenn Lead und Second am Spielen sind. Er ist risikofreudig und liebt es, gefordert zu werden, denn er muß mit seinen Steinen die Situation so bereinigen, daß der Skip möglichst einfache Aufgaben zu spielen hat. Er muß einen großzügigen und verständigen Charakter haben, denn er muß die Entscheidung seines Skips verstehen und akzeptieren. Er steht dem Skip jederzeit zur Seite, versucht aber nie seine eigenen Ideen durchzusetzen, da er sonst das Selbstvertrauen des Skips untergräbt. Er verhält sich also ruhig und interessiert, immer bereit aufs Höchste gefordert zu werden.

Beim Eisgeben ist sehr wichtig, daß der Skip sich das Eis selbst gibt. Der Vizeskip nimmt das Eis mit seinem Besen ab und rührt sich nicht mehr vom Fleck, bis der Skip seinen Stein gespielt hat. Dies nicht als Schikane, sondern um alle Unsicherheiten auszuschalten, denn der Skip hat sich bereits auf sein Eis eingestellt. Bewegt sich der Vizeskip, so beschwört er unnötige Unsicherheiten herbei, weil der Skip sich vor der Steinabgabe erneut vergewissern muß, ob ihm das richtige (sein) Eis gegeben wird.

Der Skip (Nr. 4) oder Teamführer

Die Merkmale eines guten Skips sind vor allem seine psychologischen und strategischen Fähigkeiten. Er muß ein erstklassiger Shotmaker sein und sollte sich durch Nervenstärke und exzellentes Spielverständnis auszeichnen.

Er sollte in jeder Beziehung für seine Mannschaft ein Vorbild sein, denn er braucht das Vertrauen seiner Mitspieler. Der Skip stellt sich seine Mannschaft selbst zusammen, und zwar sucht er sich die einzelnen Spieler nach den Fähigkeiten und der charakterlichen Eigenschaft aus. Die einzelnen Spieler müssen sich gegenseitig ergänzen und eine ausgeglichene, harmonische Mannschaft bilden.

Der Skip entscheidet alleine über taktische Spielzüge. Er dirigiert das Spiel nach seinen Schwächen und Stärken, damit er mit seinen letzten Steinen eine möglichst sichere Aufgabe zu meistern hat.

Jeder gute Skip bedankt sich bei seinen Mitspielern für gute Leistungen oder nach hartem Wischeinsatz und läßt sich bei Fehlsteinen nie zu Kritiken oder verletzenden Aussprüchen gegen seine Mitspieler hinreißen. Er zeigt sich immer sportlich fair, als guter Kamerad und als Gentleman.

Leider gilt bei uns noch vielfach der Skip als eine Prestigeangelegenheit und jeder will selbst schon nach kurzer Zeit sein eigenes Team skippen. Wie falsch sind diese Leute doch belehrt worden – oder ist es falscher Ehrgeiz?

Nach 2–3 Jahren Curling sollte man sich für die ideale Position entscheiden und dann auf diesem Platz bleiben, wenn möglich auch bei derselben Mannschaft. Jede Position beinhaltet eine bestimmte Eigenschaft, und je länger ein Spieler auf demselben Platz spielt, desto größer wird seine Sicherheit und sein Selbstvertrauen. Der beste Skip der Welt hat keine Chance ohne einen guten Lead, der die Voraussetzungen zum Sieg schafft und die Steine richtig wischt; ohne einen Second, der die Vorteile ausbaut oder ein Mißgeschick ausbügelt und, ebenso wie der Lead, die entscheidenden Steine mit letzter Kraft zum Bestimmungsort wischt; ohne die Nummer 3, die ihm mit Rat und Tat beisteht und die Kohlen aus dem Feuer holt, damit er selbst am Schluß möglichst einfache Aufgaben zu erfüllen hat.

Es müssen vier Spieler sein, die durch dick und dünn gehen, denn einer allein kann nicht gewinnen. Alle diese Punkte erfordern ein klares Mannschaftskonzept und eine straffe Ordnung im Team, ohne die ein Erfolg nicht denkbar wäre. Der Skip ist gleichzeitig der Trainer seiner Mannschaft; er stellt ein Trainingskonzept für Sommer und Winter auf und bespricht die gesteckten Saisonziele mit seinem Team.

Weshalb der Skip immer die Nummer 4 spielen sollte:

Der Skip hat eine lange Spielerfahrung.

Der Skip wählt die Strategie nach seinen Fähigkeiten und seinem Ermessen. Er kann seine Entscheidungen im voraus treffen und muß sich nicht zuerst auf die einer anderen Person einstellen und einfühlen.

Wenn der Skip die Nr. 4 spielt, wird ein gefährlicher Diskussionspunkt eliminiert. Es wird sonst über kurz oder lang Unstimmigkeiten zwischen dem Skip und der Nr. 4 geben.

Die Aufgabenverteilung sowie die Verantwortlichkeit würde erschwert.

Durch eine klare Aufgabenverteilung und eine klare Übernahme von Verantwortung wird die Leistung des Einzelnen erhöht.

Andererseits: Scheut sich ein Skip vor der Verantwortung, die letzten Steine zu spielen, wird Skippen zum Prestige. Er will entscheiden, aber nicht die Konsequenzen daraus übernehmen.

Es ist eine zusätzliche Belastung für eine Nr. 4, wenn er sich der Taktik und der Strategie einer Nr. 1 (z. B.) fügen muß und dann auch noch die alles entscheidenden Steine zu spielen hat.

Keine Regel ohne Ausnahme: Vater und Sohn, alt und jung, Mann und Frau. Das Optimum mit einer Mannschaft erreicht man jedoch nur, wenn der Skip auch die Nummer 4 spielt und die Nummer 3 der Vizeskip ist.

Weshalb sollte der Vizeskip immer die Nummer 3 spielen

Dadurch, daß die 1 und 2 die Steine vorbereiten, gewinnt man Zeit – ebenso wenn der Gegner am Spielen ist – Zeit, in der Skip und Vize taktische Aufgaben und Probleme besprechen.

Durch die schwierigen Aufgaben hat er die bessere Erfahrung im Beurteilen der Skipsteine.

Durch das Beobachten des Spiels mit dem Skip kann sich der Vizeskip schon frühzeitig auf seine schwierige Aufgabe konzentrieren. Man kann schon einige Steine im voraus sehen, was man wahrscheinlich zu spielen hat.

Der Vizeskip ist auch das Kommunikationsglied zwischen dem Frontend und dem Skip während des Spieles.

Teamverständnis

Die meisten Teams scheitern an fehlendem Teamverständnis. Falsche Reaktionen führen zu Folgefehlern, zu Vorwürfen, Meinungsverschiedenheiten, Unsicherheiten, zu Streit, ja sogar zum Auflösen der Mannschaft. Teamverständnis ist die Grundlage für einen optimalen Einsatz der einzelnen Spieler. Voraussetzung zum Teamverständnis sind genaue Kenntnisse der Aufgaben und Kompetenzen der einzelnen Spieler in der Mannschaft. So können zum Beispiel Unaufmerksamkeit der 1 + 2 auf den Skip oder die Nr. 3 unnötige Unzufriedenheit auslösen. Unzuverlässigkeit, Unpünktlichkeit bringen Unruhe und Nervosität in eine Mannschaft. Ständige »Extra-Touren« eines Spielers untergraben die Moral im Team. Kritik an der Spielweise des Skips während des Spieles untergraben seine Autorität sowie sein Vertrauen in die Mannschaft und haben meistens unnötige Aggressionen und Unsicherheiten zur Folge. Ist man mit einem taktischen Entscheid des Skips nicht einig, so verhält man sich trotzdem ruhig. Es ist nach dem Spiel Zeit genug, wenn die nervliche Anspannung verflossen ist, über diese taktischen Spielzüge zu diskutieren. Doch bevor man darüber diskutiert, muß man sich zuerst über das Weshalb, Wozu, aus welchen Beweggründen, mit welcher Absicht hat der Skip diesen taktischen Entscheid gefällt, auseinandersetzen. Diese Diskussionen sollten mit der ganzen Mannschaft gehalten werden, damit im nächsten Spiel wieder ein absolut harmonischer Teamgeist herrscht. Unter Teamverständnis versteht man absolute Zuverlässigkeit, eiserne Disziplin der Spieler, Solidarität im Team, höchsten Einsatz und Konzentration im Spiel eines jeden Spielers; gegenseitiges Motivieren und Koordinieren des Einsatzes. Vermeiden von Unsicherheiten und Mißstimmigkeiten jeder Art.

Dazu gehört eine ehrliche Freundschaft ohne jedes Prestigedenken.

Training und Technik

Allgemeines

Grundsätzlich unterscheidet man zwischen Sommertraining und Wintertraining.

Das Hauptziel im Sommertraining ist die konditionelle Vorbereitung der Spieler auf die Wintersaison. Dazu gehört auch das psychologische Zusammenfügen der Spieler zu einem Kampfteam.

Die Hauptziele des Wintertrainings sind perfekte Technik, hohe Spielkonstanz und taktisches Spielverständnis; Vorbereitung auf Turniere und Aufrechterhaltung der Kondition.

Um Erfolg zu haben, muß das Training sowie die jeweilige Saison gut organisiert sein. Es erfordert in dieser Hinsicht von jedem einzelnen Spieler absolute Zuverlässigkeit sowie totalen Einsatz.

Der Skip ist für die Organisation des Trainings verantwortlich. Er stellt mit dem Team sowohl einen Sommer- als auch einen Wintertrainingsplan mit genau festgelegten Zielen zusammen.

Was wird trainiert?

1. **Konditionstraining, Fitneß**
    a) Im Sommer: Das Erreichen eines sehr guten Dauerleistungsvermögens mit sehr kurzer Erholungszeit
    b) Während der Saison: Halten des im Herbst erreichten Dauerleistungsvermögens über die ganze Saison
    c) Vor dem Spiel: Aufwärmen der Muskulatur und der Gelenke
    d) Im Winter: Erhaltung der Fitneß

2. **Taktik**
    Vor Beginn der Wintersaison muß der Skip mit dem Team ein klares taktisches Konzept bestimmen

3. **Psychologie, Konzentrationstraining**
    Die psychologischen Aspekte im Team beziehen sich auf die persönlichen und seelischen Probleme sowie die verschiedenen Charaktere der Spieler im Team; hier sollte evtl. ein Psychologe zugezogen werden. Die Konzentration muß durch Übungen das ganze Jahr hindurch trainiert werden.

4. **Eistraining**
    a) Technik (präzise Steinabgabe)
    b) Perfekte Wischtechnik
    c) Spezifische spielerische Aufgaben
    d) Taktische Situationen
    e) Korrekturen von persönlichen Schwächen sowie technischen Mängeln
    f) Perfektes Teamwork (Teamverständnis, Wischtechnik usw.)
    g) Erreichen einer hohen Spielkonstanz

Sommertraining

Der Skip ist verantwortlich für das Organisieren des Trainings seiner Mannschaft. Er muß die Initiative dazu aufbringen und Vorbild sein. Er sollte immer etwas mehr leisten als seine Mitspieler, damit er als Skip akzeptiert werden und das Team zu ihm vollstes Vertrauen haben kann. Das Vertrauen des Teams in seinen Skip ist der Schlüssel zum Erfolg. Ebenso braucht der Skip das Vertrauen in seine Mannschaft.

Jeder im Team muß also seinen Anteil dazu beitragen. Das Team muß aus vier Freunden bestehen, die miteinander durch dick und dünn gehen. Zuverlässigkeit, Pünktlichkeit und totaler Einsatz im Sinne der Mannschaft gehören ebenfalls zum »Spirit of Curling«.

Es ist wichtig, daß die Mannschaft möglichst zusammen trainiert, damit aus vier Spielern eine kompakte, kampfstarke Mannschaft entsteht.

Das Sommertraining steht und fällt mit dem Einsatz des Skips.

Ziel des Sommertrainings

a) Erreichen eines sehr guten Dauerleistungsvermögens mit sehr kurzer Erholungszeit.
b) Erreichen eines sehr guten Teamgeistes
c) Erreichen eines abgehärteten, kampfstarken Teams
d) Erreichen eines psychologisch ausgereiften Teams
d) Vor Beginn der Wintersaison sollte im Team ein klares taktisches Spielkonzept durchdiskutiert und festgelegt sein.

Wozu überhaupt Sommertraining?

Curling, im Winter als Leistungssport betrieben, verlangt eine seriöse konditionelle Vorbereitung während des Sommers. *Aber weshalb braucht es überhaupt Kondition um die »Bettflaschen« zu schieben?*

Wer Curling auf hohem Niveau spielen will, braucht eine präzise Konstanz und höchste Konzentrationsfähigkeit während zwei bis drei Stunden; dazu kommt die körperliche Kondition, um die Steine wischen zu können. Um all diese Anforderungen zu erfüllen, muß eine gute körperliche Verfassung vorhanden sein.

Ein Leistungscurler spielt pro Training 100 bis 150 Steine à 19 kg. Dazu kommt das eigene Körpergewicht, das die Gelenke und Beinmuskulatur bei jeder Steinabgabe belastet. Diese Anstrengungen summieren sich mit der Streßsituation, in die der Curler in entscheidenden Spielphasen immer wieder gerät. In diesem Moment erreicht die Pulsfrequenz Spitzenwerte. Um sich wieder voll konzentrieren zu können (z. B. bei der Steinabgabe), muß der Curler innerhalb kürzester Frist wieder auf eine normale Pulsfrequenz kommen, d. h. ihm muß eine sehr kurze Erholungszeit genügen. Dafür ist eine sehr gute körperliche Verfassung die Voraussetzung. Die Fitneß bezieht sich auf Muskelkraft, Beweglichkeit und Geschicklichkeit, – vor allem aber auf das Herz-Kreislauf-System. Ist das Herz-Kreislauf-System und der Körper gut trainiert, kann man Dauerleistungen physischer sowie psychischer Art viel besser meistern.

Aufbau des Sommertrainings

Die Aufbauphase beginnt Ende Mai bis Anfang Juni mit gemeinsamem Konditionstraining (Dauerleistungstraining), mit Laufen, Radfahren, Schwimmen, ergänzt mit Gymnastik, Krafttraining und Ausgleichssportarten. Mit Blick auf die psychologische Ausgeglichenheit des Teams sollte das Training gemeinsam absolviert werden.

Regelmäßiges Training des Dauerleistungsvermögens mit stetiger Kontrolle der Pulsfrequenz. Wichtig ist, möglichst lange mit einem Trainingspuls von ca. 140 laufen zu können. Eine einfache Art, den Trainingspuls (konstante Pulsfrequenz) zu erreichen ist der Ansatz: Bei Untrainierten 180 Schläge pro Minute minus Alter minus 10, bei normal Trainierten 180 minus Alter, bei Trainierten 180 minus Alter plus 10.

Erweitern des Trainings mit Kraftübungen, und zwar mit leichten Gewichten bis max. 5 kg, dafür aber mit vielen Wiederholungen. Systematisches Trainieren der Muskeln.

Ausgleich mit individuellen Sportarten:

Zu jedem Training sollen ausgiebige Lockerungsübungen und Gymnastik gemacht werden, auch verbunden mit Konzentrationsübungen.

Die beste Kontrolle des Konditionszustandes ist die Pulsfrequenz. Es sind drei Werte, die immer kontrolliert werden müssen.

a) **Der Ruhepuls** liegt je nach Blutdruck und Trainingszustand bei ca. 65 und 85 Schlägen pro Minute und sollte mit der Zeit, je besser der Konditionszustand ist, immer niedriger werden.

b) **Der Trainingspuls** kann bei Trainierten auch so errechnet werden: 215 minus Alter und davon 80%. Der Trainingspuls sagt genau aus, ob man sich genügend anstrengt oder zuviel schont.

c) **Der Erholungspuls** wird 1, 2 oder 5 Minuten nach dem Laufen gemessen. Er zeigt an, wie gut Sie sich von der Anstrengung erholen. Je schneller, desto besser.

Der Erfolg des Trainings wird nicht in Kilometer oder Kilogramm gemessen, sondern an der Erholungszeit des Pulses.

Die Steigerung des Konditionszustandes soll auf keinen Fall durch unregelmäßiges, einmaliges Überforcieren erreicht werden, sondern durch regelmäßiges Üben, das auch eine Auflockerung des Alltags sein soll.

Nach dem Training sollte man nicht unter einem Erschöpfungsgefühl leiden, sondern ein wohliges Gefühl empfinden; d. h. die Belastung im Training muß den persönlichen Möglichkeiten angepaßt werden. Das Training sollte abwechslungsreich, spielerisch gestaltet werden. Es soll ein angenehmer Ausgleich zum Alltag sein.

Es ist zu empfehlen, sich vor Beginn des Sommertrainings einer sportärztlichen Untersuchung zu unterziehen.

Zeitbeanspruchung des Sommertrainings
(für Eliteteams)

3 × wöchentlich gemeinsames Training

ca. 2 Stunden Konditionstraining und Krafttraining

ca. 2 Stunden Dauerleistungstraining mit Intervalltraining

ca. 2 Stunden Gymnastik mit Konzentrationsübungen (auch einzeln)

ca. 2 Stunden Sauna, türkisches Bad und Massage

2 × wöchentlich individuell je nach Interesse in seiner bevorzugten Sommersportart (Tennis, Fußball, Golf, Schwimmen etc.)

Trainingsmöglichkeiten für Kondition, Krafttraining und Beweglichkeit sowie Geschicklichkeit

a) In einem Fitneßclub, Boxclub, Leichtathletikclub, Turnverein oder in einem anderen Sportclub
b) Im Wald mit natürlichen Hilfsmitteln
c) Benützung von Vita-Parcours oder Erstellen eines eigenen Circuittrainings
d) Benützung von Sportanlagen und Finnenbahnen
e) Schwimm- und Hallenbäder
f) Ausgesuchte Radtouren

Was muß trainiert werden

Es sollten in den Übungen möglichst viele Muskeln und Gelenke berücksichtigt werden, d. h. trainieren des Bewegungsapparates.
Beweglichkeitsübungen für die Gelenke (Zehen, Fuß, Knie, Hüfte, Wirbelsäule, Schultern, Nacken, Ellbogen, Hand und Fingergelenke).
Krafttraining für die Muskulatur (Beinmuskulatur, Rückenmuskulatur, Bauch- und Brustmuskulatur sowie Arm- und Schultermuskulatur).
Weiter muß das *Steh-* sowie das *Dauerleistungsvermögen* trainiert werden. Dies ist wiederum maßgebend abhängig von den Stoffwechselvorgängen, damit hängt ebenso der *Blutkreislauf* zusammen.
Vom Nervensystem sind die *Kontraktionsgeschwindigkeit,* d. h. die Geschwindigkeit, mit welcher sich der Muskel zusammenzieht, die Schnellkraft, die *Koordinationsfähigkeit* der Muskelbewegungen, die *Reaktionsschnelligkeit,* die *Aktionsschnelligkeit,* die *Geschicklichkeit* sowie die *Gewandtheit* abhängig.
Trainieren der *Konzentrationsfähigkeit.*
Vorbereiten auf optimale *psychologische Voraussetzungen* für den Wettkampf und die ganze Saison.

Training

a) **Die Beweglichkeit:** Die Fähigkeit, Gelenke nach den individuellen physiologischen Möglichkeiten zu bewegen. Im Curling ist die Beweglichkeit maßgebend für die perfekte Steinabgabe sowie für einen optimalen Wischeinsatz. Das Trainieren der Beweglichkeit sollte durch das Stärken der Gelenkmuskulatur erreicht werden, ohne daß die Gelenke überlastet werden. Die Beweglichkeit kann am besten durch gezielte Gymnastik verbessert werden.

b) **Die Kraft, auch Grundkraft:** Die Kraft, die ein Muskel willkürlich zu leisten vermag. Im Curling brauchen wir nicht die rohe Kraft zu trainieren, wie zum Beispiel ein Gewichtheber, bei dem die Muskeln bis zum Maximum belastet werden. Vorteilhafter für das Curling ist, die Muskeln bis ca. 50% zu belasten, dafür müssen die Übungen aber 10–30mal wiederholt werden.

c) **Das Stehvermögen:** Unterteilt zwischen lokalem und allgemeinem Stehvermögen. Das lokale Stehvermögen bezieht sich lediglich auf bestimmte Muskelgruppen, wie z. B. die Beinmuskulatur bei der Steinabgabe oder die Armmuskulatur beim Wischen.
Im Curling ist das allgemeine Stehvermögen nötig für einen optimalen Wischeinsatz sowie für eine präzise Konstanz der Steinabgabe. Es ist die Fähigkeit des Organismus, besonders der Muskulatur, die notwendige Energie *ohne* Verwendung von Sauerstoff bereitzustellen und die daraus entstehenden Mängel wie Atemnot, Blutübersäuerung, hohen Puls zu bewältigen. Belasten der Muskeln mit etwa 50%, und die Übungen 10–30mal wiederholen.

Arbeit mit Hanteln von ca. 5 kg, Liegestützen, Klimmzügen, Kniebeugen auf einem Bein, Spurtläufen über 200 bis 400 m. Bei Belastungen bis zu 180 Pulsschlägen pro Minute (Intervalltraining, Circuittraining) wird das allgemeine Stehvermögen zusätzlich verbessert.

d) **Das Dauerleistungsvermögen:** Unterteilt zwischen lokalem und allgemeinem Dauerleistungsvermögen.

Das lokale Dauerleistungsvermögen bezieht sich lediglich auf bestimmte Muskelgruppen, z. B. längeres Stehen in Achtungstellung, Beinarbeit bei Seilspringen über längere Zeit. Im Curling ist das allgemeine Dauerleistungsvermögen wichtig, um eine möglichst rasche Erholungszeit nach einer Streßsituation zu erreichen, um einen Stein wieder mit höchster Konzentration abgeben zu können. Allgemeines Dauerleistungsvermögen ist die Fähigkeit des Organismus, besonders der Muskulatur, die notwendige Energie *mit* Verwendung von Sauerstoff bereitzustellen und regelmäßig über längere Zeit zu erhalten. Das allgemeine Dauerleistungsvermögen ist abhängig von der Sauerstoffaufnahme sowie der Leistungsfähigkeit von Lunge, Herz und Kreislauf (Transportfähigkeit des Blutes). Belastungen von ca. 130 und mehr Pulsschlägen in der Minute über längere Zeit fördern das Dauerleistungsvermögen, z. B. Lauftraining über 800 m, Radfahren, Schwimmen über längere Distanzen, Seilspringen.

e) **Kontraktionsgeschwindigkeit:** Die Geschwindigkeit, mit der sich der Muskel zusammenziehen kann.

f) **Die Schnellkraft:** Die Fähigkeit der Muskeln, sich bei größerem Krafteinsatz möglichst rasch zusammenzuziehen. Dies kommt beim Curling hauptsächlich bei der Abgabe eines Take-outs vor, speziell bei schlechten Eisverhältnissen. Die Schnellkraft wird bestimmt durch die eingesetzte Kraft, die Kontraktionsgeschwindigkeit und die Koordinationsfähigkeit. Die Schnellkraft wird mit Sprungübungen für die Beine (Froschhüpfen etc.), Wurfübungen und Boxen für die Arme trainiert (mit kleinen Gewichten).

g) **Die Koordinationsfähigkeit:** Die Fähigkeit, verschiedene Muskeln oder Muskelgruppen zielgerichtet aufeinander abzustimmen, d. h. die Muskelbewegung zu koordinieren. Die Koordinationsfähigkeit ist maßgebend bei der Steinabgabe sowie beim Wischen. Bewegungsablauf trainieren.

h) **Die Reaktionsschnelligkeit:** Die Fähigkeit, auf ein bestimmtes Signal oder einen Anstoß hin die Muskeln so rasch wie möglich zur Kontraktion zu bringen. Im Curling braucht man die Reaktionsschnelligkeit vor allem bei den Wischkommandos.

i) **Die Aktionsschnelligkeit:** Die Bewegungsschnelligkeit, um Muskeln in rascher Folge zu kontraktieren. Die Bewegungsschnelligkeit ist im Curling beim Wischeinsatz von großer Bedeutung, da wir beim Wischeinsatz ja mit möglichst viel Druck und möglichst rascher Frequenz wischen müssen, um wirklich effektvoll zu sein.

Die Aktionsschnelligkeit ist abhängig von der Reaktionsschnelligkeit, von der Kontraktionsgeschwindigkeit, von der Koordinationsfähigkeit, von der Schnellkraft sowie vom Stehvermögen und vom Dauerleistungsvermögen. Trainieren mit Wischtraining (Wischbewegung), Schattenboxen etc.

k) **Die Geschicklichkeit/Gewandtheit:** Bezieht sich hauptsächlich auf die Fähigkeit, eine gestellte Aufgabe durch zweckmäßiges Bewegungsverhalten optimal zu lösen.

Dies trifft im Curling auf den Bewegungsablauf bei der Steinabgabe zu. Die Geschicklichkeit bezieht sich vor allem auf die Verwendung von Geräten (Steinführung) und der Gewandtheit in der Körperbeherrschung (Bewegungsablauf bei der Steinabgabe, Gleichgewicht).

Trainieren durch Gleichgewichts- sowie Geschicklichkeitsübungen.

l) **Die Konzentrationsfähigkeit:** Die Fähigkeit, sich zu konzentrieren, hängt von anlagebedingten Faktoren, Impulsen und Hemmungen aus dem Unterbewußtsein sowie aus Erziehungseinflüssen ab.

Die Konzentrationsfähigkeit ist für das Curlingspiel von entscheidender Wichtigkeit. Die Konzentrationsfähigkeit läßt sich durch Übung, Willensschulung und Motivation steigern. Störungen der Konzentrationsfähigkeit treten bei erhöhter Belastung, Übermüdung, Überforderung oder durch konflikthafte Erlebnisse auf (Faszination, Ideenflucht, Zerstreutheit).

Trainiert wird die Konzentrationsfähigkeit durch gezielte Übungen, die je nach Persönlichkeit des Sportlers verschieden aufgebaut werden.

Eine Möglichkeit ist zum Beispiel Schachspielen in einem vollbesetzten Restaurant, lösen von Denkaufgaben während eines Fernsehprogramms, lesen eines Buches in störender Umgebung. Reaktions- und Geschicklichkeitsübungen fördern ebenso die Konzentrationsfähigkeit. Sportschießen mit Ziel- und Atemübungen tragen viel zur Konzentrationsfähigkeit bei.

Auch autogenes Training, richtig angewandt, kann sehr von Nutzen sein. Ziel dieses Trainings oder der Übungen sind Immunität gegen irgendwelche Ablenkungsmöglichkeiten, d. h. man darf nur noch das gesteckte Ziel oder die gestellte Aufgabe erkennen, die Umgebung, also Ablenkungen jeder Art, sollten ignoriert werden.

Genauso wichtig wie Konzentrationsfähigkeit ist die Fähigkeit, sich optimal entspannen zu können.

Durch die progressive Entspannung soll dem Sportler die Möglichkeit gegeben werden, Spannungen in der Muskulatur bewußt zu erkennen und abzubauen. Man spannt Muskelpartien bewußt maximal an und entspannt sie wieder, und zwar eine nach der andern. Entscheidend ist, daß die Empfindungen der An- und Entspannung bewußt wahrgenommen werden.

1. rechter Unterarm und Hand (Linkshänder lk. Unterarm)
2. rechter Oberarm (Linkshänder lk. Oberarm) usw.
3. linker Unterarm und Hand
4. linker Oberarm
5. Stirnmuskulatur (Stirnrunzeln)
6. Augen und Nase (Augen schließen)
7. Kiefernmuskulatur
8. Lippen
9. Nackenmuskulatur (Kopf nach hinten pressen)
10. Schulterpartie und obere Brust- und Rückenmuskeln
11. Brustmuskulatur (auf Atmung achten)
12. Bauchmuskulatur (wiederholen)
13. untere Rückenmuskulatur (Oberkörper nach vorne beugen)
14. rechter Oberschenkel (Fersen auf den Boden pressen)

15. rechter Unterschenkel (Zehenspitzen gegen das Gesicht ziehen)
16. gesamte rechte Fußmuskulatur
17. linker Oberschenkel
18. linker Unterschenkel
19. gesamte linke Fußmuskulatur
20. Genießen der Entspannungsempfindung am ganzen Körper

Alle diese Übungen – auch autogenes Training, Joga, mentales Training, sollte man unter Anleitung eines Trainers richtig erlernen.
Eine Universalmethode ist die Wassertherapie des Pfarrers Kneipp.
Zur Entspannung und gegen schlechte Laune: Ein heißes Bad von ca. 10 Minuten entspannt Nerven und Muskeln. Bevor Sie aus dem Wasser steigen, duschen Sie die Beine von unten nach oben mit kaltem Wasser ab. Dies belebt den Kreislauf.
Gegen Müdigkeit: Die Füße drei Minuten in heißem Wasser, dem man einige Tropfen Jodtinktur oder Meersalz beifügt, baden, dann die Füße 10 Minuten in kaltes Wasser stellen.
Abhärtend und belebend: Die heiß-kalte Dusche ist die beste Gymnastik für die Blutgefäße. Man beginnt warm bei den Füßen, dann körperaufwärts bis zum Hals, dann 30 Sekunden lang kalt, ebenso von unten nach oben.
Zum Aufwachen: ist die beste Methode die kalte Dusche. Man hat sofort klare Gedanken und ein kribbelndes Körpergefühl.
Zum Einschlafen: Man taucht die Arme samt Ellbogen ein paar Minuten in heißes Wasser und spült sie dann unter dem laufenden Hahn mit kaltem Wasser ab.

Psychologische Vorbereitung (siehe Buch von Ken Watson, Per Oedlund)
Um optimale psychische Voraussetzungen zu schaffen, braucht es *außersportliche Voraussetzungen*
a) Private persönliche Ausgeglichenheit
b) Keine Probleme in Familie, Ehe, mit Freundin usw.
c) Zufriedenheit im Beruf
d) Verträgliche charakterliche Eigenschaften, Fairneß
e) Gutes Benehmen, Anstand
sportliche Voraussetzungen
a) Charakterliche Verträglichkeit (sportliche Einstellung)
b) Verarbeitungsfähigkeit von Mißerfolgen und Fehlsteinen
c) Gesunden Ehrgeiz und Initiative, Begeisterungsfähigkeit
d) Leistungsfähigkeit unter Belastung

Ziel: = optimale Verbindung von Familie, Sport, Beruf

Mit dem ganzen Team sollten alle Möglichkeiten einer psychologischen Beeinflussung sowie Maßnahmen, um negative Einflüsse auszuschalten, erörtert werden. (Nicht zu unterschätzen ist der Aberglaube.)
Entscheidend für die Schaffung optimaler Voraussetzungen ist ein regelmäßiger Tagesablauf, wobei man sich für die Mahlzeiten genügend Zeit nehmen sollte. Ebenso sollte man etwa 10 Stunden schlafen. Der Lebensrhythmus ist entscheidend für die Leistungsfähigkeit und die psychologische Verfassung. Nicht zu vergessen ist die richtige Ernährung in der Vorbereitungsphase sowie vor und nach den Wettkämpfen.

Beispiel eines Leistungsdiagramms für Curler in 12 Monaten

Optimale Leistungsfähigkeit

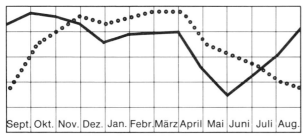

Sept. Okt. Nov. Dez. Jan. Febr. März April Mai Juni Juli Aug.

——— Konditionelle Leistungsfähigkeit des Teams
●●●●● Curlerische Leistungsfähigkeit des Teams

Über das gesamte Training sollte regelmäßig Buch geführt werden.

Die genauen Daten werden mit:
Datum, Trainingsart, Strecke oder *Einheit, Erholungspuls 0, 1, 5 Minuten, Körpergewicht* und *Bemerkungen* eingetragen.

Das konditionelle Aufbautraining für den Winter sollte im September abgeschlossen sein. Die rein physische Form des ganzen Teams muß Ende September optimal sein, denn jetzt beginnt das technische sowie das taktische Wettkampftraining. Es gilt jetzt, die konditionelle Verfassung möglichst über die ganze Saison zu halten, vor allem während der Meisterschaften. Die Mannschaften sollten auch während der Wintersaison einen Tag für Fitneßtraining einschalten (ca. 2 Std., evtl. mit Sauna), um die Kondition über die Wintersaison aufrecht zu erhalten.

Trainingsprogramme (Fitneß)

1. Morgentraining zu Hause ca. 20 Minuten

Im Sitz mit den Händen Fußkreisen links und rechts, dann die Zehen kneten. Im Stand Rumpfkreisen links und rechts, Arme in die Hüfte gestützt, mit den Augen einen Punkt fixieren.
- Armkreisen vorwärts, seitwärts und rückwärts.
- Kopfkreisen links und rechts
- Hüpfen auf Fußspitzen mit Abfedern, dann mit Knieanheben
- Lockern und tief durchatmen, möglichst frische Luft
- Ausgestreckt auf dem Rücken am Boden liegend, Hände halten den Kopf.
  a) Beine ausgestreckt ca. 10 cm anheben und anziehen und strecken, ca. 10 ×, Beine lockern
  b) Beine ausgestreckt ca. 10 cm anheben und radfahren, Beine lockern
- Auf dem Bauch liegen, Arme und Beine ausstrecken, Beine, Arme und Schultern anheben und einige Sekunden ausharren, 10 × wiederholen.
- Aufstehen, Beine und Arme lockern, tief durchatmen.
  Breite Grätschstellung, Beine durchstrecken und grätschen, je 10 Rumpfbeugen links und rechts, mit Händen Fußspitzen berühren, mit dem Kopf das Knie.
- Lockern und tief durchatmen
- Arme waagrecht ausstrecken, kraftvolles Öffnen und Schließen der Hände ca. 1 Min., dann ausschütteln.
- 15 Liegestützen ohne durchhängendes Kreuz
- Lockern und tief durchatmen
- Stellung einnehmen wie bei der Steinabgabe, ausgestreckte Arme und mit dem Körper wippen, im Wechsel links und rechts je 10 ×
- Lockern und tief durchatmen
  Warm duschen, dann kalt. Beginnen bei den Füßen bis zum Hals mit warmem Wasser, dann ebenfalls von unten nach oben ca. 30 Sek. mit kaltem Wasser.
- Richtig Frühstücken.

Curling ist – neben den Wettkämpfen – ein vergnüglicher Freizeitsport. Aber hier wird so ziemlich alles falsch gemacht. Links: Bruchtest des Besenstiels? Mitte: Kniesturzabgabe, noch dazu völlig quer. Rechts: Auch keine ideale Ausgangsstellung.

2. Beispiel eines allgemeinen Konditionstrainings

a) Den Körper in Bewegung setzen, Muskulatur aufwärmen, den Kreislauf fördern.
- Lockeres Einlaufen, zuerst am Ort, vermischt mit Hüpfen und verschiedenen Übungen wie Knieanheben, Anfersen etc. ca. 5 Min.

b) Gymnastik (Beweglichkeitsübungen)
- linken Arm strecken und ganzen Körper ausstrecken und fallen lassen, dasselbe mit der rechten Seite.
- Arme ausstrecken und Oberkörper nach links und rechts drehen.
- Nach vorne beugen, Oberkörper an die Knie heranziehen und wippen.
- Siehe auch Übungen Punkt 1
 Jede Übung 10mal wiederholen.

c) Schnellkraft der Beine
- Sprünge links und rechts über Hindernis, Froschhüpfen. Spurt über 10 m, leichtes Hüpfen, dann Sprung in die Höhe.
 Jede Übung 5mal wiederholen
- Kniebeugen

d) Bauchmuskulatur-Übungen (10mal)
- Auf dem Boden sitzen und rudern, die Beine dürfen den Boden nicht berühren.
- Rückenlage. Auf dem Boden ausstrecken, Rumpfbeugen vorwärts ohne mit den Schultern den Boden zu berühren.
- Rückenlage. Auf den Boden ausstrecken, Beine ca. 10 cm vom Boden anheben und gegeneinander kreisen nach innen und außen.

e) Kraftübungen mit kleinen Hanteln von 3 bis 5 kg

Arme: Boxen mit Hanteln (vor allem für die Wischbewegung), abwechselndes Beugen der Unterarme zu den Oberarmen.

Unterarme: Gleichzeitiges Beugen der Unterarme gegen die Oberarme, Handflächen und Handgelenke nach unten gebogen.

Schultern: Abwechselndes, gründliches Stemmen. Gleichzeitig die gestreckten Arme auf Schulterhöhe heben, mit Handflächen nach unten.

Rückenmuskeln: Oberkörper nach vorne gebeugt, gestreckte Arme nach rückwärts führen. Oberkörper nach vorne gebeugt, Ellbogen möglichst weit nach oben heben, indem man das Handgelenk abwechslungsweise umdreht.

Seitenmuskeln: Seitwärtsbeugen des Oberkörpers, indem man abwechslungsweise stemmt, die Ellbogen dürfen nicht gesenkt werden. Seitwärtsbeugen des Oberkörpers, indem man abwechslungsweise die Hanteln unter die Achselhöhlen hebt. Alle Übungen ca. 10mal wiederholen.

f) Allgemeines Dauerleistungsvermögen ca. 20 Min.

Dauerlauf im Freien über 4–5 km, längeres Seilspringen beidbeinig.

g) Allgemeines Stehvermögen ca. 10 Min.

Seilspringen mit 15 Sekunden Spurt nach jeder Minute, Intervalltraining 100 m Spurt, 100 m lockeres Laufen usw., Endspurt nach dem Dauerlauf.

Das Wintertraining/Training der Technik

Ziel des Wintertrainings ist das Erreichen einer sehr hohen Spielkonstanz sowie eines sehr hohen Spielverständnisses.

Das Wintertraining umfaßt:
1. Erhaltung einer sehr guten Kondition während der ganzen Saison. Aufwärmen der Muskeln vor dem Wettkampf.
2. Training der Technik: Steinabgabe, Bewegungsablauf. Absolute Konstanz bei der Steinabgabe.
3. Eistraining
   (Trainieren der Spielkonstanz)
4. Taktisches Eistraining
   (Umsetzen der Theorie in die Praxis)
5. Wischtraining

1. Konditionstraining im Winter

a) Ziel dieses Trainings ist die Erhaltung der Grundkondition des Sommertrainings. Dies sollte 1mal wöchentlich ca. 2 Stunden abgehalten werden, wenn möglich an einem Dienstag.
b) Aufwärmübungen vor dem Eistraining sowie vor den Spielen von ca. 5 Minuten.

2. Training der Technik (Steinabgabe, Bewegungsablauf)

Sliding delivery oder Balance delivery
Gleitabgabe   oder Gleichgewichtsabgabe

Wichtig bei der Steinabgabe ist die präzise Beibehaltung des Bewegungsablaufes. Man kann auf jede beliebige Art den Stein abgeben und trotzdem eine erstaunliche Spielkonstanz erreichen.

Doch die Steinabgabe der kanadischen TU-Schule garantiert in kürzester Zeit eine optimale Spielkonstanz. Es ist ein Bewegungsablauf, der auf tausenden von Lehrstunden und jahrelanger Erfahrung aufbaut.

Wichtige Korrekturhilfe bei Abgabefehlern ist die Videoaufzeichnung.

Entscheidend ist folgender Bewegungsablauf:
a) Body-alignment /Grundhaltung (Ausrichten des Körpers)
b) Forwardmotion /Vorwärtsbewegung
c) Trunk-lift /Gesäß heben
d) Side-step /Seitenschritt
e) Back-swing /Rückschwung
f) Leg-drive /Abstoßen mit dem Bein
g) Sliding /Gleiten
h) In- und Outturn /In- und Outhandle
i) Releasepoint /Abgabepunkt

a) Body alignment, Ausrichten des Körpers, *Grundhaltung*

Wichtig: Die Grundhaltung darf nicht verkrampft sein, man muß sich voll auf die gestellte Aufgabe konzentrieren können. Die Grundhaltung muß aufrecht sein, die Schultern waagerecht und quer zur Spielrichtung. Der Arm, der den Stein hält, ist gestreckt und muß die verlängerte Linie der Spielrichtung sein, diese imaginäre Linie (Spielrichtung) führt durch das Zentrum des Steines. Der ganze Körper ist auf den Besen des Skips ausgerichtet, d.h. man konzentriert sich mit dem

ganzen Körper auf die Spielrichtung. Der Gleitfuß liegt flach, etwas vorgerückt, auf dem Eis, der andere Fuß muß gut im Hack anliegen, und zwar mit dem Fußballen. Das Gesäß sitzt auf dessen Absatz. Ebenso wichtig ist die Haltung des Besens. Die Hand umfaßt den Besenstiel ca. 30 cm über dem Besen. Der Arm ist leicht angewinkelt und drückt den Stiel an den Rücken unterhalb des Schulterblattes. Der vordere Teil des Besens liegt auf der Höhe des Gleitfußes auf dem Eis. Das Körpergewicht liegt ganz auf dem Bein im Hack. Die volle Konzentration ist auf die gestellte Aufgabe gerichtet, der Blick ist in Spielrichtung auf den Besen fixiert.

Fehler: Entscheidende Fehler sind schlechtes Ausrichten zur Spielrichtung, die ein genaues Gleiten in der Spielrichtung verhindern. Ebenso entscheidend ist die Haltung des Steines, zu weit vorne, oder zu weit vor dem Körper, oder zu weit neben dem Körper, verhindern einen Rückschwung in der Spielrichtung und damit ein exaktes Spielen auf den Besen. Eine unkorrekte Haltung des Besens verursacht Unsicherheiten im Gleichgewicht bei der Steinabgabe. Der Besen ist die einzige Stütze, falls man das Gleichgewicht verlieren sollte.

Training: Gegenseitige Kontrolle der Grundhaltung. Fehler einzeln austrainieren. Volle Konzentration in der Grundhaltung. Korrekturen anhand von Videoaufnahmen.

b) Forward motion/Vorwärtsbewegung

Wichtig: Die Vorwärtsbewegung ist nichts anderes als ein Verlagern des Körpergewichts vom Bein im Hack auf beide Beine. Dies verhilft zu einem mühelosen Heben des Gesäßes. Der Stein bewegt sich nur wenig nach vorne, es ist vor allem der Körper, durch den das Gewicht etwas nach vorne verlagert wird. Die Schultern bleiben quer.

Fehler: Zu weite Vorwärtsbewegung bewirkt, daß durch das Heben des Gesäßes der Stein bewegt werden muß, also ein zu frühes Einleiten des Rückschwunges, der das Geschwindigkeitsgefühl erschwert.

Training: Praktisch kein Bewegen des Steines bei der Vorwärtsbewegung sowie gestreckte Haltung des Armes. Kontrolle der Schulterhaltung quer zur Spielrichtung. Gegenseitiges korrigieren.

c) Trunk-lift/Gesäß heben

Wichtig: Das Heben des Gesäßes ist wichtig, um einen exakten Rückschwung mit gestrecktem Arm ausführen zu können. Der Stein bewegt sich beim Heben des Gesäßes nicht. Ebenso verändert sich die Lage der Schultern nicht, der Blick ist immer auf den Besen gerichtet (Spielrichtung).

Fehler: Bewegt sich der Stein, so heben wir mit dem Gesäß ebenfalls die Schultern, somit beginnen wir den Stein zu heben und nicht mehr zu schwingen. Die Folge davon ist ein gestörtes Geschwindigkeitsgefühl für die Steinabgabe. Lifting wird dieser Fehler genannt.

Training: Der Arm muß gestreckt bleiben und der Stein darf sich nicht bewegen. Gegenseitiges korrigieren, wenn möglich mit Video.

d) Side-step/Seitenschritt

Wichtig: Der Seitenschritt ist ein seitliches Ausdrehen des Gleitfußes, damit der Fuß ohne Mühe in der richtigen Stellung hinter den Stein gleiten kann. Er ist auch maßgebend, damit wir in der richtigen Linie auf den Besen sliden.

Fehler: Führt man den Seitenschritt nicht aus, rutscht der Gleitfuß neben den Stein. Das hat zur Folge, daß man sich auf dem Stein aufstützt und der Körper nicht in der Ideallinie auf den Besen gleitet.

Zu großer Seitenschritt verursacht ein Passieren der Ideallinie zum Besen, man beginnt zu »Driften«, d. h. der Körper gleitet in eine andere Richtung als der Stein.

Ein Seitenschritt hinter den Körper hat dieselben Folgen wie ein nicht ausgeführter. Siehe Skizze (Driften).

Der Seitenschritt darf kein Schwungholen sein, dadurch können Unsicherheiten bei der Balance entstehen.

Training: Bei der Steinabgabe einen Stein so neben das Hack plazieren, daß der Seitenschritt nicht größer gemacht werden kann. Korrekturen können am besten mit Videoaufnahmen gemacht werden.

e) Back-swing/Rückschwung (Bild wie oben)

Wichtig: Der Back-swing muß eine Fortsetzung der Ideallinie zum Besen sein. Er darf nicht höher ausgeführt werden als man mit gestrecktem Arm, ohne die Schultern auszudrehen, fähig ist, d. h. der Arm muß gestreckt bleiben und darf sich nicht ausdrehen. Man hält den Stein unverändert, wie in der Grundhaltung.

Der Back-swing bleibt immer gleich. Die Geschwindigkeit des Steines wird nur mit der Schnelligkeit der Abwärtsbewegung und des Abstoßens aus dem Hack bestimmt.

Fehler: Ein zu kleiner oder zu großer Backswing verhindert eine Korrektur der Geschwindigkeit bei der Steinabgabe. Die Geschwindigkeit des Steines kann dadurch nur mit dem Abgabepunkt bestimmt werden.

Die schwerwiegendsten Fehler entstehen jedoch, wenn der Back-swing nicht in Fortsetzung der Ideallinie zum Besen ausgeführt wird, d. h. ein Rückschwingen hinter den oder vom Körper weg. Genaues Spiel auf den Besen wird dadurch unmöglich, da der Stein aus einem anderen Winkel gespielt wird. Erschwerend für eine Korrektur kommt hinzu, daß der Spieler glaubt, genau zu spielen und keine Möglichkeit hat, sich selbst zu korrigieren. Siehe Skizze (falscher Back-swing).

Training: Der Back-swing kann praktisch nur zu zweit korrigiert werden. Der Trainer muß auch die Fähigkeit haben, den Grund des Fehlers festzustellen, denn der Back-swing ist schon von einer korrekten Grundhaltung abhängig. Die perfekte Korrektur dieser Fehler kann nur mit dem Videogerät erreicht werden.

f) Leg-drive/Abstoßen vom Hack

Wichtig: Mit dem Abstoßen aus dem Hack bestimmen wir die Abwärtsgeschwindigkeit des Steines nach dem Back-swing und somit seine Geschwindigkeit. Leichtes Abstoßen bewirkt einen langsamen Stein, starkes Abstoßen einen schnellen Stein. Beim Leg-drive

muß man die gewünschte Geschwindigkeit im ganzen Körper fühlen können, damit man auch die genaue Länge spielen kann. Ein entscheidender Punkt in dieser Bewegungsphase ist die Gewichtsverlagerung vom Fuß im Hack auf den Slidingfuß. Der Slidingfuß muß nun genau unter dem Schwerpunkt des Körpers und hinter dem Stein zu liegen kommen.

Fehler: Fehler beim Abstoßen entstehen hauptsächlich durch Konzentrationsmängel. Man stößt zu stark oder zu schwach ab, oder man fühlt die exakte Länge nicht. Ein schräges Abstoßen verursacht ein Wegsliden von der Ideallinie und verhindert ein genaues Besenspielen.

Training: Trainieren der verschiedenen Längen im ständigen Wechsel: 2 m länger, 2 m kürzer, Draw, dann Take-out usw. Man muß sich genau auf die Steinabgabe konzentrieren, um die verschiedenen Längen fühlen zu können.

Slidet man in die falsche Richtung, so kann man den gemachten Fehler nach der Steinabgabe anhand der Körperposition auf dem Eis feststellen.

g) Sliding/Gleiten

Wichtig: Korrektes Sliden erfordert eine exakte Haltung und Stellung des Gleitfußes. Der Körper muß total ausbalanciert, im Gleichgewicht sein.

Das Gleiten erfolgt auf der Ideallinie zum Besen, d. h. das Zentrum des Steines, der Slidingfuß, das ausgestreckte Hackbein mit eingedrehtem Fuß, gleitet auf dieser imaginären Linie in die Spielrichtung auf den Besen. Die Besenkante liegt auf der Höhe des Slidingfußes und dient uns, sollten wir das Gleichgewicht verlieren, als Stütze. Der Slidingfuß ist wie beim Seitenschritt leicht ausgedreht und ermöglicht ein tieferes Senken des Oberkörpers, ohne daß sich die Schultern ausdrehen. Die Achselhöhle auf der Seite des Slidingfußes sollte auf dessen Knie zu liegen kommen. Der Blick ist während des ganzen Bewegungsablaufes ständig in der Spielrichtung auf den Besen gerichtet.

Fehler: Verlieren des Gleichgewichtes, verursacht durch falsche Haltung des Gleitfußes, falsche Haltung des Besens und ebenfalls durch Fehler des Bewegungsablaufes. Ist die Haltung des Besens zu weit vorne oder zu weit hinten, oder wird der Besen zu stark belastet, so beginnt der Spieler zu driften (abzudrehen).

Training: Exaktes Trainieren des Bewegungsablaufes mit Kontrolle anhand von Videoaufnahmen. Trainieren von Gleichgewichtsübungen.

h) Inturn/Inhandle, Outturn/Outhandle

Wichtig: Ein fester Griff ist entscheidend für die korrekte Führung des Steines während des Bewegungsablaufes. Nur die Finger umfassen das handle, die Handinnenfläche berührt es nicht. Beim Inhandle ist das handle in Spielrichtung ausgerichtet, beim Outhandle wird das handle um ca. 30° ausgedreht. Die Griffhaltung ist beim In wie beim Out die gleiche. Die Stellung des Griffes darf sich während des Bewegungsablaufes nicht verändern. Das handle (Turn) wird dem Stein erst

Out-handle: Der Stein wird nach außen gedreht (»out-turn«).

In-handle: Der Stein dreht sich nach innen (»in-turn«).

am Ende des Bewegungsablaufes gegeben, wenn der Körper am tiefsten Punkt angelangt ist. Die Hand wird beim Loslassen des Steines geöffnet.

Fehler: Veränderung der Griffhaltung oder der -richtung schon während des Rückschwunges oder des Slidens verhindert ein korrektes handlegeben. Der Stein ist dann meist auch nicht mehr auf der Ideallinie.

Viele Fehler entstehen im letzten Moment beim handlegeben. Beim Inturn wird der Stein vielfach aus dem Arm heraus verstoßen und ist dann immer zu weit; oder die Hand wird überdreht, dann ist der Inturn immer zu eng.

Beim Outturn ist der häufigste Fehler das Überdrehen der Hand (Overhand). Dies hat zur Folge, daß der Outturn immer weit ist. Ein angewinkelter Arm bei der Steinabgabe ist vielfach der Grund für ein Verstoßen des Steines.

Training: Bessere Kontrolle bei der Griffhaltung und Steinführung, vor allem während des Rückschwunges und des Slidens. Trainieren des Loslassens des Steines mit Inturn und Outturn.

Das handlegeben darf erst am Ende des Bewegungsablaufes erfolgen, d. h. wenn der Körper den tiefsten Punkt erreicht hat, nicht wenn der Körper auslidet.

i) Releasepoint/Abgabepunkt

Wichtig: Der Abgabepunkt des Steines wird durch die Körpergröße des Spielers bestimmt. Bei einer kleinen Person ist der Weg des Bewegungsablaufes kürzer, bei einem großen Spieler dementsprechend länger.

Der Abgabepunkt ist die Stelle, wo der Stein losgelassen wird. Der Abgabepunkt ist, je nach der Größe des Spielers, bei einem Draw wie bei einem Take-out, immer an derselben

Stelle. Dies ist nur möglich, weil wir die Geschwindigkeit des Steines durch das Abstoßen aus dem Hack bestimmen.

Wenn wir diese Art der Geschwindigkeitsbestimmung des Steines beherrschen, haben wir

die Möglichkeit, durch Verändern des Abgabepunktes Fehler bei der Länge zu korrigieren.

Verschieben wir den Abgabepunkt nach vorne, nehmen wir dem Stein Geschwindigkeit weg und verkürzen damit die Spiellänge. Verkürzen wir den Abgabepunkt, so belassen wir dem Stein mehr von der Anfangsgeschwindigkeit und verlängern seine Spielstrecke.

Früher, als man immer mit der gleichen Geschwindigkeit aus dem Hack abstieß, hatte man praktisch bei Fehlern keine Korrekturmöglichkeit. Ebenso hatte man große Mühe, sich bei wechselhaften Eisverhältnissen anzupassen. Die Aufgaben bestimmten den Abgabepunkt. Eine Steinabgabe vorne an der Hogline war eine Guarde, eine Steinabgabe bei der T-Line war ein Take-out.

Fehler: Bestimmen der Steingeschwindigkeit nach dem alten System. Unregelmäßiger Bewegungsablauf verhindert das Festlegen des Abgabepunktes. Mangelhafte Konzentration auf die zu spielende Länge.

Training: Trainieren der Steinabgabe (Loslassen des Steines) an derselben Stelle (Abgabepunkt); für eine Guard wie für einen Take-out. Fixieren des eigenen Abgabepunktes. Spielen von verschiedenen Längen bei gleichem Abgabepunkt.

Drifting (Weggleiten von der Ideallinie)

Die Ursachen des Driftens können verschieden sein. Die meisten Fehler entstehen schon in der Grundhaltung. Schlechtes Ausrichten auf die Spielrichtung (Ideallinie auf den Besen des Skips), sowie des Steines in der Grundhaltung können zum Driften oder Verfehlen der Ideallinie führen.

Was ist die Ideallinie? Sie ist eine imaginäre Linie, die durch das Zentrum des ausgerichteten Steines zum Besen des Skips führt. Es gibt drei Arten von Drifting. *Das Driften mit dem Stein* (falscher Back-swing) ist der häufigste Fehler und entsteht bereits in der Grundhaltung, wenn der Stein nicht korrekt und der Körper nicht quer zur Ideallinie ausgerichtet ist. Die Folge davon ist, daß der Back-swing nicht in der Fortsetzung der Ideallinie ausgeführt werden kann. Der Stein wird dann aus einer anderen Richtung (Winkel) auf den Besen gespielt. (Siehe Erklärung über den Back-swing.)

Das eigentliche Driften entsteht jedoch beim Sidestep (Seitenschritt). Schiebt sich der Slidingfuß nicht korrekt hinter den Stein, so gleitet der Körper von der Ideallinie weg (siehe Erklärungen über den Sidestep). Derselbe Effekt und die Folge davon kann auch eine zu starke Belastung des Besens oder des Steines haben. Dadurch slidet man nicht auf der Ideallinie und spielt den Stein aus einem anderen Winkel auf den Besen des Skips.

Das Sliden in der Mitte (Mittellinie). Spieler, die regelmäßig auf der Mittellinie sliden und den Stein vom Abgabepunkt auf der Mittellinie auf den Besen des Skips spielen, verursachen dieselben Fehler wie beim Driften.

Jeder dieser Spieler ist davon überzeugt, absolut genau auf den Besen des Skips gespielt zu haben, weil er im Moment der Steinabgabe auf dem Besen war, aber aus einem anderen Winkel (Richtung). Praktisch die einzige Möglichkeit, diese Fehler zu korrigieren, sind Videoaufnahmen, durch die der Spieler seine Fehler selbst beurteilen kann.

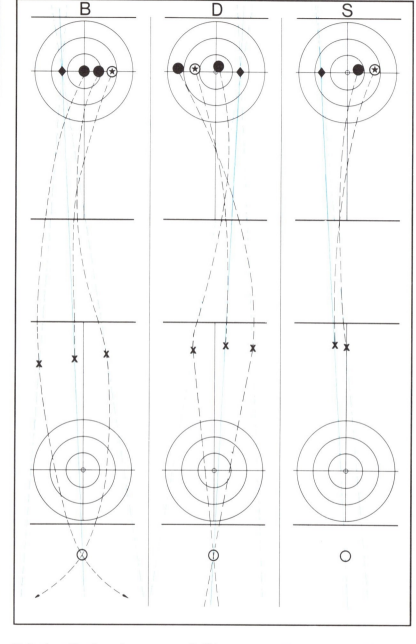

Die Fehler bei der Steinabgabe wurden in diesem Diagramm übertrieben dargestellt, um sie besser demonstrieren zu können.

Das Resultat der Steine jedoch ist realistisch. Alle Beispiele sind der Einfachheit halber nur von einer Seite aus und mit einem handle dargestellt. Die Fehler können sich durch Kombination mit falschem Back-swing und Drifting oder falschem Back-swing mit Sliden in der Mitte sowie mit jedem anderen Fehler aus der Steinabgabe addieren.

- ♦ Skipangabe (Besen)
- x Abgabepunkt
- ● Schlechter Stein
- ⊛ Idealer Stein

Imaginäre Ideallinie
Falsche imaginäre Linie
Resultier. Steinverlauf
○ Hack-Position

3. Das Eistraining (Trainieren der Spielkonstanz)

Das Trainieren der Spielkonstanz bezieht sich hauptsächlich auf drei Punkte:
a) Trainieren der technischen Steinabgabe (Bewegungsablauf)
b) Trainieren der Spielrichtung (auf den Besen spielen)
c) Trainieren der verschiedenen Längen

Trainieren der technischen Steinabgabe

Jeder einzelne Punkt des Bewegungsablaufes muß perfekt trainiert werden. Im Training nur einen Fehler nach dem anderen austrainieren, da sonst wieder neue Fehler entstehen können und die Konzentrationsfähigkeit zu schnell nachläßt. Die größten Fehler werden zuerst angegangen.

Die Technik der Steinabgabe muß auch bei den besten Spielern von Zeit zu Zeit wieder trainiert und kontrolliert werden. Der Bewegungsablauf muß automatisch, mit absoluter Präzision erfolgen. Dadurch kann sich der Spieler voll und ganz auf die ihm gestellte Aufgabe konzentrieren (Länge, taktische Situation, äußere Einflüsse). Beim Training der techn. Steinabgabe sollte, wenn möglich, immer auf den Besen gespielt werden.

Trainieren der Spielrichtung (auf den Besen spielen)

Wenn möglich, sollte man immer zu zweit trainieren und immer mit Abgabe der Spielrichtung (auf den Besen des Skips spielen).

Trainiert man alleine, so sollte man sich auf technische Mängel und das Trainieren der Längen konzentrieren, nicht aber auf die Spielrichtung. Ohne Richtungsangabe (Besenspielen) gewöhnt man sich sehr rasch an, sich nach Gefühl Eis zu geben, also die Spielrichtung nach Gefühl zu be-

Sliding-delivery/Steinabgabe (Bewegungsablauf Inhandle)

Grundhaltung, Body-alignment (Ausrichten des Körpers auf die Spielrichtung)

Forward-motion/Vorwärtsbewegung

Trunk-lift/Gesäß heben

Sidestep/Seitenschritt
Back-swing/Rückschwung

Leg-drive/Abstoßen mit dem Bein

Sliding/Gleiten

Inhandle/Outhandle
Abgabepunkt/Releasepoint

Ausgleiten (dem Stein nachschauen)

stimmen. Dies hat zur Folge, daß man sich der gewünschten Spielrichtung (Eisangabe) des Skips nicht mehr anpassen kann. Zum Beginn des Trainings sollte man ohne Stein einige Male auf den Besen (Eisangabe mit dem Besen knapp vor der Hog-line) sliden und die Richtung des Körpers nach dem Ausgleiten kontrollieren. Die ausgestreckte Hand, die Nase, der Gleitfuß sowie der nachgezogene Fuß müssen auf der Idealinie sein.

Dasselbe trainieren mit Steinabgabe (Inhandle und Outhandle). Dann über die ganze Spiellänge und die ganze Rinkbreite auf den Besen spielen, vor allem mit Come-around und Take-outs.

Trainieren der verschiedenen Längen

Man bestimmt eine Länge, z. B. eine Guard, ca. 1 m vor das Haus. Man spielt einen Stein mit Eisangabe und versucht genau an den Punkt zu gelangen **ohne** Wischeinsatz. Dann versucht man mehrere Male genau denselben Stein zu spielen und konzentriert sich voll und ganz auf die Länge. Der gespielte Stein wird jedesmal entfernt. Dann wiederholt sich dies, nur daß man jetzt 2 m länger oder kürzer spielt. Man muß diese Distanzunterschiede von 2 m fühlen können, damit man sich bei Fehlern richtig korrigieren kann oder fähig ist, sich wechselhaften Eisverhältnissen anzupassen. Ein guter Spieler muß diese 2 m Unterschied jederzeit fühlen und sie auch korrigieren können. So trainiert man abwechslungsweise alle 8 verschiedenen Längen, aber immer mit Eisangabe (Besenspielen).

4. Taktisches Eistraining (Umsetzen der Theorie in die Praxis)

Eintrainieren von taktischen Spielzügen

a) Trainieren der Spieleröffnungen oder der einzelnen Ends mit oder ohne den letzten Stein. In Bezug auch auf die verschiedenen Spielabschnitte und des Spielstandes.

b) Trainieren des offensiven Spiels mit und ohne letzten Stein in Bezug auf die verschiedenen Spielabschnitte und des Spielstandes.

c) Trainieren des defensiven Spiels mit und ohne letzten Stein in bezug auf die verschiedenen Spielabschnitte und des Spielstandes.

d) Trainieren von einzelnen Spielzügen wie:
Come-around = um vorgelegte Guards herumspielen.
Freeze = an bestimmte Steine anlegen, ohne Zwischenraum.
Doppel-take-outs = trainieren der 2 verschiedenen Arten von Doppel-take-outs.
In- und Outwicks (Hit and Roll) = Steine anzuspielen und sich in einem gewünschten Winkel versetzen.
Cleaning (Hit-and-Go) = Wegspielen einer Guard, wobei sich beide Steine aus dem Spiel entfernen.
Hackweight Take-outs um Guards herum = Hinausspielen eines Steines, der durch eine Guard abgedeckt ist, und zwar mit einem leichten Take-out (Hackgeschwindigkeit).
Splitting = Verteilen der eigenen Steine.

5. Wischtraining

Das optimale Training ist das Wischen während des Spiels. Es bedarf großer Spielerfahrung, um die Längen sowie den Wischeinsatz richtig beurteilen zu können. Gutes Curling kann man nur mit erfahrenen Wischern spielen.

Die taktischen Spielzüge sollten im Training möglichst mit den Wischern gespielt werden. Es fördert das Verständnis für den Wischeinsatz und die Reaktionsschnelligkeit auf die Kommandos. Die Wischer führen die Kontrollfunktion über die

Länge des Steines, der Skip über die Richtung aus.

Vier Punkte müssen beim Wischen trainiert werden:
a) Die Fähigkeit, die Länge des Steines exakt zu beurteilen.
b) Die Reaktionsschnelligkeit beim Wischeinsatz und bei den entsprechenden Wischkommandos.
c) Möglichst hoher Effekt beim Wischeinsatz. Dieser wird durch mehr Druck (Gewicht) auf den Besen und eine höhere Wischfrequenz erreicht. Je höher die Reibungswirkung, desto mehr Wärme wird erzeugt.
d) Wischkoordination der beiden Wischer.

Trainingsplan für fortgeschrittene Teams

Der Skip organisiert ein abwechslungsreiches und gezieltes Trainingsprogramm. Je nach Notwendigkeit legt er die nötige Zeit sowie die Trainingsschwerpunkte fest. Das Training sollte auf das ganze Team (Teamwork) und auch individuell auf jeden einzelnen Spieler bezogen sein. Es sollte ansprechend sinnvoll und nicht stur gestaltet sein.

Sinnloses Steinespielen, womöglich ohne Eisangabe, bringt keine Leistungssteigerung. Voraussetzung für ein konzentriertes, effektvolles Training ist eine gute Grundausbildung sowie eine ausgiebige Erfahrung des Skips. Er muß die Fähigkeit haben, die Fehler und Mängel des Teams zu analysieren (vor allem auch die eigenen einsehen!) und ein klares Trainingsziel haben, mit dem diese Fehler und Schwächen eliminiert werden können.

Voraussetzung: Eine gründliche Vorbereitung während der Sommersaison ist unerläßlich. Klares taktisches Konzept, das vor Beginn der Saison mit dem ganzen Team durchbesprochen wurde.

Eistraining (Zielsetzung):
- Präzise Steinabgabe
- Möglichst hohe Spielkonstanz
- Perfekte Wischtechnik
- Teamwork
- Widerstandsfähigkeit (Willensstärke) bei Pressurecurling und bei hohem Schwierigkeitsgrad
- Verständnis für verschiedene Einflüsse, die das Spiel beeinflussen können (Eis, Steine, Gegner, Klima, Publikum etc.)
- Ausmerzen von Fehlern

Trainingsschwerpunkte:
- Drawspiel 5 Längen In- und Outhandle
- Take-out 3 Längen In- und Outhandle
- Spielsituationen, Spielverständnis
- Fehler und Schwächen der einzelnen Spieler
- Taktische Probleme
- Psychologische Probleme
- Wischeinsatz, Beurteilung der Längen
- Auswertung von Turniererfahrungen
- Kondition

Ratschläge zum Training:
- Vor jedem Training ca. 5 Min. aufwärmen
- Möglichst 2 und 2 trainieren, abwechslungsweise auf zwei Rinks. Der Skip spielt mit jedem Spieler, einer gibt Eis, der andere spielt 8 oder 16 Steine, dann wird gewechselt (d. h. der andere spielt die Steine zurück)
- Nie sinnlos Steine spielen, immer eine Aufgabe verfolgen, Trainingsziel.
- Wenn möglich nicht ohne Eisangabe (Besen) trainieren, außer beim Einsliden.
- Der Skip sollte in jedem Training ein klares Trainingskonzept, ein Trainingsziel ausarbeiten, in dem die Schwerpunkte für das ganze Team oder für einzelne Spieler festgelegt sind.
- Vor dem Training eine kurze Trainingsinformation für das ganze Team.

Beispiel eines Wochenplans:

Montag: 2 Std. Eistraining und Besprechung der letzten Turniererfahrungen
Dienstag: Gemeinsames Konditionstraining
Mittwoch: 2 Std. Eistraining
Donnerstag: 2 Std. Eistraining, 1 Std. Theorie mit Turnierbesprechung für das nächste Wochenende.
Freitag, Samstag, Sonntag: Turnierspiele oder Meisterschaften

Wenn möglich, Turniere nur Samstag und Sonntag spielen, dafür den Freitag freihalten als Ruhetag.

Beispiel eines Trainingsabends:
- ca. 5 Minuten aufwärmen mit Gymnastik
- Einsliden, mit Gleichgewichtsübungen
- ca. 10 Minuten Abgabe von Steinen immer mit Eisangabe Draw, Take-out, In- und Outhandle
- ca. 20 Minuten trainieren der verschiedenen Längen (Draws), lange Guards, kurze Guards, vor die T-Line, auf die T-Line, hinter die T-Line
- ca. 20 Minuten trainieren der Take-outs, Hackweight, normale Take-outs, starke Take-outs. Jeder Spieler sollte fähig sein, dieselbe konstante Take-out-Länge zu spielen, d. h. das ganze Team spielt für den normalen Take-out eine einheitliche Länge.
- ca. 20 Minuten gemischtes Training, Draws und Take-outs sowie Eintrainieren von verschiedenen Spielsituationen
- ca. 20 Minuten Ausmerzen von Schwächen und Fehlern einzelner Spieler
- ca. 20 Minuten Spiel 2 gegen 2
- ca. 5 Minuten Trainingsbesprechung

Taktik und Strategie

Was bedeutet Taktik?

Das Wort Taktik stammt aus dem griechischen und heißt dem Sinne nach übersetzt:
Die Kunst des Aufstellens, oder die Lehre vom Gebrauch der Streitkräfte, also die Führung der Truppen im Kampf.

Grundlagen der Taktik:

1. Den eigenen Mitteln entsprechender, bestmöglicher Einsatz.
   (Prozent Curling)
2. Erreichen der eigenen Handlungsfreiheit (System aufzwingen)
3. Schwerpunktbildung (Pressure Curling)

Zur Taktik gehören ebenso die dem Kampf vorangehenden wie die nachfolgenden Maßnahmen.

Was bedeutet Strategie?

Das Wort Strategie stammt ebenfalls aus dem griechischen und heißt dem Sinne nach übersetzt:
Plan für die Auswahl von Aktionen; Aktionen, die in Abhängigkeit zur Lage oder zum Spielstand getroffen werden, in bezug auch auf den Gegner.
Strategie im Curling ist die Anwendung der Taktik im Hinblick auf die Wahrscheinlichkeit (prozentual), die größte Chance zu haben, einen Vorteil zu erringen.

Strategie heißt, die richtige Entscheidung zu treffen in bezug auf die evtl. Reaktion des Gegners sowie der momentanen Spielsituation.

Rekapitulation:
Taktik = Grundplan oder System
Strategie = Festlegung von Spielzügen in bezug auf die Reaktion des Gegners, des Spielstandes, sowie auf eventuelle äußere Einflüsse.

Taktik kann man lernen und jeder Spieler im Team sollte sie beherrschen. Die richtige strategische Anwendung der Taktik zeichnet jedoch einen guten Skip aus.
Ein guter Skip muß also ein guter Stratege und ein guter Taktiker sein.
Die Taktik ist also ein erklärbares Spielverfahren und muß jedem Spieler geläufig sein.
Die Strategie dagegen bezieht sich auf den Skip. Seine Ermessensfähigkeit, sein Charakter, seine Spielauffassung sowie seine Urteilsfähigkeit bestimmen die Strategie. Man kann also in der Beurteilung seiner strategischen Auffassung geteilter Meinung sein und es würde endlose Diskussionen geben, bis alle dieselbe Ansicht vertreten. Theoretisch jedoch, wenn die Taktik strategisch richtig angewendet wird, ist die Wahrscheinlichkeit am größten, im Spiel einen Vorteil zu erringen.
Wir wollen hier keine wissenschaftliche Abhandlung über das psychologische und strategische Verhalten der verschiedenen Skips halten. Ich

möchte hier lediglich ein klares taktisches Konzept vermitteln, das durch jahrzehntelange Erfahrung mit Wally Ursuliak, Ray Turnbull, Bill Piper, Chuck Hay, Orest Meleschuck, Jimmy Ursel und Terry Braunstein und viele andere mehr zusammengetragen wurde. Diesen großen Curlern verdanken wir in Europa die Erfolge und das Wissen über das moderne, taktische Curlingspiel.

Es ist falsch zu glauben, nur bei 100%igem Spiel könne man die moderne Taktik anwenden. Ein Rückstand von 3 und mehr Steinen ist ohne Fehlsteine schwer erklärbar. Die moderne Taktik paßt sich jeder Spielvoraussetzung an.

Im Gegenteil, die moderne Taktik hilft auch noch bei schwachen Leistungen und aus sehr schlechten Situationen das Beste herauszuholen. Die Grundlagen der Taktik gelten für jedes Spielniveau, für Anfänger und für Senioren, für Open-Air-Curling, wie für hochstehendes Wettkampfcurling.

Bei den Grundlagen zur Taktik und den Spielsituationen setzt man einheitliches Steinmaterial sowie normale, ausgeglichene Eisverhältnisse voraus. Es ist selbstverständlich, daß wir dann im Spiel schlechte Eisverhältnisse sowie äußere Einflüsse in die Taktik einbeziehen müssen.

Grundsätze zur Bestimmung der Taktik

1. Habe ich den letzten Stein
2. Habe ich nicht den letzten Stein
3. Wie ist der Spielstand
   - sind wir im Vorsprung
   - im Rückstand oder ist
   - das Spiel ausgeglichen
4. In welchem End spielen wir
5. Welche Nummer (Spieler) ist an der Reihe
6. Welche Vor- und Nachteile haben wir
7. Was will ich mit diesem Stein erreichen Welches Ziel verfolge ich mit diesem Stein
8. Prozentuale Chancenauswertung, um das gesteckte Ziel zu erreichen.
9. Die Entscheidung selbständig und bestimmt fällen.
10. Im Zweifelsfalle den Vizeskip beratend beiziehen.
11. Im Zweifelsfalle (nur bei Spielentscheid) das ganze Team beiziehen.

Grundsätze zum Skippen

1. Genaue Kenntnisse des eigenen Teams
2. Möglichst rasches Erkennen der Eisverhältnisse
3. Schnelle Analyse des Gegners
4. Vergleich zwischen Gegner und eigenem Team
5. Erkennen äußerer Einflüsse
6. Bewertung der direkten Gegenspieler
7. Bewertung der Spielchancen und Auswertung im Spiel
8. Schwerpunkte bilden
9. Teamschwächen erkennen und berücksichtigen

Eisgeben

1. Mit dem Besen dem Spieler die Aufgabe anzeigen, dann Eis geben.
2. Draw sowie eine Guard immer auf der T-Line anzeigen
   Take-out immer neben dem Stein anzeigen
3. Immer nur eine Möglichkeit anzeigen, jedoch die möglichen Auswirkungen immer im Auge behalten.
4. Klar und entschieden Eis geben.
5. Die Nr. 3 (Vizeskip) gibt prinzipiell kein selbständiges Eis, sondern nimmt es vom Skip ab, der sich das Eis für die entscheidenden Steine selbst gibt.

Eisgeben wird bestimmt durch:
- Eisverhältnisse und das Steinmaterial
- Durch den Draw erkennt man das Eis für den Take-out

rauhes, langsames Eis		härterer Take-out
schnelles, feines Eis		feinerer Take-out
stark curlendes Eis	bestimmend für die	härterer Take-out
wenig curlendes Eis	Länge der Take-outs	feinerer Take-out
Kontereis		feinerer Take-out

Was für Längen spielt man?

Um präzise spielen und wischen zu können, sollte man im Team einheitlich begrenzte Längen spielen. Für Plauschcurling reichen bereits 3 Längen aus (eine Guard, Draw ins Haus, Take-out).

1. Lange Guards — knapp über die Hogline
2. Normale Guards — ca. 1 m vor das Haus
3. Draw vorne ins Haus — vor die T-Line
4. Draw T-Line — auf die Höhe der T-Line
5. Draw hinten ins Haus — hinter die T-Line
6. Hackgeschwindigkeit — leichter Take-out bis zum hinteren Hack
7. Normaler Take-out — den Eisverhältnissen angepaßter Take-out
8. Harter Take-out — stark gespielter Take-out

Wann und wie spielt man die verschiedenen Längen?

1. **Lange Guards** spielt man hauptsächlich, um eine kurze Guard zu schützen oder um eine Passage zu blockieren, ebenso, wenn das Eis sehr wenig curlt, um trotzdem dahinter spielen zu können.

2. **Normale Guards** spielt man, um einen bereits im Haus liegenden Stein zu schützen oder um später hinter die Guards spielen zu können, ebenfalls um einen bestimmten Teil des Spielfeldes zu blockieren oder abzudecken. Die Distanz der Guards zum Haus hängt von den Eisverhältnissen ab. Je mehr das Eis curlt, desto kürzer werden die Guards vors Haus gespielt, je weniger es curlt, desto weiter vor das Haus werden die Guards gespielt.

3. **Draw vorne ins Haus** (vor die T-Line) wird gespielt, wenn man ohne Risiko spielen will

oder wenn man gegen Teams spielt, die das Draw-Spiel bevorzugen. Heute jedoch wird von einem angreifenden Team jeder Stein im Haus ausgenützt, auch wenn die Steine vor der T-Line liegen.

4. **Draw auf die T-Line** spielt man hauptsächlich, um die beste Möglichkeit zu haben, die Steine im Haus zu verteilen, ohne daß der Gegner sie mit einem Doppel-Take-out entfernen kann.

5. **Draw hinter die T-Line** ist das alte Angriffssystem, bei dem man hoffte, daß der Gegner einen Take-out spielte und im Haus liegen blieb. Damit hatte man die Chance, diese Steine anzufreezen und als Bremse zu benutzen. Diese Taktik ist jedoch im modernen Spiel sehr gefährlich, vor allem dann, wenn man nicht den letzten Stein hat. Nur beschränkt gegen Take-out-Teams anwenden. Heute spielt man eine Guard vor diese gegnerischen, hinter der T-Line liegenden Steine, um nachher erst den Freeze dahinter zu spielen. Die Situation wird auf diese Weise für den Gegner viel schwieriger.

6. **Hackgeschwindigkeit,** Hack-wight genannt, spielt man hauptsächlich, um verdeckte Steine aus dem Haus zu spielen.

7. **Normaler Take-out,** um die Steine aus dem Haus zu spielen. Es ist wichtig, daß die ganze Mannschaft eine einheitliche Länge spielt.

8. **Starken Take-out** spielt man dann, wenn beide Steine aus dem Haus müssen oder wenn man Frontguards wegspielen muß.

9. **Doppel-Take-out** spielt man mit einer normalen Länge. Wichtig ist, daß man die Seite wählt, wo man das Eis genau kennt. Doppel-Take-out kann man nur mit gutem Wischeinsatz gezielt spielen. Kennt man beide Seiten des Eises, so wird der Doppel-Take-out von der inneren Seite der aus dem Haus zu spielenden Steine gespielt, sofern sie versetzt hintereinander liegen, um so die Chance eines Verfehlens beider Steine zu verringern.

10. **Für alle Take-outs** gilt, daß man primär immer von der Seite spielt, wo man das Eis genau kennt und die leichter zu spielen ist.

11. **Promotion oder Raise** muß ganz perfekt gespielt werden. Die Promotion gilt als einer der schwierigsten Steine. Die Promotion wird hauptsächlich dann gespielt, wenn mehrere Steine vor dem Haus liegen und vor allem ein Dahinterspielen unmöglich ist.

12. **Freeze** spielt man vor allem im Angriffsspiel. Der Freeze gilt als schwierigster Stein im Curlingspiel. Er wird auch als letzte Lösung gespielt, um noch eine aussichtslose Situation zu retten. Den Freeze spielt man eher etwas kürzer und mit genügend Eis.

13. **Cornerguards** ist die moderne Methode, anzugreifen. Man spielt die Cornerguards auf die Seite vor das Haus, um später dahinter zu spielen. Wichtig ist, daß die Mitte immer offen bleibt, damit bei einem Fehlversuch immer noch mit dem letzten Stein die Situation gerettet werden kann. Je sicherer eine Nr. 4 spielt, desto näher zieht er die Cornerguards gegen die Mitte, ebenfalls, je aggressiver man spielt.
Cornerguards spielt man hauptsächlich, wenn man den letzten Stein hat.

14. **Frontguards** ist ebenfalls eine Angriffsmethode, jedoch dann, wenn man den letzten Stein nicht hat. Wird heute aber auch ge-

spielt, wenn man den letzten Stein hat, ist jedoch sehr gefährlich, da die Mitte blockiert wird. Dient dem Zweck, dem Gegner mit dem letzten Stein eine möglichst schwierige Aufgabe aufzuzwingen.

Frontguards werden hauptsächlich gespielt, um zu versuchen, einen Stein zu stehlen, d. h. einen Stein zu schreiben, obwohl man nicht den letzten Stein hat und auch um die Mitte zu blockieren.

Was bedeutet:

a) **Stealing points** (Steine stehlen). Steine in einem End buchen, in dem man nicht den letzten Stein hat.

b) **Garbage-Curling.** Man läßt praktisch alle Steine, die herumliegen, im Spiel, man spielt ein sehr risikoreiches Spiel. Man versucht mit allen im Spiel liegenden Steinen etwas anzufangen. Man spielt praktisch nur Draw.

c) **Come-around.** Ein Stein, der um eine Guard gespielt wird.

d) **Percentage-Curling** (Percentage Shot). Steine, mit denen man ein bestimmtes Ziel verfolgt. Steine, die erst nach einigen weiteren Steinen ihre Früchte tragen. Es sind Spielzüge, mit denen man über einige Spielzüge hinaus prozentual die größte Erfolgschance hat. Es sind Spielzüge, die die Absicht sehr schlecht erkennen lassen.

e) **Pressure-Curling.** Schwerpunkt-Curling (Druckcurling). Es heißt, den Gegner unter psychischen und spielerischen Druck zu setzen, in Form von offensivem Curling.

Äußere Einflüsse, die eine Taktik mitbestimmen

1. **Das eigene Team.** Welche Spieler stehen dem Team zur Verfügung. Welche Vor- und Nachteile hat jeder einzelne Spieler, technisch sowie charakterlich.

Welchen momentanen Stärken und Schwächen stehe ich als Skip gegenüber.

2. **Der Gegner.** Mit welchem Gegner habe ich es zu tun.

Ist eine defensiv oder offensiv eingestellte Mannschaft am Werk.

Sind es harte Kämpfer oder sind sie leicht beeinflußbar.

Was ist mein Gegenskip für eine Person, was für Fähigkeiten besitzt er. Ist er eine »Gamblernatur« oder eher konservativ. Ist er eigenwillig, engstirnig oder labil, ist er ein guter oder schlechter Taktiker.

Was beherrscht der Gegner technisch oder was fällt ihm schwer. Welche Stärken und Schwächen haben die einzelnen Spieler.

3. **Die Eisverhältnisse** können die Taktik insofern berühren, da die Abweichung zu normalen Verhältnissen einen Einfluß auf die Leistung der Spieler haben kann. Je nachdem muß man die Taktik entsprechend anpassen. Z. B. bei sehr schnellem Eis, bei sehr schwerem Eis, seifigem oder frostigem Eis, Kontereis, sehr stark curlendem Eis oder bei frischem Pebbel.

Um die Eisverhältnisse genau festzustellen, muß die ganze Mannschaft jeden Stein, auch die des Gegners, genau beobachten.

Die Eisverhältnisse wiederum sind abhängig von:

Der Eistemperatur, Eisdicke, Wasserbeschaffenheit und von der Kühlanlage; von der Hallenluft und der Klimaanlage, vom äußeren Klima sowie von inneren Einflüssen: wie Zuschauer, Beleuchtungen, Schmutz und Staub und natürlich von den Fähigkeiten des Eismeisters.

4. Die Steine
a) Die Qualität der Steine ist ein wichtiger Faktor hinsichtlich der äußeren Beeinflussung: Je poröser die Steinbeschaffenheit, desto geringer die Qualität, je feiner die Körnung, desto besser die Qualität.
Die beste Qualität ist der Blue Hone. Gute Qualitäten haben der Blue- und der Red Travor sowie der Green Lavel etc.
b) Der Schliff ist das Wichtigste. Es gibt einen Indoor- und einen Outdoorschliff. Das ganze Set (8 Steine) sollte absolut gleich beschaffen sein und im Gewicht nicht mehr als ca. 100 g differieren.
Bereits kleine Abweichungen können ein Indoorset unspielbar machen.

5. Die Luftverhältnisse. Wärmeeinbrüche, zu kalte Luft mit zu hoher Luftfeuchtigkeit, Frost, Luftveränderungen während des Spieles, Nebel usw.

6. Die Umgebung. Zuschauer, Fernsehen, Fotografen etc., Halle, Bekannte und Supporter (Betreuer).

7. Andere Einflüsse. Schlechte Verpflegung, schlechte Reise, Unterkunft, Gesundheitszustand.

8. Psychische Einflüsse
a) private Probleme
b) selbstverschuldete Fehler im Spiel
c) durch Mitspieler verschuldete Fehler im Spiel
d) Zwistigkeiten, Uneinigkeit
e) Kritiken seitens der Mitspieler
f) Fehler des Skips
g) Mangel an Selbstvertrauen
h) mangelnde Kameradschaft

9. Optimale psychische Voraussetzungen
Außersportlich: persönliche Ausgeglichenheit; keine Probleme in Ehe oder mit Freundin; Zufriedenheit im Beruf; verträgliche, charakterliche Eigenschaften; gutes Benehmen, Anstand
Sportlich: charakterliche Eigenschaften (sportliche Einstellung); Bewältigungsfähigkeit von Mißerfolgen, gesunder Ehrgeiz und Initiative; Begeisterungsfähigkeit; Leistungsfähigkeit

Spielverständnis

Um erfolgreich Curling spielen zu können, muß bei jedem Spieler grundlegendes Spielverständnis vorausgesetzt werden. Er muß die Taktik beherrschen, da er sonst die Strategie des Skips niemals verstehen kann. Es wird bei fehlendem Spielverständnis über kurz oder lang zu Unstimmigkeiten kommen, was die Leistungsfähigkeit des Teams untergräbt, ja sogar zur Auflösung der Mannschaft führen kann. Es ist die Pflicht eines jeden Spielers, sich dementsprechend vorzubereiten. Er darf niemals aus seinem Aufgaben- und Kompetenzbereich ausbrechen, d. h. es braucht eiserne Disziplin in der Mannschaft.

Fehlendes Spielverständnis führt meistens zu Spielfehlern, die entscheidende Auswirkungen auf das Spielgeschehen haben. Jeder Spieler der Mannschaft muß genau wissen, weshalb und aus welchen Gründen so oder so gespielt wird. Er muß verstehen, weshalb man z. B. vor die T-Line und nicht hinter die T-Line spielen will; oder vor das Haus auf die Seite (Cornerguard) und nicht in das Haus und wenn der Stein etwas zu lang kommt, dann muß er hinter der T-Line zu liegen kommen. Wenn der Skip eine Frontguard verlangt, muß der Spieler wissen, daß, wenn wir nicht den letzten Stein haben und der Stein auf die Seite vors Haus als Cornerguard zu liegen kommt, dies schlimme Folgen für den Spielverlauf hätte. Jeder Spieler muß wissen, weshalb dieser Stein so gespielt wird, wozu und was wir damit erreichen wollen und wie der Gegner auf diese Situation reagieren wird.

Zum Spielverständnis gehören die Kenntnisse des Eises, die Kenntnisse über den Gegner, absolutes taktisches Spielverständnis, perfektes Beurteilen der laufenden Steine, effektiver Wischeinsatz sowie klares Beurteilen der Spielsituation. Ohne perfektes Spielverständnis eines jeden Spielers ist ein optimaler Einsatz der Mannschaft nicht möglich.

Das taktische Curlingspiel

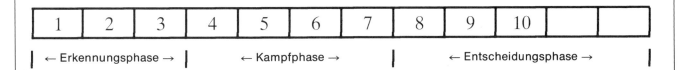

Das Spiel besteht aus 3 Phasen:
1. Die Erkennungsphase
2. Die Kampfphase
3. Die Entscheidungsphase

Erkennungsphase 1., 2. und 3. End
Diese 2–3 Ends spielt man nur, um die Eisverhältnisse genau kennen zu lernen und um den Gegner zu analysieren. Man spielt ohne Risiko ein defensives Spiel. Möglichst auf der ganzen Rinkbreite spielen, mit verschiedenen Turns, damit man jedes Gäßchen erkennt.

Kampfphase 3.–7. End
Schwerpunkte bilden, Pressurecurling (den Gegner unter Druck setzen), offensives Spiel, versuchen, einen entscheidenden Vorsprung zu erzielen. Jedoch nur angreifen und mit Risiko spielen, sofern man den letzten Stein hat. Ohne den letzten Stein eine gute Gelegenheit abwarten und kein unnötiges Risiko eingehen.

Entscheidungsphase 8.–10. End sowie evtl. Zusatzend
Bei ausgeglichenem Spielstand richtet sich die ganze Taktik auf das letzte End aus, wobei man kein Risiko mehr eingeht und mit allen Mitteln versucht, im letzten End den letzten Stein zu haben.
Bei einem Vorsprung versucht man mit defensivem Spiel, den Vorsprung über die Runden zu bringen.
Bei einem Rückstand riskiert man alles durch ein sehr offensives Spiel, Garbage-Curling um alles oder nichts.

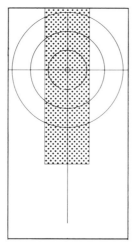

Mit letztem Stein | Ohne letzten Stein

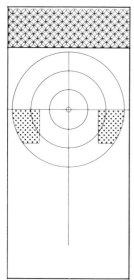
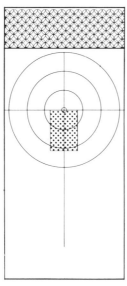

Defensiv mit letztem Stein — auf die Seite vor die T-Line

Defensiv ohne letzten Stein — in die Mitte vor die T-Line

Wichtigster Grundsatz für das Spiel

1. Wenn wir den letzten Stein haben

Spiel auf die Seite ziehen und Mitte für den letzten Stein offenhalten.

- Versuchen, immer mehr als einen Stein zu buchen. *Einen* Stein sollte man – wenn möglich – nicht schreiben müssen.
- Den letzten Stein zu haben ist mehr wert als einen Stein zu schreiben.
- Mit dem letzten Stein hat man die beste Voraussetzung, offensiv zu spielen.
  Mit dem letzten Stein kann man schlechte Situationen abwehren und gute Situationen ausnützen.

2. Wenn wir nicht den letzten Stein haben

Spiel in die Mitte ziehen und versuchen, die Mitte zu blockieren, damit der Gegner mit dem letzten Stein eine möglichst schwierige Aufgabe hat.

- Ohne letzten Stein darf der Gegner höchstens *einen* Stein schreiben, ebenso sollte man versuchen, daß er auch kein Nullerend buchen kann, da er sonst den letzten Stein behält.
- Ohne letzten Stein ist man immer im Nachteil.
- Ohne letzten Stein sollte man – wenn möglich – defensiv spielen können, da sonst das Risiko zu groß werden kann.

3. Mit letztem Stein im Vorsprung (zwei oder mehr Steine)

Defensiv spielen, offenes Spiel, Take-out-Game, alle Guards wegspielen, auch eigene Steine.

Wenn möglich, Nullerend schreiben oder aber mindestens 2 Steine buchen.

4. **Ohne letzten Stein im Vorsprung** (zwei oder mehr Steine)
Defensiv spielen, offenes Spiel, Take-out-Game. Keine guards spielen.
Wenn möglich, den Gegner dazu zwingen, *einen* Stein schreiben zu müssen.

5. **Mit letztem Stein im Rückstand** (zwei oder mehr Steine)
Offensiv spielen, möglichst Draw (Drawing-Game).
Cornerguards spielen und um die Guards herum spielen (Come-around). Mitte, wenn möglich, offenhalten je nach Grad des eingegangenen Risikos. Steine, die im Haus hinter der T-Line liegen, abguarden und nachher anfreezen, Take-out möglichst vermeiden.
Garbage-Curling spielen, d.h. möglichst viele Steine im Spiel halten und sie zum Vorteil ausnützen.

6. **Ohne letzten Stein im Rückstand** (zwei oder mehr Steine)
Offensiv spielen, möglichst Draw (Drawing-Game).
Frontguards spielen, Mitte blockieren, Garbage-Curling spielen und versuchen, Steine zu stehlen, Come-around-Game spielen.
Nicht offene Steine anfreezen, sondern zuerst um die Guards spielen.

7. **Mit dem letzten Stein** (ausgeglichener Spielstand)
Offensiv spielen, mit beschränktem Risiko.
Mindestens 2 Steine buchen, ansonsten ein Nullerend schreiben.

8. **Ohne den letzten Stein** (ausgeglichener Spielstand)
Defensiv spielen mit wenig Risiko. Nur bei

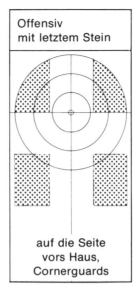

Offensiv mit letztem Stein

auf die Seite vors Haus, Cornerguards

auf die Seite hinter die T-Line

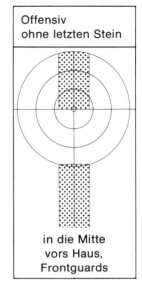

Offensiv ohne letzten Stein

in die Mitte vors Haus, Frontguards

in die Mitte hinter die T-Line

guter Möglichkeit versuchen, einen Stein zu stehlen.
Gegner darf höchstens 1 Stein schreiben, jedoch sollte er auch kein Nullerend schreiben können.

9. **Wie spiele ich defensiv**
Indem wir Take-out spielen und kein Risiko eingehen. Möglichst wenig Steine im Spiel haben und auf keinen Fall Guards liegen lassen.

10. **Wie spiele ich offensiv**
Ohne den letzten Stein:
Frontguards, Come-around und Draw-game, Mitte blockieren. Garbage-Curling. Ist ein sehr risikoreiches Spiel.
Mit dem letzten Stein:
a) mit Cornerguards, Come-around und

Draw-game, Mitte offen halten, je nach Spielstand mehr oder weniger Risiko

b) mit Spiel hinter der T-Line und anfreezen; diese Art ist das alte System, zusammen mit der Cornerguard ist es jedoch sehr effektiv.

c) Garbage-Curling bei großem Rückstand, ist mit hohem Risiko verbunden, da auch Frontguards sowie gegnerische Steine im Haus liegen gelassen werden. Es ist das Spiel um alles oder nichts.

Der Spielablauf (Grundsituationen)

1. **Erkennungsphase** (1., 2., 3. End)
   Ohne letzten Stein spiele ich defensiv ohne Risiko, Steine vor die T-Line in die Mitte, weitere Steine im Haus verteilen, um die Eisverhältnisse genau zu erkennen und das Spiel offenhalten.
   Mit letztem Stein spiele ich defensiv ohne Risiko, Steine vor die T-Line auf die Seite, weitere Steine im Haus verteilen, um die Eisverhältnisse genau zu erkennen und das Spiel offenhalten. Fehler des Gegners jedoch ausnutzen.

2. **Kampfphase** (4.–7. End)

Ohne letzten Stein Score ausgeglichen	spiele ich defensiv, ohne Risiko
Mit letztem Stein Score ausgeglichen	spiele ich offensiv, mit angepaßtem Risiko.
Score 2 und mehr Steine im Vorsprung	spiele ich mit oder ohne letzten Stein defensiv.
Score 2 und mehr Steine im Rückstand	spiele ich mit oder ohne letzten Stein offensiv, mit Risiko.

3. **Endphase** (8. End)
   Beim 8. und 9. End bei einem ausgeglichenen Spielstand richtet sich die ganze Taktik auf das 10. End aus.
   1 Stein vor, mit letztem Stein; defensiv auf Nullerend oder 2 Steine, ohne Risiko
   1 Stein nach, ohne letzten Stein; offensiv und versuchen zu stehlen.
   1 Stein vor, ohne letzten Stein; defensiv ohne Risiko, versuchen, den Gegner zu zwingen, 1 Stein zu schreiben.
   1 Stein nach, mit letztem Stein; offensiv und versuchen, 2–3 Steine zu schreiben, ansonsten Nullerend versuchen.

4. **Endphase** (9. End)
   wie beim 8. End, jedoch bei:
   1 Stein vor, ohne letzten Stein; defensiv ohne Risiko, der Gegner muß 1 Stein buchen und darf kein Nullerend schreiben. Nur bei guter Gelegenheit 1 Stein stehlen.
   1 Stein nach, mit letztem Stein; nur beschränkt offensiv und nur bei guter Gelegenheit versuchen, 3 zu schreiben, ansonsten konsequent auf Nullerend spielen.

5. **Endphase** (10. End)
   1 Stein vor, mit letztem Stein spielt man defensiv und konzentriert sich auf den letzten Stein.
   1 Stein nach, ohne letzten Stein spielt man sehr offensiv und versucht mit allen Mitteln, einen Stein zu stehlen, um im Zusatzend nochmals eine Chance zu haben. Garbage-Curling spielen.
   1 Stein vor, ohne letzten Stein eher defensiv

spielen, jedoch nicht ohne den Gegner zu zwingen, 1 Stein zu buchen, um mit dem letzten Stein ins Zusatzend zu gehen.
1 Stein nach, mit letztem Stein offensiv auf der Seite spielen, sehr gute Chance, mit letztem Stein 2 Steine zu schreiben.

Unentschieden mit letztem Stein spielt man wie mit einem Stein vor.
Unentschieden ohne letzten Stein spielt man wie mit einem Stein zurück.

Curlingsituationen

Situation: o. l. St. Score: 0:0 End: 1 Nummer: 1/1. St.	Situation: o. l. St. Score: 0:0 End: 1 Nummer: 4/1. St.	Situation: o. l. St. Score: 0:0 End: 1 Nummer: 3/1. St.	Situation: m. l. St. Score: 0:0 End: 1 Nummer: 4/2. St.
Draw vor die Mitte ins Haus	Draw hinter die Guard Möglichkeit für 2	Draw auf die Seite ins Haus 1. End ohne Risiko Eis studieren	Take-out auf Nullerend
1	2	3	4

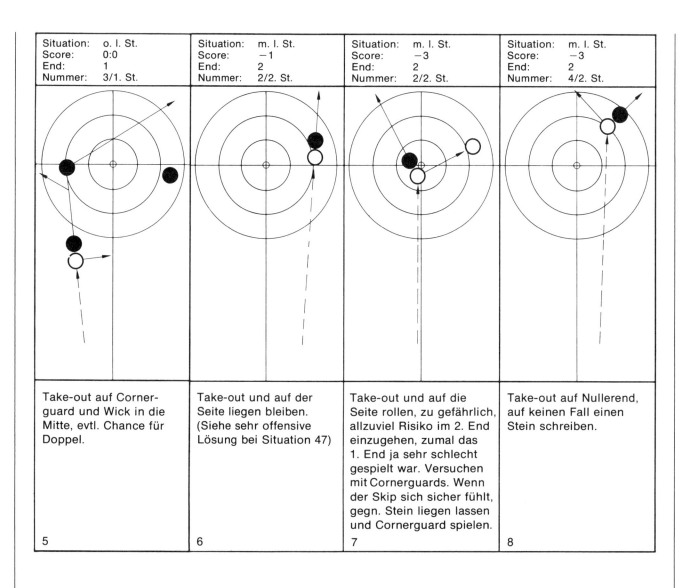

Situation: o. l. St.	Situation: m. l. St.	Situation: m. l. St.	Situation: m. l. St.
Score: 0:0	Score: −1	Score: −3	Score: −3
End: 1	End: 2	End: 2	End: 2
Nummer: 3/1. St.	Nummer: 2/2. St.	Nummer: 2/2. St.	Nummer: 4/2. St.

| Take-out auf Cornerguard und Wick in die Mitte, evtl. Chance für Doppel. | Take-out und auf der Seite liegen bleiben. (Siehe sehr offensive Lösung bei Situation 47) | Take-out und auf die Seite rollen, zu gefährlich, allzuviel Risiko im 2. End einzugehen, zumal das 1. End ja sehr schlecht gespielt war. Versuchen mit Cornerguards. Wenn der Skip sich sicher fühlt, gegn. Stein liegen lassen und Cornerguard spielen. | Take-out auf Nullerend, auf keinen Fall einen Stein schreiben. |
| 5 | 6 | 7 | 8 |

122

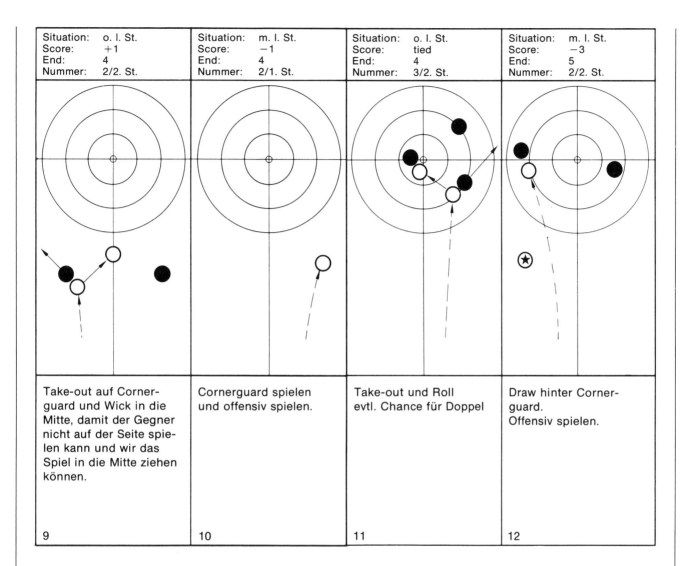

Die Curlingsituationen beruhen auf der heutigen modernen Curling-Taktik und sind für jedes Spielniveau maßgebend. Die moderne Curling-Taktik kann ebenfalls von Anfängern und nicht, wie immer behauptet wird, nur von Leistungsteams angewandt werden.

Bei den nachfolgenden Beispielen und deren Lösung in der Theorie werden normale Eisverhältnisse vorausgesetzt. Die äußeren Einflüsse sowie die Strategie des Skips werden ebenfalls nicht einbezogen, da beides die Situationen von Fall zu Fall beeinflussen kann.

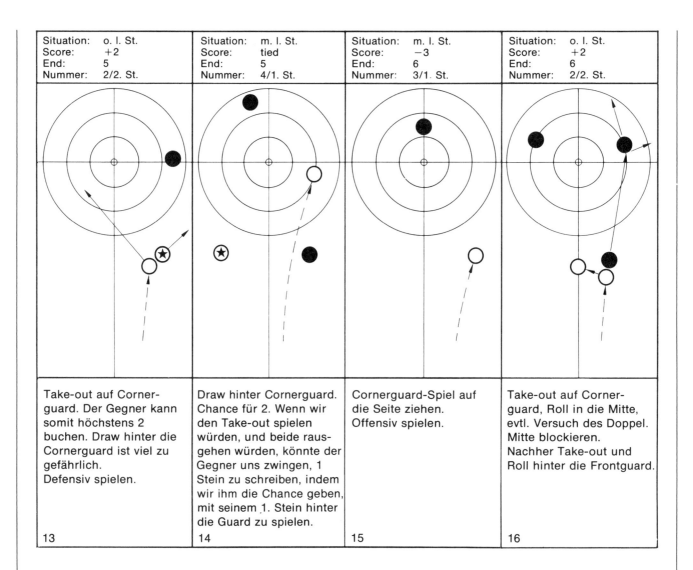

Situation: o. l. St.	Situation: m. l. St.	Situation: m. l. St.	Situation: o. l. St.
Score: +2	Score: tied	Score: −3	Score: +2
End: 5	End: 5	End: 6	End: 6
Nummer: 2/2. St.	Nummer: 4/1. St.	Nummer: 3/1. St.	Nummer: 2/2. St.
Take-out auf Cornerguard. Der Gegner kann somit höchstens 2 buchen. Draw hinter die Cornerguard ist viel zu gefährlich. Defensiv spielen.	Draw hinter Cornerguard. Chance für 2. Wenn wir den Take-out spielen würden, und beide rausgehen würden, könnte der Gegner uns zwingen, 1 Stein zu schreiben, indem wir ihm die Chance geben, mit seinem 1. Stein hinter die Guard zu spielen.	Cornerguard-Spiel auf die Seite ziehen. Offensiv spielen.	Take-out auf Cornerguard, Roll in die Mitte, evtl. Versuch des Doppel. Mitte blockieren. Nachher Take-out und Roll hinter die Frontguard.
13	14	15	16

In jeder Situation gibt es nur eine ideale Lösung, wenn man alle Möglichkeiten und Chancen ausschöpft. Dies gilt beim Curling wie beim Schach. Erkennt man alle äußeren Einflüsse, schätzt man die Reaktion des Gegners richtig ein, beurteilt man die eigenen Fähigkeiten richtig und wendet man die Taktik optimal an, so ergibt sich nur eine ideale Spielmöglichkeit.

Im Spiel selbst addieren sich diese verschiedenen Einflüsse, die sich der Taktik auf dem Papier z. T. entziehen, zu spielentscheidenden Komponenten.

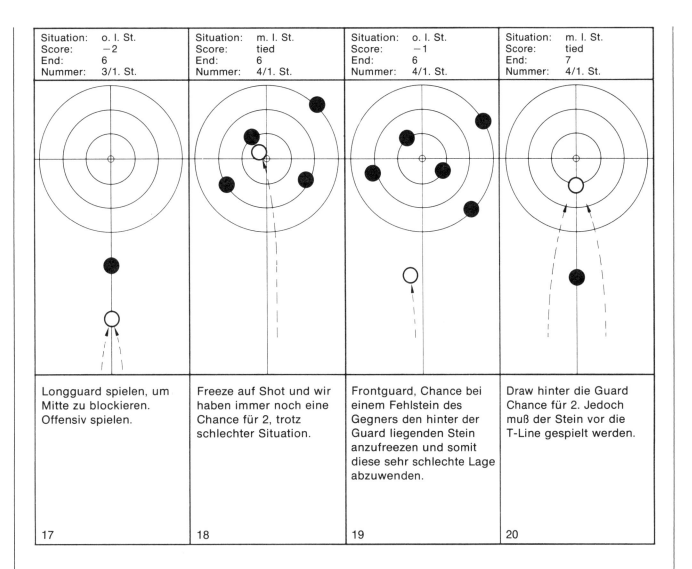

Jedoch gilt ohne Ausnahme der Grundsatz, daß die Grundlage aller Entscheidungen die Taktik auf dem Papier ist; die Umsetzung der Theorie in die Praxis.

Situation: o. l. St. Score: tied End: 7 Nummer: 2/1. St.	Situation: m. l. St. Score: −1 End: 7 Nummer: 4/2. St.	Situation: m. l. St. Score: tied End: 7 Nummer: 4/1. St.	Situation: m. l. St. Score: tied End: 8 Nummer: 4/2. St.
Draw in die Mitte vor das Haus.	Take-out auf Nullerend.	Take-out und Roll zum Freeze.	Take-out auf Nullerend.
21	22	23	24

Situation: o. l. St. Score: tied End: 8 Nummer: 4/2. St.	Situation: m. l. St. Score: −2 End: 8 Nummer: 3/1. St	Situation: m. l. St. Score: −2 End: 8 Nummer: 4/1. St.	Situation: m. l. St. Score: −1 End: 8 Nummer: 4/2. St.
Freeze auf den vorderen, besseren Stein.	Schräge Draw-Promotion mit Cornerguard.	Abguarden des Wicksteines.	Durchspielen auf Nullerend.
25	26	27	28

Situation: m. l. St.	Situation: m. l. St.	Situation: m. l. St.	Situation: o. l. St.
Score: −2	Score: tied	Score: tied	Score: −1
End: 9	End: 9	End: 9	End: 10
Nummer: 3/1. St.	Nummer: 4/2. St.	Nummer: 4/2. St.	Nummer: 3/2. St.

Draw-Promotion mit Cornerguard.	Take-out und 1 Stein stehlen lassen. Bessere Chancen zu gewinnen mit 1 Stein zurück, aber mit letztem Stein.	Durchspielen und 1 Stein stehlen lassen.	Frontguard spielen, Mitte blockieren, um nachher dahinter zu spielen.
29	30	31	32

Situation: m. l. St.	Situation: o. l. St.	Situation: o. l. St.	Situation: o. l. St.
Score: −1	Score: +1	Score: +2	Score: tied
End: 10	End: 10	End: 10	End: 10
Nummer: 4/1. St.	Nummer: 2/2. St.	Nummer: 4/2. St.	Nummer: 4/1. St.

Freeze spielen, immer noch Chance für 2 und das Spiel zu gewinnen.	Take-out und Roll Richtung zweitem gegnerischen Stein.	Take-out auf Außenstein, evtl. Roll, sonst Zusatzend mit letztem Stein.	Frontguard spielen, Mitte blockieren und dann hinteren Stein anfreezen.
33	34	35	36

Situation: o. l. St. Score: tied End: 10 Nummer: 4/1. St.	Situation: o. l. St. Score: tied End: 10 Nummer: 4/2. St.	Situation: m. l. St. Score: −2 End: 10 Nummer: 3/2. St.	Situation: m. l. St. Score: +1 End: 10 Nummer: 4/2. St.
Frontguard und Mitte blockieren, nachher gleichen Stein als Promotion spielen oder hinteren Stein anfreezen.	Draw hinter Cornerguard, bessere Chance, das Spiel noch zu gewinnen.	Freeze auf äußeren Stein, und zwar auf der Innenseite.	Take-out auf Extraend, evtl. Chance für In-Wick.
37	38	39	40

Situation: m. l. St. Score: −3 End: 8 Nummer: 2/1. St.	Situation: o. l. St. Score: −3 End: 8 Nummer: 2/2. St.	Situation: m. l. St. Score: tied End: 10 Nummer: 4/2. St.	Situation: m. l. St. Score: tied End: 9 Nummer: 4/2. St.
Freeze auf den gegnerischen Stein, um später mit einem Take-out 2 daraus zu machen.	Freeze auf Frontstein, evtl. Chance, später mit 4 zu liegen. Ist jedoch schlechte Situation o. l. St.	Draw weg von der Auflage, damit man keinesfalls zu lang spielt und die Möglichkeit eines Touchieren der Guards wegfällt.	Take-out auf vorderen Stein mit evtl. Möglichkeit auf ein Nullerend. Damit haben wir letzten Stein im 10. End und eine große Möglichkeit zu gewinnen m. l. St., obwohl evtl. mit einem Stein zurück.
41	42	43	44

Situation: m. l. St. Score: −2 End: 10 Nummer: 1/2. St.	Situation: m. l. St. Score: −3 End: 10 Nummer: 2/1. St.	Situation: m. l. St. Score: −2 End: 8 Nummer: 2/2. St.	Situation: m. l. St. Score: −1 End: 10 Nummer: 2/2. St.
Sehr offensiv spielen. Jede Chance wahrnehmen, um den Gegner unter Druck zu setzen. Draw hinter die Frontguard.	Freeze auf Shot, dann liegen lassen und Spiel hinter die Cornerguard ziehen. Später mit dem letzten Stein Take-out auf den Freeze, um zwei weitere zählende Steine daraus zu machen.	Cornerguard spielen, gegnerischen Stein hinter der T-Line abguarden und nachher anfreezen.	Zweite Cornerguard spielen, damit der Gegner nicht mehr aufmachen kann. Mit dem 1. Stein der Nr. 3 hinter die Cornerguard spielen.
45	46	47	48

Anhang

Deutsche Meister

1966	in Oberstdorf	Münchener Eislauf-Verein (D. Lampl, G. Hummelt, O. Paebst, Dr. R. Klug)
1967	in Oberstdorf	Münchener Eislauf-Verein (D. Lampl, G. Hummelt, O. Paebst, Dr. R. Klug)
1968	in Oberstdorf	EC Bad Tölz (W. Fischer-Weppler, H. L. Kellner, Dr. R. Klug, Heinz Kellner)
1969	in Garmisch-Partenkirchen	EC Bad Tölz (H. L. Kellner, Dr. R. Klug, Heinz Kellner, Eckart Jahn)
1970	in Garmisch-Partenkirchen	Eissport-Club Oberstdorf (M. Räderer, E. Hege, P. Jacoby, H. J. Jacoby)
1971	in Lahr	Eissport-Club Oberstdorf (M. Räderer, P. Jacoby, P. Ledosquet, H. J. Jacoby)
1972	in Lahr	Eissport-Club Oberstdorf (M. Räderer, P. Jacoby, P. Ledosquet, H. J. Jacoby)
1973	in Lahr	Eis-Club Bad Tölz (K. Kanz, H. Kellner, M. Rösgen, M. Schulze)
1974	in Lahr	Eissport-Club Oberstdorf (M. Räderer, R. Liedtke, H. J. Jacoby, F. Sperger)
1975	in Lahr Damen:	Münchener Curling-Club (Sibylle Pokörn, Valentina Fischer-Weppler, Irmi Wagner, Traudl Krämer)
	Herren:	Eis-Club Bad Tölz (Klaus Kanz, Manfred Rösgen, Manfred Schulze, Adalbert Mayer)
1976	in Lahr Damen:	CC Bavaria München (Andrea von Malberg, Helgret Ruff, Christl Suckow, Gisela Tappeser)
	Herren:	Eis-Club Bad Tölz (Klaus Kanz, Manfred Schulze, Manfred Rösgen, Adalbert Mayer)

1977	in Lahr	Münchener Curling-Club
	Damen:	(Sibylle Pokörn, Valentina Fischer-Weppler, Irmi Wagner, Traudl Krämer)
	Herren:	Eis-Club Bad Tölz
		(Klaus Kanz, Manfred Schulze, Hans Öestreicher, Eckart Jahn)
1978	in Lahr	Münchener Curling-Club
	Damen:	(Renate Gruner, Valentina Fischer-Weppler, Irmi Wagner, Traudl Krämer)
	Herren:	Münchener Curling-Club
		(Keith Wendorf, P. A. Fischer-Weppler, Balint von Béry, Heino von L'Estocq)
1979	in Lahr	CC Schwenningen
	Damen:	(Susi Kiesel, Gisela Lünz, Heidi Schapmann, Trudi Benzing)
	Herren:	Münchener Curling-Club
		(Keith Wendorf, Balint von Béry, P. A. Fischer-Weppler, Heino von L'Estocq)
1980	in Garmisch-Partenkirchen	CC Schwenningen
	Damen:	(Susi Kiesel, Gisela Lünz, Trudi Benzing, Ines Campagnolo)
	Herren:	CC Schwenningen
		(Dr. Franz Engler, Dieter Kiesel, Willi Rosenfelder, Heiner Martin)
1981	in Stuttgart	EC Oberstdorf
	Damen:	(Almut Hege, Susanne Koch, Renate Räderer, Ingeborg Stock)
	Herren:	CC Schwenningen
		(Keith Wendorf, Didi Kiesel, Sven Saile, Heiner Martin)
1982	in Oberstdorf	CC Schwenningen
	Damen:	(Susi Kiesel, Gisela Lünz, Trudi Benzing, Daniela Kiesel)
	Herren:	CC Schwenningen
		(Keith Wendorf, Didi Kiesel, Sven Saile, Heiner Martin)
1983	in Hamburg	SC Riessersee
	Damen:	(Andrea Schöpp, Monika Wagner, Lore Schöpp, Anneliese Diemer)
	Herren:	CC Schwenningen
		(Keith Wendorf, Didi Kiesel, Sven Saile, Heiner Martin)
1984	in Lahr	EC Oberstdorf
	Damen:	(Almut Hege, Josefine Einsle, Susanne Koch, Petra Tschetsch)
	Herren:	CC Schwenningen
		(Keith Wendorf, Hans-Dieter Kiesel, Sven Saile, Heiner Martin)

Deutsche Junioren-Meister

1977	in Füssen	CC Bavaria München
		(Ralf Zimmermann, Florian Zimmermann, Pascal Piroué, Thomas Müller-Stoy)
1978	in Schwenningen	SC Riessersee
		(Rainer Schöpp, Wolfgang Artinger, Norbert Petrasch, Christoph Falk)
1979	in Stuttgart	EC Oberstdorf
		(Roland Jentsch, Werner Kolb, Wolfgang Burba, Hans-Joachim Burba)
1980	in Stuttgart	Stuttgart Junioren
		(Christoph Möckel, Hagen Wägerle, Stephan Koch, Kai Meidele)

1981	in Stuttgart	SC Riessersee
	Juniorinnen:	(Andrea Schöpp, Monika Wagner, Hannelore Wenglein, Anneliese Diemer)
	Junioren:	Stuttgart Curling TuS/CC Schwenningen
		(Christoph Möckel, Uwe Saile, Michael Neumaier, Harald Zinsmeister)
1982	in Stuttgart	TuS Stuttgart
	Juniorinnen:	(Stephanie Mayr, Karin Frey, Sabine Huth, Martina Knobloch)
	Junioren:	CC Schwenningen
		(Christoph Möckel, Andreas Sailer, Jürgen Kiesel, Uwe Saile)
1983	in Schwenningen	CC Hamburg
	Juniorinnen:	(Simone Vogel, Sybille Schürer, Kerstin Jüders, Jessica Jahr)
	Junioren:	CC Schwenningen
		(Christoph Möckel, Andreas Sailer, Jürgen Kiesel, Uwe Saile)
1984	in Stuttgart	CC Hamburg
	Juniorinnen:	(Simone Vogel, Jessica Jahr, Kerstin Jüders, Sibylle Schürer)
	Junioren:	CC Hamburg
		(John Jahr, Philipp Seitz, Carsten Schwartz, Dirk Hornung)

Deutsche Senioren-Meister

1984	in Hamburg	EC Bad Tölz
		(Sigi Heinle, Lutz Kell, Wolfgang Ontl)

Deutsche Mixed-Meister

1977	in Stuttgart	Stuttgart
		(Hans Lünz, Gisela Lünz, Willi Rosenfelder, Trude Benzing)
1978	in Schwenningen	CC Schwenningen
		(Hans-Dieter Kiesel, Susi Kiesel, Fritz Ewald, Heidrun Buderer)
1979	in Stuttgart	SC Riessersee
		(Rainer Schöpp, Andrea Schöpp, Wolfgang Artinger, Anneliese Diemer)
1980	in Oberstdorf	SC Riessersee
		(Rainer Schöpp, Andrea Schöpp, Wolfgang Artinger, Anneliese Diemer)
1981	in Hamburg	EV Füssen
		(Uli Sutor [Elmar Hiltensberger], Josefine Einsle, Wolfgang Burba, Petra Tschetsch)
1982	in Hamburg	SC Riessersee
		(Rainer Schöpp, Andrea Schöpp, Roland Liedtke, Anneliese Diemer)
1983	in Füssen	EV Füssen
		(Uli Sutor, Josephine Einsle, Charly Kapp, Petra Tschetsch)
1984	in Schwenningen	SC Riessersee
		(Rainer Schöpp, Andrea Schöpp, Michael Ostermaier, Monika Wagner)

Int. Deutsche Mixed-Meister

1981	in Oberstdorf	SC Riessersee
		(Rainer Schöpp, Andrea Schöpp, Thomas Fritzsche, Anneliese Diemer)
1982	in Oberstdorf	Swiss Turtles
		(Balint von Béry, Pia Wetter, Max Wetter, Seraina Calzabar)

1983	in Oberstdorf	CC Asker Oslo (Pal Trulsen, Hanne Petersen, Stik-Arne Gunnestad, Anne Bakke)
1984	in Oberstdorf	Stabekk CK (N) (Knut Bjaanaes, Anne Bakke, Bo Bakke, Hilde Jøtun)

Schweizer Meister der Herren 1943–1984

(in der Schweiz wird der Lead zuerst genannt!)

1943	in Pontresina	Adelboden CC (Eduard Nikles, Karl Geiger, Christian Aellig, Skip Gilgian Aellig)
1944	in Gstaad (Palace)	Bern CC (Hans Meyer, Anton Küng, Heinz Blaser, Skip Hans Grossenbacher)
1945	in Adelboden	St. Moritz-Engiadina Hans-Martin Clavadätscher, Walter Märky, Narcisso Vedove, Skip Paul Lareida)
1946	in Engelberg	Kandersteg (Karl Glatthard, Ernst Zwygart, Julius Wunderli, Skip Hans Trog)
1947	in Crans-sur-Sierre	Saanenmöser (Skip Rudolf Wehren, Robert Wehren, Jakob Schmid, Fritz Jutzeler)
1948	in Grindelwald	Saanenmöser (Skip Rudolf Wehren, Robert Wehren, Jakob Schmid, Fritz Jutzeler)
1949	in St. Moritz	Saanenmöser (Skip Rudolf Wehren, Robert Wehren, Jakob Schmid, Fritz Jutzeler)
1950	in Zermatt	Kleine Scheidegg (Theo Kestenholz, Alfred Kohler, Beny Konzett, Skip Martin Hofmann)
1951	in Wengen	Zermatt (Alfons Biner, Karl Bayard, Hermann Truffer, Skip Theo Welschen)
1952	in Davos	Grindelwald CC (Willy Stämpfli, Emil Bollmann, Theo R. Michel, Skip Beny Konzett)
1953	in Saanen	Grindelwald Swiss (Toni Anneler, Emil Steuri jun., Ernst Schudel, Skip Ernst Steuri)
1954	in Grindelwald	Wengen-Jungfrau (Skip Fritz Gertsch, Peter Lehmann, Oskar Tagmann, Edwin Bühlmann)
1955	in Pontresina	Bern-City (Hans Glatthard, Willi Stücker, Achille Siegrist, Skip Franz Blaser)
1956	in Saanenmöser	Samedan (Georg Brunold, Peter Michael, Andreas Donatz, Skip Curdin Clavuot)
1957	in Mürren	Adelboden CC (Willy Spiess, Adolf Osterwalder, Albert Germann, Skip Eduard Nikles)
1958	in Arosa	St. Moritz-Surlej (Ermo Pozzi, Bruno Marconi, Liesel Märky, Skip Robert Kohler)
1959	in Zermatt	Montreux-Caux (Skip Narcisse Spozio, Gérard Ganty, Fritz Würgler, Ferdinand Savary)
1960	in Wengen	Zermatt (Alfons Biner, Karl Bayard, Hermann Truffer, Skip Theo Welschen)

1961	in St. Moritz	Zermatt (Alfons Biner, Karl Bayard, Hermann Truffer, Skip Theo Welschen)
1962	in Champéry	Rigi-Kaltbad (Alois Zimmermann, Georg Rageth, Franz Zimmermann, Skip Gerold Keller)
1963	in Kandersteg	Rigi-Kaltbad (Franz Gernet, Alois Zimmermann, Franz Zimmermann, Skip Gerold Keller)
1964	in Flims	Rigi-Kaltbad (Alois Zimmermann, Walter Eleganti, Franz Zimmermann, Skip Gerold Keller)
1965	in Gstaad	Zermatt (Alfons Biner, Karl Bayard, Hermann Truffer, Skip Theo Welschen)
1966	in Adelboden	Rigi-Kaltbad (Wolf Lennartz, Walter Eleganti, Alois Zimmermann, Skip Paul Kundert)
1967	in Samedan	Thun CC (Willy Balmer, Peter Staudenmann, Ueli Stauffer, Skip Franz Marti)
1968	in Montana	Thun CC (Rudolf Rütti, Peter Staudenmann, Ueli Stauffer, Skip Franz Marti)
1969	in Wengen	Basel-Ysfäger (Skip Fred Theurillat, Marcel Welten, Gottlieb Sutter, Michael Theurillat)
1970	in Arosa	Basel-Ysfäger (Skip Fred Theurillat, Roger Blatter, Marcel Welten, Michael Theurillat)
1971	in Genf (Halle »Les Vernets«)	Zug CC (Hans-Ruedi Werren, Jakob Kluser, Werner Oswald, Skip Cesare Canepa)
1972	in Bern (CBA-Halle)	Dübendorf (Ernst Bosshard, Skip Peter Attinger sen., Bernhard Attinger, Peter Attinger jun.)
1973	in Bern (CBA-Halle)	Zug CC (Hans-Ruedi Werren, Rolph Oswald, Cesare Canepa, Skip Werner Oswald)
1974	in Wallisellen (Möösli-Halle)	Dübendorf (Jürg Geiler, Mathias Neuenschwander, Bernhard Attinger, Skip Peter Attinger jun.)
1975	in Genf 1. Runde: Tivoli-Halle 2. Runde: »Les Vernets«	Zürich-Crystal (Ueli Mülli, Rolf Gautschi, Roland Schneider, Skip Otto Danieli)
1976	in Arlesheim	Olten CC (Robert Stettler, Martin Plüss, Martin Sägesser, Skip Adolf Aerni)
1977	in Wildhaus 1. Runde in Wallisellen	Scuol-Tarasp-Vulpera (Schuls-Tarasp) (Werner Bundi, Jon Corradin, Marcus Florinett, Skip Jon Carl Rizzi)
1978	in Ouchy	Bern-Zähringer (Kurt Schneider, René Collioud, Roland Schneider, Freddy Collioud)
1979	in Biel	Dübendorf (Ruedi Attinger, Matthias Neuenschwander, Bernhard Attinger, Peter Attinger)
1980	in Wallisellen	Lausanne-Riviera (Patrick Lörtscher, Franz Tanner, Jürg Hornisberger, Jürg Tanner)
1981	in Leukerbad	Lausanne-Riviera (Franz Tanner, Patrick Lörtscher, Jürg Hornisberger, Jürg Tanner)

1982	in Arlesheim	Lausanne-Riviera (Franz Tanner, Patrick Lörtscher, Jürg Hornisberger, Jürg Tanner)
1983	in Wildhaus	Wildstrubl (Daniel Wyser, Jürg Studer, Bruno Binggeli (Skip), Urs Studer)
1984	in Genf	Dübendorf (Kurt Attinger, Werner Attinger, Bernhard Attinger, Peter Attinger)

Schweizer Meister der Damen 1964–1984

1964	in Grindelwald	Zürich-Damen (Hedi Waser, Berteli Rüedi, Erna Mitchell-Steuri, Skip Heidi Dimtza-Steuri)
1965	in Pontresina	Davos-Village (Trudi Gloor, Ruth Stauffer, Bethli Marti, Skip Thea Weiss)
1966	in Montana	Grindelwald-Damen (Charlotte Urban, Manon Schudel, Klara Lauener, Skip Annemarie Steuri)
1967	in Mürren	Schaffhausen (Kathrin Anhoeck, Hildi Kämpf, Skip Marianne Oechslin, Rita Rampinelli)
1968	in St. Moritz	Arosa-Damen (Heidy Stäger, Erika Müller, Vreny Schütz, Skip Edith Bornstein)
1969	in Flims	Schaffhausen (Kathrin Anhoeck, Hildi Kämpf, Skip Marianne Oechslin, Rita Rampinelli)
1970	in Kandersteg	Schaffhausen (Kathrin Anhoeck, Hildi Kämpf, Skip Marianne Oechslin, Rita Rampinelli)
1971	in Gstaad	Grindelwald Swiss (Hilde Hunziker, Skip Heidi Dimtza-Steuri, Erna Mitchell-Steuri, Trudy Affentranger)
1972	in St. Gallen	Arosa-Damen (Sonja Rohrer, Dora Loosli, Erika Müller, Skip Vreny Schütz)
1973	in Wallisellen ZH	Montana/Vermala (Musy Schmidhalter, Cathy Perrig, Liliane Crosa, Skip Anita Viscolo)
1974	in Thun	Weggis (Liselotte Schriber, Madelaine Buffoni, Yvonne Würth, Skip Berty Schriber)
1975	in Wildhaus	Weggis (Liselotte Schriber, Madelaine Buffoni, Marcelle Muheim, Skip Berty Schriber)
1976	in Champéry	Küsnacht II ZH (Melanie Bischof, Regula Suter, Mengia Baumgartner, Skip Ulrica Baer)
1977	in Gstaad	Bern-City (Nelly Moser, Ebe Beyeler, Romy Steffen, Skip Nicole Zloczower)
1978	in Arlesheim	Dübendorf (Evi Rüegsegger, Brigitte Kienast, Dorli Broger, Heidi Attinger)
1979	in Genf	Basel-Albeina (Rosy Manger, Linda Thommen, Betty Bourquin, Gaby Casanova)
1980	in Wildhaus	Lausanne Beau Rivage (Cécile Blanvillain, Marianne Uhlmann, Marie-Louise Favre, Gaby Charrière)
1981	in Bern	Bern-Damen (Kathrin Peterhans, Ursula Schlapbach, Irene Bürgi, Susanne Schlapbach)

1982	in Lausanne	Bern-Egghölzli (Christina Wirz, Nicole Oetliker, Barbara Meyer, Erika Müller)
1983	in St. Gallen	Bern-Egghölzli (Christina Wirz, Barbara Meier, Barbara Meyer, Erika Müller)
1984	in Biel	Wetzikon (Evi Rüegsegger, Erika Frewein, Irene Bürgi, Brigitte Kienast)

Schweizer Meister der Junioren 1972–1984

1972	in Arlesheim	Dübendorf (Jürg Geiler, Mathias Neuenschwander, Skip Bernhard Attinger, Peter Attinger)
1973	in Gstaad	Dübendorf (Jürg Geiler, Mathias Neuenschwander, Skip Bernhard Attinger, Peter Attinger)
1974	in Wallisellen	Dübendorf (Louis Keller, Kurt Attinger, Ruedi Attinger, Skip Bernhard Attinger)
1975	in Thun	Olten (Felix Trüb, Niklaus Gartenmann, Peter Bösch, Skip René Geiser)
1976	in Lausanne	Schaffhausen (Christoph Stiep, Hanspeter Ringli, Marcel Rüefli, Skip Jean-Claude Stettler)
1977	in St. Gallen	Lausanne-Ouchy (Patrick Loertscher, Jürg Hornisberger, Jean-Pierre Morisetti, Skip Jürg Tanner)
1978	in Bern	Stäfa (Ueli Bernauer, Danny Streiff, Thomas Grendelmeier, Felix Lichsinger)
1979	in Wallisellen	CC Genf (Tony Weil, Pascal Bianchi, Manuel Guiger, Eric Rudolf)
1980	in Genf	Solothurn (Mario Gross, Jürg Dick, Thomas Klay, Rico Simen)
1981	in Biel	Solothurn (Mario Gross, Jürg Dick, Thomas Klay, Rico Simen)
1982	in Schaffhausen	CC Zermatt (Reto Biner, Diego Perren, Donat Perren, Raoul Perren)
1983	in Lausanne	Urdorf (André Szodoray, Daniel Gutknecht, Andreas Hänni, André Flotron)
1984	in Bern	Zürich-Dolder (Jörg Piesbergen, Urs Spiegel, Jens Piesbergen, Christian Saager)

Österreichische Meister seit Gründung des ÖCV 1980

1982	in Oberstdorf Herren:	Jakob Küchl, Roland Koudelka, Otto Hölzl, Günther Mochny
	Damen:	Marianne Gartner, Edeltraud Koudelka, Monika Hölzl, Herta Küchenmeister
1983	in Innsbruck Herren:	Artur Fabi, Gunter Märker, Manfred Fabi, Dieter Küchenmeister
	Damen:	Marianne Gartner, Edeltraud Koudelka, Monika Hölzl, Herta Küchenmeister
1984	in Stuttgart Herren:	Gunter Märker, Roland Koudelka, Günther Mochny, Ernst Egger
	Damen:	Edeltraud Koudelka, Christl Nägele, Monika Hölzl, Ingrid Märker

EM- und WM-Teilnahme Österreichs

1981	EM in Grindelwald Herren:	Artur Fabi, Ludwig Karrer, Manfred Fabi, Dieter Küchenmeister
	Damen:	Marianne Gartner, Antje Karrer, Susanne Wieser, Herta Küchenmeister
1982	EM in Kircaldy Herren:	Jakob Küchl, Artur Fabi, Roland Koudelka, Günther Mochny
	Damen:	Marianne Gartner, Edeltraud Koudelka, Monika Hölzl, Herta Küchenmeister
1983	WM in Moose Jaw Damen:	Marianne Gartner, Edeltraud Koudelka, Monika Hölzl, Herta Küchenmeister
	WM in Regina Herren:	Artur Fabi, Gunter Märker, Manfred Fabi, Dieter Küchenmeister
1983	EM in Västerås Herren:	Jakob Küchl, Roland Koudelka, Konrad Wieser, Lois Kreidl
	Damen:	Edeltraud Koudelka, Christl Nägele, Monika Hölzl, Herta Küchenmeister
1984	WM in Duluth Herren:	Gunter Märker (Günther Hummelt nach dem 5. Spiel), Roland Koudelka, Günther Mochny, Ernst Egger (Dieter Küchenmeister nach dem 5. Spiel)

Weltmeister Herren

1959	in Schottland	Kanada (Ernie Richardson, Arnold Richardson, Garnet Richardson, Wes Richardson)
1960	in Schottland	Kanada (Ernie Richardson, Arnold Richardson, Garnet Richardson, Wes Richardson)
1961	in Schottland	Kanada (Hector Gervais, Ray Werner, Vic Raymer, Wally Ursuliak)
1962	in Schottland	Kanada (Ernie Richardson, Arnold Richardson, Garnet Richardson, Wes Richardson)
1963	in Schottland	Kanada (Ernie Richardson, Arnold Richardson, Garnet Richardson, Mel Perry)
1964	in Calgary/CDN	Kanada (Lyall Dagg, Leo Hebert, Fred Britton, Barry Naimark)
1965	in Schottland	USA (Bud Sommerville, Bill Strum, Al Gagne, Tom Wright)
1966	in Vancouver/CDN	Kanada (Ron Northcott, George Fink, Bernie Sparkes, Fred Storey)
1967	in Schottland	Schottland (Chuck Hay, John Bryden, Alan Glen, David Howie)
1968	in Pte. Claire/CDN	Kanada (Ron Northcott, Jimmy Shields, Bernie Sparkes, Fred Storey)
1969	in Perth/Schottland	Kanada (Ron Northcott, Dave Gerlach, Bernie Sparkes, Fred Storey)
1970	in Utica/USA	Kanada (Don Duguid, Rod Hunter, Jim Pettapiece, Bryan Wood)

1971	in Mégève/Frankreich	Kanada (Don Duguid, Rod Hunter, Jim Pettapiece, Bryan Wood)
1972	in Garmisch-Partenkirchen/D	Kanada (Orest Meleschuk, Dave Romano, John Hanesiak, Pat Hailley)
1973	in Regina/CDN	Schweden (Kjell Oscarius, Bengt Oscarius, Tom Schaeffer, Boa Carlman)
1974	in Bern/Schweiz	USA (Bud Sommerville, Bob Nichols, Bill Strum, Tom Locken)
1975	in Perth/Schottland	Schweiz (Otto Danieli, Roland Schneider, Rolf Gautschi, Ueli Mülli)
1976	in Duluth/USA	USA (Bruce Roberts, Joe Roberts, Gary Kleffmann, Jerry Scott)
1977	in Karlstad/Schweden	Schweden (Ragnar Kamp, Hakan Rudström, Björn Rudström, Christer Martensson)
1978	in Winnipeg/CDN	USA (Bob Nichols, Bill Strum, Tom Locken, Bob Christman)
1979	in Bern/Schweiz	Norwegen (Kristian Sorum, Morten Sorum, Eigil Ramsfjell, Gunnar Meland)
1980	in Moncton/CDN	Kanada (Rick Folk, Ron Mills, Jim Wilson, Tom Wilson)
1981	in London/CDN	Schweiz (Jürg Tanner, Jürg Hornisberger, Patrick Loertscher, Franz Tanner)
1982	in Garmisch-Partenkirchen/D	Kanada (Al Hackner, Rick Lang, Bob Nicol, Bruce Kennedey)
1983	in Regina/CDN	1. Kanada (Ed Werenich, Paul Savage, Ron Kawaja, Neil Harrison) 2. Deutschland (Keith Wendorf, Hans D. Kiesel, Sven Saile, Heiner Martin)
1984	in Duluth/USA	Norwegen (Eigil Ramsfjell, Sjur Loen, Gunnar Meland, Bo Bakke)

Weltmeister Damen

1979	in Perth/Schottland	Schweiz (Gaby Casanova, Betty Bourquin, Linda Thommen, Rosy Manger)
1980	in Perth/Schottland	Kanada (Marg Mitchell, Nancy Kerr, Shirley McKendry, Wendy Leach)
1981	in Perth/Schottland	Schweden (Elisabeth Högström, Carina Olson, Birgitta Sewik, Karin Sjögren)
1982	in Genf/Schweiz	Dänemark (Marianne Jörgensen, Helena Blach, Astrid Birnbaum, Jette Olsen)
1983	in Moose Jaw/CDN	Schweiz (Erika Müller, Barbara Meyer, Barbara Meier, Christina Wirz)
1984	in Perth/Schottland	Kanada (Connie Laliberte, Christine More, Corinne Peters, Janet Arnott)

Weltmeister Junioren

1975	in Toronto/Kanada	Schweden (Jan Ullsten, Mats Nyberg, Anders Grahn, Bo Söderström)
1976	in Aviemore/Schottland	Kanada (Paul Gowsell, Neil Houston, Glen Jackson, Kelly Stearne)
1977	in Quebec/Kanada	Kanada (Bill Jenkins, John Scales, Sandy Stewart, Alan Mayhew)
1978	in Grindelwald/Schweiz	Kanada (Paul Gowsell, John Ferguson, Douglas McFarlane, Kelly Stearne)
1979	in Moose Jaw/Kanada	USA (Donald Barcome, Randy Darling, Bobby Stalker, Earl Barcome)
1980	in Kitchener/Kanada	Schottland (Andrew McQuistin, Norman Brown, Hugh Aitken, Dick Adams)
1981	in Mégève/Frankreich	Schottland (Peter Wilson, Jim Cannon, Roger McIntyre, John Parker)
1982	in Fredericton/Kanada	Schweden (Sören Grahn, Niklas Jarund, Henrik Holmberg, Anders Svennerstedt)
1983	in Medicine Hat/Kanada	Kanada (John Base, Bruce Webster, Dave McAnerey, Jim Donahoe)
1984	in Cornwall/Kanada	USA (Al Edwards, Mark Larson, Dewey Basley, Kurt Disher)

Europameister

1975	in Mégève/Frankreich Damen:	Schottland (Betty Law, Mable Ross, Beth Lindsay, Jessie Whiteford)
	Herren:	Norwegen (Knut Bjaanaes, Svein Kroken, Helmer Strømbo, Kjell Ulrichsen)
1976	in Berlin/Deutschland Damen:	Schweden (Elisabeth Branäs, Elisabeth Högström, Eva Rosenhed, Anne-Marie Eriksson)
	Herren:	Schweiz (Peter Attinger, Bernhard Attinger, Matthias Neuenschwander, Ruedi Attinger)
1977	in Oslo/Norwegen Damen:	Schweden (Elisabeth Branäs, Anne-Marie Eriksson, Eva Rosenhed, Siv Persson)
	Herren:	Schweden (Ragnar Kamp, Hakan Rudström, Christer Montenson, Björn Rudström)
1978	in Aviemore/Schottland Damen:	Schweden (Ingar Arfwidsson, Barbo Arfwidsson, Ingrid Appelquist, Gunvor Björnhäll)
	Herren:	Schweiz (Jürg Tanner, Jürg Hornisberger, Franz Tanner, Patrick Lörtscher)
1979	in Varese/Italien Damen:	Schweiz (Gaby Casanova, Betty Bourquin, Linda Thommer, Rosy Manger)
	Herren:	Schottland (Jim Waddell, Willie Frame, Jim Forrest, George Bryan)

1980	in Kopenhagen/Dänemark		Schweden
	Damen:		(Elisabeth Högström, Carina Olson, Birgitta Sewik, Karin Sjögren)
	Herren:		Schottland
1981	in Grindelwald/Schweiz		Schweiz
	Damen:		(Susanne Schlapbach, Irene Bürgi, Ursula Schlapbach, Katrin Peterhans)
	Herren:		Schweiz
			(Jürg Tanner, Jürg Hornisberger, Patrick Loertscher, Franz Tanner)
1982	in Kirkcaldy/Schottland		Schweden
	Damen:		(Elisabeth Högström, Katharina Hultling, Birgitta Sewik, Karin Sjögren)
	Herren:		1. Schottland
			(Mike Hay, David Hay, David Smith, Russel Keiller)
			2. Deutschland
			(Keith Wendorf, Didi Kiesel, Sven Saile, Heiner Martin)
1983	in Västerås/Schweden		Schweden
	Damen:		(Elisabeth Högsröm, Katarina Hultling, Birgitta Sewik, Karin Sjögren)
	Herren:		Schweiz
			(Amédée Biner, Walter Bielser, Alex Aufdenblatten, Alfred Paci)

Sämtliche Spieler und Ergebnisse der Herren-Weltmeisterschaft

Jahr	Land & Club	Skip	Third	Second	Lead
1959	*Schottland* Airth, Bruce Castle & Dunsmore C.C.	Bobby Young	Jimmiy Scott	John Pearson	Willie Young
	Kanada Civil Service C.C	Ernie Richardson	Arnold Richardson	Garnet Richardson	Wes Richardson
	Draw # (1) CAN 12 (2) CAN 11 (3) CAN 8 (4) CAN 15 (5) CAN 9 SCO 6 SCO 9 SCO SCO 9 SCO 2				
1960	*Schottland* Avondale Heather	Hughie Nielson	Watson Yuill	Tom Yuill	Andrew Wilson
	Kanada Civil Service C.C.	Ernie Richardson	Arnold Richardson	Garnet Richardson	Wes Richardson
	Draw # (1) CAN 11 (2) CAN 14 (3) CAN 9 (4) CAN 8 (5) CAN 16 SCO 8 SCO 7 SCO 5 SCO 4 SCO 4				

Jahr	Land & Club	Skip	Third	Second	Lead
1961	*Schottland* Findo Gask C.C.	Willie McIntosh	Andrew McLaren	Jim Miller	Bob Stirrat
	Kanada Alberta Ave. C.C.	Hec Gervais	Ray Werner	Vic Raymer	Wally Ursuliak
	USA Seattle C.C.	Frank Crealock	John Jamieson	Ken Sherwood	Bud McCartney

Draw #	(1) SCO 8 / USA 9	(2) CAN 11 / SCO 10	(3) CAN 10 / USA 6	(4) USA 11 / SCO 9	(5) USA 13 / CAN 6	(6) SCO 15 / CAN 4

Semi-final	Final	Round-Robin-Ergebnis	Endergebnis
CAN 14	CAN 12	CAN 2–2	CAN 4–2
USA 9	SCO 7	SCO 2–2	SCO 2–3
		USA 2–2	USA 2–3

Jahr	Land & Club	Skip	Third	Second	Lead
1962	*Schottland* Airth, Bruce Castle & Dunsmore C.C.	Willie Young	John Pearson	Sandy Anderson	Bobby Young
	Kanada Regina C.C.	Ernie Richardson	Arnold Richardson	Garnet Richardson	Wes Richardson
	USA Hibbing C.C.	Fran Kleffman	Terry Kleffman	Dick Brown	Nick Jerulle
	Schweden Norrkoping C.C.	Rolf Arfwidsson	Knut Bartells	Per Ivar Rydgren	Arne Stern

Draw #	(1) CAN 11 / USA 5 / SCO 12 / SWE 8	(2) CAN 17 / SWE 7 / USA 10 / SCO 7	(3) CAN 20 / SCO 4 / USA 13 / SWE 8	(4) CAN 24 / SWE 4 / USA 14 / SCO 5	(5) CAN 9 / USA 8 / SCO 18 / SWE 4	(6) USA 15 / SWE 6 / CAN 13 / SCO 8	Round-Robin & Endergebnis: CAN 6–0, SCO 2–4, USA 4–2, SWE 0–6

Jahr	Land & Club	Skip	Third	Second	Lead
1963	*Schottland* Kilgraston & Moncreiffe C.C.	Chuck Hay	John Bryden	Alan Glen	Jimmy Hamilton
	Kanada Regina C.C.	Ernie Richardson	Arnold Richardson	Garnet Richardson	Mel Perry
	USA Detroit	Mike Slyziuk	Walter Hubchik	Ernest Slyziuk	Dick Fitzsimmons
	Schweden Aredalens C.C.	Sven Eklund & Kurt Jonsson	Gustav Larsson	John-Allan Mansson	Magnus Berge

Draw #	(1) USA 7 / CAN 6 / SCO 15 / SWE 4	(2) USA 9 / SCO 7 / CAN 22 / SWE 4	(3) CAN 8 / SCO 7 / USA 18 / SWE 3	(4) CAN 14 / SWE 8 / SCO 10 / USA 8	(5) CAN 13 / USA 6 / SCO 19 / SWE 5	(6) CAN 11 / SCO 6 / SWE 10 / USA 6	Round-Robin & Endergebnis: CAN 5–1, SCO 3–3, USA 3–3, SWE 1–5

Jahr	Land & Club	Skip	Third	Second	Lead
1964	Schottland Hamilton & Thornyhill	Alex F. Torrance	Alex Torrance	Bobby Kirkland	Jimmy Waddel
	Kanada Vancouver	Lyall Dagg	Leo Hebert	Fred Britton	Barry Naimark
	USA Duluth	Robert Magie Jr.	Bert Payne	Russell Barber	Britton Payne
	Schweden Aredalens C.C.	Kurt Jonsson	Gustav Larsson	John-Allan Mansson	Magnus Berg
	Schweiz Rigi Kaltbad	Gerold Keller	Franz Zimmermann	Alois Zimmermann	Franz Gernet
	Norwegen Oppdal C.C.	Per B. Holaker (third)	Eivind Kjaervik (fourth)	Kristin Alstad	Erling Ween

Draw # (1) SCO 17, NOR 4, SWE 16, SUI 4, CAN 10, USA 7
(2) USA 9, SWE 6, CAN 15, NOR 2, SCO 18, SUI 2
(3) SCO 12, USA 5, NOR 13, SUI 10, CAN 13, SWE 6
(4) SCO 13, SWE 5, CAN 20, SUI 4, USA 16, NOR 4
(5) USA 12, SUI 4, CAN 9, SCO 7, SWE 13, NOR 4

Semifinal: CAN 14, SWE 9, SCO 13, USA 8
Final: CAN 12, SCO 10

Round-Robin-Ergebnis: CAN 5–0, SCO 4–1, USA 3–2, SWE 2–3, SUI 0–5, NOR 1–4

Endergebnis: CAN 7–0, SCO 5–2, USA 3–3, SWE 2–4, SUI 1–4, NOR 0–5

Jahr	Land & Club	Skip	Third	Second	Lead
1965	Schottland Kilgraston-Moncreiffe	Chuck Hay	John Bryden	Alan Glen	David Howie
	Kanada Granite C.C.	Terry Braunstein	Don Duguid	Gorden McTavish	Ray Turnbull
	USA Superior C.C.	Bud Somerville	Bill Strum	Al Gagne	Tom Wright
	Schweden Orebro C.C.	Borje Holmgren (lead)	Tore Rydman (fourth)	Gunnar Kullendorff	Sigurd Ryden
	Schweiz Zermatt	Theo Welschen	Hermann Truffer	Karl Bayard	Alphons Biner
	Norwegen Froguer C.C.	Ulf Engh	Arne Ramstad	Rold Carlem	Perfinn Hansen

Draw # (1) CAN 8, SWE 6, SCO 11, USA 5, SUI 11, NOR 8
(2) USA 9, CAN 8, SCO 12, NOR 8, SWE 10, SUI 9
(3) CAN 11, NOR 7, SCO 29, SUI 8, USA 9, SWE 7
(4) CAN 19, SUI 3, USA 22, NOR 5, SWE 10, SCO 9
(5) CAN 9, SCO 7, USA 22, SUI 3, SWE 8, NOR 7

Semifinal: CAN 8, SCO 4, USA 14, SWE 5
Final: USA 9, CAN 6

Round-Robin-Ergebnis: USA 4–1, CAN 4–1, SCO 3–2, SWE 3–2, SUI 1–4, NOR 0–5

Endergebnis: USA 6–1, CAN 5–2, SCO 3–3, SWE 3–3, SUI 1–4, NOR 0–5

Jahr	Land & Club	Skip	Third	Second	Lead
1966	*Schottland* Kilgraston & Moncreiffe C.C.	Chuck Hay	John Bryden	Alan Glen	David Howie
	Kanada Calgary C.C.	Ron Northcott	George Fink	Bernie Sparkes	Fred Storey
	USA. Fargo C.C.	Joe Zbacnik	Bruce Roberts	Gerry Toutant	Mike O'Leary
	Schweden AIK C.C.	Lars Dracke	Olle Gewalt	Ove Ingels	Sven Fryksenius
	Schweiz Rigi Kaltbad	Paul Kundert	Alois Zimmermann	Walter Eleganti	Wolf Lennartz
	Norwegen Trondheim C.C.	Nils Wiedemann	Johann Lefstad	Henrik Mollerjius	Rudolf Ingebrigtsen
	Frankreich Mont d'Arbois C.C.	Jean Albert Sulpice	Alain Bozon	Andre Ducrey	Maurice Sulpice

Draw #	(1)	(2)	(3)	(4)	(5)	(6)	(7)	
	SCO 8	SWE 14	FRA 1	FRA 7	SUI 13	NOR 3	CAN 13	*Semi-Finals*
	USA 7	NOR 7	CAN 23	SUI 15	USA 5	USA 15	USA 10	CAN 15
	CAN 16	SUI 10	SUI 6	CAN 16	SWE 15	SUI 8	SCO 13	SWE 6
	SWE 4	SCO 8	SWE 9	SCO 8	FRA 6	CAN 11	SWE 6	SCO 14
	NOR 12	USA 17	SCO 22	SWE 6	CAN 11	SCO 16	NOR 13	USA 7
	FRA 8	FRA 9	NOR 5	USA 13	NOR 5	FRA 8	SUI 8	*Final*
								CAN 12
								SCO 5

Round-Robin-Ergebnis		*Endergebnis*	
CAN	6–0	CAN	8–0
SCO	4–2	SCO	5–3
SWE	3–3	SWE	3–4
USA	3–3	USA	3–4
SUI	3–3	SUI	3–3
NOR	2–4	NOR	2–4
FRA	0–6	FRA	0–6

Jahr	Land & Club	Skip	Third	Second	Lead
1967	*Schottland* Kilgraston & Moncreiffe C.C.	Chuck Hay	John Bryden	Alan Glen	David Howie
	Kanada Parkway C.C.	Alf Philipps, Jr.	John Ross	Ron Manning	Keith Reilly
	USA Seattle C.C.	Bruce Roberts	Tom Fitzpatrick	John Wright	Doug Walker
	Schweden Fjallgardens C.C.	Bob Woods	Totte Akerlund	Bengt af Kleen	Ove Soderstrom
	Schweiz Thun C.C.	Franz Marti	Ueli Stauffer	Peter Staudenmann	Kurt Maier
	Norwegen Geilo C.C.	Erling Brusletto	Erland Naess	Kare Oyo	Einar Rebne
	Frankreich Mt. d'Arbois C.C.	Jean Albert Sulpice	Maurice Sulpice	Philippe Chambat	Pierre Boan
	Deutschland Eisclub Bad Tölz	David Lampl	Günther Hummelt	Ottmar Paebst	Rolf Klug

Draw #	(1)		(2)		(3)		(4)		(5)		(6)		(7)	
	Can	7	CAN	13	CAN	17	CAN	17	USA	12	USA	12	CAN	7
	SWE	5	SUI	3	NOR	8	GER	3	CAN	5	SWE	4	SCO	6
	USA	17	USA	8	USA	11	FRA	11	SWE	12	CAN	17	USA	14
	FRA	5	SCO	7	GER	4	SUI	7	GER	7	FRA	4	SUI	3
	SCO	34	SWE	16	SCO	21	SCO	13	SCO	19	SCO	13	SWE	9
	GER	0	FRA	5	FRA	7	SWE	7	SUI	6	NOR	3	NOR	5
	SUI	9	GER	9	SWE	21	USA	13	NOR	13	SUI	15	FRA	11
	NOR	10	NOR	8	SUI	1	NOR	7	FRA	8	GER	6	GER	10

Semi-Final		*Final*		*Round-Robin-Ergebnis*		*Endergebnis*	
SCO	8	*SCO*	*8*	USA	7–0	SCO	7–2
CAN	5	*SWE*	*5*	CAS	6–1	SWE	5–4
SWE	7			SCO	5–2	USA	7–1
USA	6			SWE	4–3	CAN	6–2
				SUI	2–5	SUI	2–5
				FRA	2–5	FRA	2–5
				NOR	1–6	NOR	1–6
				GER	1–6	GER	1–6

Jahr	Land & Club	Skip	Third	Second	Lead
1968	*Schottland* Kilgraston & Moncreiffe C.C.	Chuck Hay	John Bryden	Alan Glen	David Howie
	Kanada Calgary C.C.	Ron Northcott	Jimmy Shields	Bernie Sparkes	Fred Storey
	USA Superior C.C.	Bud Somerville	Bill Strum	Al Gagne	Tom Wright
	Schweden Goeta C.C.	Roy Bergloff	Kjell Grengmark	Sven Carlsson	Stig Hakansson
	Schweiz Thun C.C.	Franz Marti	Ueli Stauffer	Peter Staudenmann	Rudolf Rutti
	Norwegen Bygdy C.C.	Thor Andresen	Lars Askersrud	Aoivind Tandberg	Anders Landemoen
	Frankreich Mr. d'Arbois C.C.	Pierre Boan	Martino Parodi	Guy Parodi	Francois Parodi
	Deutschland Eisclub Bad Tölz	Werner Fischer-Weppler	Rolf Klug	Herberth Kellner	Heinz Kellner

Draw #	(1)	(2)	(3)	(4)	(5)	(6)	(7)
	SCO 16	CAN 10	SWE 22	NOR 12	USA 8	SCO 19	CAN 23
	GER 8	USA 6	GER 5	FRA 11	SWE 4	SUI 8	FRA 5
	SWE 14	SUI 11	SCO 15	SUI 16	SCO 10	SWE 15	USA 16
	FRA 5	NOR 10	FRA 5	GER 6	CAN 5	NOR 11	GER 5
	CAN 21	SCO 13	USA 17	CAN 7	NOR 12	USA 14	SCO 13
	SUI 7	SWE 7	SUI 6	SWE 5	GER 10	FRA 6	NOR 8
	USA 18	FRA 13	CAN 13	SCO 11	FRA 12	CAN 19	SWE 20
	NOR 7	GER 8	NOR 8	USA 6	SUI 6	GER 6	SUI 6

Semi-Final	Final	Round-Robin-Ergebnis	Endergebnis
CAN 12	CAN 8	SCO 7–0	CAN 8–1
USA 2	SCO 6	CAN 6–1	SCO 7–1
		USA 5–2	USA 5–3
		SWE 4–3	SWE 4–3
		NOR 2–5	NOR 2–5
		SUI 2–5	SUI 2–5
		FRA 2–5	FRA 2–5
		GER 0–7	GER 0–7

Jahr	Land & Club	Skip	Third	Second	Lead
1969	*Schottland* St. Martin's C.C.	Bill Muirhead	George Haggart	Derek Scott	Alex Young
	Kanada Calgary C.C.	Ron Northcott	Dave Gerlach	Bernie Sparkes	Fred Storey
	USA Superior C.C.	Bud Somerville	Bill Strum	Franklin Bradshaw	Gene Oveson
	Schweden Djursholms C.C.	Christer Wessel	Bengt Oscarius	Boa Carlman	Kjell Oscarius
	Schweiz Zahringer C.C.	Heinz Beutler	Mario Bettosini	Jean-Pierre Muhlemann	Kurt Schneider
	Norwegen Bygdøy C.C.	Erik Gyllenhammar	Sverre Michelsen	Nils Anton Riise-Hanssen	Kai Dyvik
	Frankreich Mt. d'Arbois C.C.	Pierre Boan	Andre Mabboux	Yves Vallet	Richard Duvillard
	Deutschland Eisclub Bad Tölz	Werner Fischer-Weppler	Herberth Kellner	Rolf Klug	Heinz Kellner

Draw #	(1)		(2)		(3)		(4)		(5)		(6)		(7)	
	GER	14	SCO	14	FRA	9	SCO	14	USA	12	CAN	9	NOR	13
	FRA	11	FRA	8	SWE	8	GER	5	CAN	10	FRA	4	GER	11
	SUI	11	CAN	22	USA	21	SWE	11	GER	11	SWE	12	SWE	9
	NOR	5	GER	5	GER	1	NOR	2	SUI	7	GER	3	USA	8
	CAN	11	USA	13	SCO	12	CAN	9	SWE	10	SCO	15	CAN	8
	SWE	6	NOR	6	SUI	5	SUI	6	SCO	7	NOR	4	SCO	8
	SCO	11	SUI	10	CAN	28	USA	12	FRA	14	USA	15	SUI	7
	USA	4	SWE	8	NOR	2	FRA	3	NOR	7	SUI	3	FRA	5

Semi-Final		Final		Round-Robin-Ergebnis		Endergebnis	
USA	7	CAN	9	CAN	6–1	CAN	7–1
SCO	5	USA	6	USA	5–2	SCO	5–3
				SCO	5–2	USA	6–3
				SWE	4–3	SWE	4–3
				SUI	3–4	SUI	3–4
				GER	2–5	GER	2–5
				FRA	2–5	FRA	2–5
				NOR	1–6	NOR	1–6

Jahr	Land & Club	Skip	Third	Second	Lead
1970	*Schottland* St. Martin C.C.	Bill Muirhead	George Haggart	Derek Scott	Murray Melville
	Kanada Granite C.C.	Don Duguid	Rod Hunter	Jim Pettapiece	Bryan Wood
	USA Grafton C.C.	Art Tallackson	Glen Gilleshammer	Ray Holt	Trueman Thompson
	Schweden Stallmastaregarden	Tom Schaeffer	Christer Kallen	Sture Linden	Claes Kallen
	Schweiz Lausanne C.C.	Roland Schenkel	Paul Metraux	Ernst Pochon	Michel Weill
	Norwegen Stabekk C.C.	Josef Bjaanaes	Geir Soiland	Per Dammen	Knut Bjaanaes
	Frankreich Mt. d'Arbois C.C.	Pierre Boan	Albert Sulpice	Alain Bozon	Maurice Sulpice
	Deutschland Oberstdorf EC	Manfred Raederer	Ernst Hege	Peter Jacoby	Hansjörg Jacoby

Draw #
(1)	(2)	(3)	(4)	(5)	(6)	(7)
SCO 16	SWE 17	SCO 10	NOR 18	SWE 11	CAN 10	CAN 16
GER 6	USA 3	SUI 4	FRA 7	GER 6	USA 8	FRA 5
SWE 19	CAN 9	NOR 8	GER 8	SCO 7	NOR 10	USA 12
FRA 4	SCO 5	SWE 4	SUI 7	FRA 6	SUI 5	GER 11
CAN 16	NOR 14	USA 9	CAN 12	USA 15	SCO 9	SCO 9
SUI 8	GER 6	FRA 8	SWE 4	SUI 3	SWE 7	NOR 6
USA 14	SUI 11	CAN 20	SCO 8	CAN 14	FRA 14	SWE 11
NOR 8	FRA 9	GER 4	USA 7	NOR 6	GER 4	SUI 4

Tie-Breaking Playoff
USA 10
NOR 7
SWE 11
USA 3

Semi-Final
SCO 8
SWE 7

Final
CAN 11
SCO 4

Round-Robin-Ergebnis
CAN 7–0
SCO 6–1
SWE 4–3
USA 4–3
NOR 4–3
FRA 1–6
GER 1–6
SUI 1–6

Endergebnis
CAN 8–0
SCO 4–2
SWE 5–4
USA 5–4
NOR 4–4
FRA 1–6
GER 1–6
SUI 1–6

Jahr	Land & Club	Skip	Third	Second	Lead
1971	*Schottland* Edinburgh	James Sanderson	William Sanderson	Iain Baxter	Colin Baxter
	Kanada Granite C.C.	Don Duguid	Rod Hunter	Jim Pettapiece	Bryan Wood
	USA Edmore C.C.	Dale Dalziel	Dennis Melland	Clark Sampson	Rodney Melland
	Schweden Karlstad C.C.	Kjell Grengmark	Roy Bergloff	Erik Berglof	Lars Eric Hakansson
	Schweiz Zug C.C.	Cesare Canepa	Werner Oswald	Jack Kluser	Hansruedi Werren
	Norwegen Stabekk C.C.	Knut Bjaanaes	Sven Kroken	Per Dammen	Kjell Ulrichsen
	Frankreich Mt. d'Arbois C.C.	Pierre Boan	Andre Mabboux	Andre Tronc	Richard Duvillard
	Deutschland Oberstdorf EC	Manfred Raederer	Peter Jacoby	Peter Ledosquet	Hansjörg Jacoby

Draw #

(1)		(2)		(3)		(4)		(5)		(6)		(7)	
CAN	9	SCO	11	USA	12	SCO	8	CAN	10	USA	12	GER	5
SUI	5	SWE	3	SUI	4	NOR	4	SWE	6	FRA	4	NOR	4
SCO	7	CAN	9	GER	8	CAN	9	NOR	4	SCO	7	USA	3
GER	6	USA	5	SWE	8	FRA	5	FRA	3	SUI	6	SWE	2
SWE	13	SUI	9	FRA	9	USA	14	SUI	9	SWE	9	CAN	10
FRA	3	NOR	6	SCO	7	GER	4	GER	3	NOR	6	SCO	6
NOR	6*	FRA	11	CAN	7	SWE	6	SCO	6	CAN	8	SUI	6
USA	5*	GER	9	NOR	6	SUI	5	USA	4	GER	4	FRA	5

* N.B. Erstes 14-end-Spiel der Curling-Geschichte

Tie-Breaking Playoff
SUI 9
SWE 5

Semi-Final
CAN 9
SUI 5
SCO 7
USA 6

Final
CAN 9
SCO 5

Round-Robin-Ergebnis
CAN 7–0
SCO 5–2
USA 4–3
SUI 3–4
SWE 3–4
NOR 2–5
FRA 2–5
GER 2–5

Endergebnis
CAN 9–0
SCO 6–3
USA 4–4
SUI 4–5
SWE 3–5
NOR 2–5
FRA 2–5
GER 2–5

Jahr	Land & Club	Skip	Third	Second	Lead
1972	*Schottland* Hamilton & Thornyhill C.C.	Alex F. Torrance	Alex Torrance	Robert Kirkland	James A. Waddell
	Kanada Fort Rouge C.C.	Orest Meleschuk	Dave Romano	John Hanesiak	Pat Hailley
	USA Grafton C.C.	Robert Labonte	Frank Aasand	John Aasand	Ray Morgan
	Schweden Djursholms C.C.	Kjell Oscarius	Tom Schaeffer	Boa Carlman	Bengt Oscarius
	Schweiz Dubendorf C.C.	Peter Attinger	Bernhard Attinger	Peter Attinger, Jr.	Ernst Bosshard
	Norwegen Stabekk C.C.	Knut Bjaanaes	Sven Kroken	Per Dammen	Kjell Ulrichsen
	Frankreich Mt. d'Arbois C.C.	Pierre Boan	Andre Mabboux	Andre Tronc	Gerard Pasquier
	Deutschland Oberstdorf EC	Manfred Raederer	Peter Jacoby	Peter Ledosquet	Hansjörg Jacoby

Draw #

(1)		(2)		(3)		(4)		(5)		(6)		(7)	
CAN	11	SCO	5	USA	9	SCO	6	FRA	10	CAN	8	NOR	7
SUI	6	SWE	3	SUI	3	NOR	4	USA	8	SWE	6	GER	5
SCO	7	CAN	11	GER	9	CAN	11	SUI	8	NOR	8	USA	10
GER	5	USA	1	SWE	5	FRA	5	SCO	7	FRA	3	SWE	6
FRA	7	SUI	10	SCO	6	GER	9	NOR	4	GER	9	CAN	10
SWE	6	NOR	4	FRA	5	USA	6	SWE	3	SUI	5	SCO	7
USA	7	GER	7	CAN	8	SUI	6	CAN	9	SCO	4	SUI	6
NOR	5	FRA	6	NOR	7	SWE	5	GER	4	USA	5	FRA	5

Tie-Breaking Playoff
SCO 9
SUI 6

Semi-Final   *Final*
GER 4   CAN 10
USA 9   USA 9
CAN 8
SCO 3

Round-Robin-Ergebnis
CAN 7–0
USA 4–3
SCO 4–3
GER 4–3
SUI 4–3
NOR 3–4
FRA 2–5
SWE 0–7

Endergebnis
CAN 9–0
USA 5–4
SCO 5–4
GER 4–4
SUI 4–4
NOR 3–4
FRA 2–5
SWE 0–7

Jahr	Land & Club	Skip	Third	Second	Lead
1973	*Schottland* Hamilton & Thornyhill C.C.	Alex F. Torrance	Alex Torrance	Tom McGregor	William Kerr
	Kanada Regina C.C.	Harvey Mazinke	Bill Martin	George Achtymichuk	Dan Klippenstein
	USA Winchester Country Club	Charles Reeves	Doug Clarson	Henry Shean	Barry Blanchard
	Schweden Djursholms C.C.	Kjell Oscarius	Bengt Oscarius	Tom Schaeffer	Boa Carlman
	Schweiz Zug C.C.	Werner Oswald	Cesare Canepa	Rolph Oswald	Hansruedi Werren
	Norwegen Barum C.C.	Helmer Strømbo	Per Dammen	Geir Soiland	Øyvinn Fløstrand
	Frankreich Mt. d'Arbois C.C.	Pierre Boan	Andre Mabboux	Andre Tronc	Gerard Pasquier
	Deutschland Eisclub Bad Tölz	Klaus Kanz	Heinz Kellner	Manfred Roesgen	Manfred Schulze
	Italien Cortina C.C.	Renato Ghezze	Paolo da Ros	Lino Mariani Maier	Andrea Pavani
	Dänemark Copenhagen C.C.	Viggo Hunnaeus	Arne Pedersen	Ib Asbjorn	Hans-Christian Olrik

Draw #	(1)	(2)	(3)	(4)	(5)	(6)	(7)	(8)	(9)
	SWE 12	SUI 16	NOR 11	GER 1	GER 2	NOR 5	FRA 4	USA 11	NOR 4
	GER 6	DEN 3	ITA 6	SUI 8	FRA 10	DEN 8	SCO 5	ITA 4	SCO 8
	CAN 5	FRA 10	SWE 16	ITA 6	CAN 12	SWE 6	CAN 5	NOR 6	GER 3
	NOR 1	ITA 4	DEN 2	SCO 7	ITA 2	FRA 7	SUI 3	FRA 9	USA 8
	USA 7	SWE 8	GER 3	SWE 7	SWE 6	SUI 3	GER 3	CAN 9	FRA 8
	FRA 8	NOR 3	SCO 5	CAN 8	SCO 4	SCO 6	NOR 6	SCO 3	SUI 5
	ITA 6	USA 10	CAN 6	FRA 16	NOR 4	GER 13	ITA 8	GER 10	SWE 6
	SUI 9	SCO 4	FRA 5	DEN 3	SUI 6	ITA 2	DEN 6	DEN 9	ITA 3
	SCO 14	GER 1	USA 6	NOR 3	USA 14	CAN 13	SWE 7	SWE 8	CAN 11
	DEN 4	CAN 15	SUI 7	USA 10	DEN 2	USA 1	USA 3	SUI 5	DEN 1

Semi-Final		Round-Robin-Ergebnis		Endergebnis	
FRA	5	CAN	9–0	SWE	9–2
SWE	6	SWE	7–2	CAN	10–1
CAN	6	FRA	7–2	FRA	7–3
SCO	5	SUI	5–4	SCO	6–4
Final		SCO	6–3	SUI	5–4
SWE	6	USA	5–4	USA	5–4
CAN	5	NOR	2–7	NOR	2–7
		GER	2–7	GER	2–7
		ITA	1–8	ITA	1–8
		DEN	1–8	DEN	1–8

Jahr	Land & Club	Skip	Third	Second	Lead
1974	*Schottland* Hamilton C.C.	Jim Waddell	Jim Steele	Bobby Kirkland	William Frame
	Kanada St. Albert C.C.	Hector Gervais	Ron Anton	Warren Hansen	Darrel Sutton
	USA Superior C.C.	Bud Somerville	Bob Nichols	Bill Strum	Tom Locken
	Schweden Sundsvals C.C.	Jan Ullsten	Tom Berggren	Anders Grahn	Roger Bredin
	Schweiz Dubendorf C.C.	Peter Attinger	Bernhard Attinger	Mathias Neuenschwander	Jurg Geiler
	Norwegen Brumunddal C.C.	Sjur Loen	Hans Bekkelund	Morten Sogaard	Hans Okelsrud
	Frankreich Megeve C.C.	Pierre Duclos	Raymond Bouvet	Maurice Mercier	Aldo Merlin
	Deutschland EC Oberstdorf	Manfred Räderer	Franz Sperger	Hansjörg Jacoby	Roland Liedtke
	Italien Cortina d'Ampezzo	Renato Ghezze	Lino Maier Mariani	Roberto Zangara	Andrea Pavani
	Dänemark Hvidovre C.C.	Flemming Pedersen	Arne Pedersen	Astrid Petersen	Hans Henricksen

Draw #	(1)		(2)		(3)		(4)		(5)		(6)		(7)		(8)		(9)	
	USA	10	ITA	2	NOR	4	USA	7	DEN	4	CAN	3	FRA	7	SUI	13	NOR	3
	DEN	4	GER	11	SCO	8	CAN	3	FRA	5	SUI	5	SWE	5	SCO	5	SWE	4
	NOR	3	FRA	5	USA	6	NOR	2	CAN	3	ITA	2	SCO	3	NOR	7	DEN	5
	CAN	7	SCO	7	GER	10	SUI	6	SCO	2	SWE	9	GER	5	FRA	12	SUI	11
	SUI	6	USA	8	DEN	7	FRA	3	NOR	8	DEN	4	USA	4	CAN	5	FRA	13
	FRA	5	NOR	4	SWE	10	GER	7	ITA	7	SCO	3	SUI	5	SWE	2	ITA	8
	SCO	3	SUI	6	CAN	9	DEN	8	USA	4	NOR	6	CAN	8	DEN	7	USA	8
	ITA	6	SWE	2	FRA	2	ITA	7	SWE	5	GER	5	ITA	4	GER	6	SCO	2
	SWE	4	DEN	2	SUI	10	SCO	3	SUI	6	USA	12	DEN	5	USA	9	CAN	7
	GER	3	CAN	11	ITA	2	SWE	5	GER	4	FRA	2	NOR	4	ITA	2	GER	1

Semi-Final		Round-Robin-Ergebnis		Endergebnis	
SUI	2	SUI	9–0	USA	8–3
USA	3	CAN	7–2	SWE	7–4
SWE	8	SWE	6–3	CAN	7–3
CAN	7	USA	6–3	SUI	9–1
Final		GER	5–4	GER	5–4
USA	11	DEN	5–4	DEN	5–4
SWE	4	FRA	5–4	FRA	5–4
		SCO	2–7	SCO	2–7
		NOR	2–7	NOR	2–7
		ITA	1–8	ITA	1–8

Jahr	Land & Club	Skip	Third	Second	Lead
1975	Schottland Hamilton & Thornyhill C.C.	Alex F. Torrance	Alex A. Torrance	Tom McGregor	Willie Kerr
	Kanada Ft. William C.C.	Bill Tetley	Rick Lang	Bill Hodgson	Peter Hnatiw
	USA Granite C.C.	Ed Risling	Charles Lundgren	Gary Schnee	Dave Tellvik
	Schweden Härnösand C.C.	Axel Kamp	Björn Rudstrom	Christer Martenson	Ragnar Kamp
	Schweiz Crystal Club	Otto Danieli	Roland Schneider	Rolf Gautschi	Ueli Mülli
	Norwegen Barum C.C.	Helmer Strømbo	Knut Bjaanaes	Jan Kolstad	Øyvinn Fløstrand
	Frankreich Mt. d'Arbois C.C.	Andre Tronc	Pierre Duclos	Henri Woehrling	Honore Brangi
	Deutschland Eisclub Bad Tölz	Klaus Kanz	Manfred Schulze	Manfred Roesgen	Adalbert Mayer
	Italien Cortina d'Ampezzo	Giuseppe Dal Molin	Leone Rezzadore	Franco Caldara	Enea Pavani
	Dänemark Hvidovre C.C.	John Kjaerulff	Kenneth Poulsen	Leif Gøttske	Peter Haase

Draw #	(1)		(2)		(3)		(4)		(5)		(6)		(7)		(8)		(9)	
	NOR	5	USA	5	DEN	6	SUI	3	NOR	9	CAN	6	FRA	7	ITA	3	USA	11
	SCO	7	CAN	7	FRA	13	SCO	5	SWE	11	SUI	8	SWE	9	GER	5	DEN	6
	USA	6	NOR	5	CAN	6	NOR	4	DEN	2	ITA	1	SCO	3	FRA	9	NOR	7
	GER	4	SUI	8	SCO	5	FRA	5	SUI	11	SWE	8	GER	4	SCO	4	CAN	8
	DEN	7	FRA	4	NOR	10	CAN	9	FRA	5	DEN	7	USA	8	USA	9	SUI	9
	SWE	10	GER	7	ITA	9	SWE	7	ITA	3	SCO	11	SUI	5	NOR	2	FRA	3
	CAN	3	DEN	10	USA	5	GER	8	USA	6	NOR	6	CAN	8	SUI	3	SCO	6
	FRA	8	ITA	9	SWE	10	DEN	5	SCO	5	GER	2	ITA	2	SWE	4	ITA	3
	SUI	5	SCO	6	SUI	12	USA	8	CAN	4	USA	11	DEN	7	DEN	5	SWE	8
	ITA	3	SWE	5	GER	5	ITA	7	GER	2	FRA	3	NOR	12	CAN	10	GER	2

Semi-Final		Round-Robin-Ergebnis		Endergebnis	
USA	6	CAN	7–2	SUI	8–3
SWE	4	USA	7–2	USA	8–3
SUI	6	SWE	7–2	CAN	7–3
CAN	5	SUI	6–3	SWE	7–3
Final		SCO	5–4	SCO	5–4
SUI	7	FRA	5–4	FRA	5–4
USA	3	NOR	3–6	GER	4–5
		GER	4–5	NOR	3–6
		ITA	0–9	DEN	1–8
		DEN	1–8	ITA	0–9

Jahr	Land & Club	Skip	Third	Second	Lead
1976	*Schottland* St. Martins, Perth	Bill Muirhead	Derek Scott	Len Dudman	Roy Sinclair
	Kanada St. John's C.C.	Jack MacDuff	Toby McDonald	Doug Hudson	Ken Templeton
	USA Hinning C.C.	Bruce Roberts	Joe Roberts	Gary Kleffman	Jerry Scott
	Schweden Oden C.C.	Bengt Cederwall (second)	Roger Svanberg	Kjell Edfalk (fourth)	Mats Olofsson
	Schweiz Olten C.C.	Adolph Aerni	Martin Saegesser	Martin Pluess	Robert Stettler
	Norwegen Trondheim C.C.	Kristian Soerum	Eigil Ramsfjell	Gunnar Meland	Gunnar Sigstadstø
	Frankreich Mt. d'Arbois C.C.	Andre Tronc	Gerard Pasquier	Richard Duvillard	Henri Woehrling
	Deutschland EC Bad Tölz	Klaus Kanz	Manfred Schulze	Manfred Roesgen	Adalbert Mayer
	Italien Cortina d'Ampezzo C.C.	Giuseppe Dal Molin	Andrea Pavani	Enea Pavani	Leone Rezzadore
	Dänemark Hvidovre C.C.	Ole Larsen	Joern Blach Pederson	Fredy Bartelsen	Joern Joergensen

Draw #

(1)		(2)		(3)		(4)		(5)		(6)		(7)		(8)		(9)	
SWE	9	SUI	9	NOR	5	SWE	8	GER	2	CAN	5	FRA	3	USA	8	NOR	4
GER	3	DEN	8	ITA	4	CAN	5	FRA	12	USA	10	SCO	5	ITA	3	SCO	6
NOR	3	FRA	1	SWE	10	NOR	2	CAN	4	SUI	5	ITA	8	NOR	5	GER	3
CAN	5	ITA	7	DEN	1	USA	10	ITA	7	SCO	4	DEN	6	FRA	4	USA	11
USA	15	SWE	5	GER	9	FRA	9	NOR	5	GER	2	SWE	9	CAN	2	FRA	7
FRA	3	NOR	6	SCO	2	DEN	4	SUI	10	ITA	5	USA	3	SCO	6	SUI	9
ITA	2	USA	10	CAN	5	GER	2	SWE	5	NOR	9	CAN	2	GER	8	SWE	6
SUI	8	SCO	4	FRA	10	SUI	4	SCO	7	DEN	6	SUI	7	DEN	5	ITA	9
SCO	7	GER	4	USA	12	ITA	4	USA	12	SWE	7	GER	5	SWE	6	CAN	8
DEN	5	CAN	8	SUI	5	SCO	5	DEN	3	FRA	8	NOR	3	SUI	3	DEN	10

Tie-Breaker
SWE 8
ITA 4

Semi-Final
USA 9
SWE 3
SCO 5
SUI 3

Final
USA 6
SCO 5

Round-Robin-Ergebnis
USA 8–1
SUI 7–2
SWE 5–4
SCO 5–4
ITA 5–4
FRA 4–5
NOR 4–5
GER 3–6
CAN 2–7
DEN 1–8

Endergebnis
USA 10–1
SUI 7–3
SCO 6–5
SWE 6–5
ITA 5–5
FRA 4–5
NOR 4–5
GER 3–6
CAN 2–7
DEN 1–8

Jahr	Land & Club	Skip	Third	Second	Lead
1977	*Schottland* Carmunnock & Ruthglen C.C.	Ken Horton	Willie Jamieson	Keith Douglas	Richard Harding
	Kanada St. Laurent C.C.	Jim Ursel	Art Lobel	Don Aitken	Brian Ross
	USA Hibbing C.C.	Bruce Roberts	Paul Pustovar	Gary Kleffman	Jerry Scott
	Schweden Harnosand C.C.	Ragnar Kamp	Håkan Rudström	Björn Rudström	Christer Martensson
	Schweiz Scuol C.C.	Jon Carl Rizzi	Marcus Florinett	Jon Corradin	Werner Bundi
	Norwegen Trondheim C.C.	Kristian Sørum	Eigil Ramsfjell	Gunnar Meland	Gunnar Sigstadstø
	Frankreich Mont d'Arbois C.C.	Pierre Boan	Pierre Duclos	Honore Brangi	Jean-Claude Gachet
	Deutschland EC Bad Tölz	Klaus Kanz	Manfred Schulze	Hans Oestreicher	Eckhart Jahn
	Italien Tofane C.C.	Giuseppe Dal Molin	Andrea Pavani	Giancarlo Valt	Enea Pavani
	Dänemark Hvidovre C.C.	Tommy Stjerne	Oluf Olsen	Steen Hansen	Peter Andersen

Draw #	(1)		(2)		(3)		(4)		(5)		(6)		(7)		(8)		(9)	
	ITA	7	SCO	6	USA	5	FRA	3	GER	3	SWE	7	SUI	7	CAN	5	NOR	5
	SWE	10	GER	3	CAN	8	SUI	12	USA	6	DEN	2	ITA	9	FRA	4	SCO	6
	NOR	5	SWE	6	GER	5	CAN	7	ITA	5	SUI	9	USA	2	ITA	3	DEN	0
	SUI	7	FRA	8	ITA	8	DEN	3	NOR	6	GER	8	SWE	8	SCO	8	USA	8
	SCO	7	SUI	6	NOR	5	ITA	3	FRA	4	CAN	5	DEN	2	USA	7	GER	11
	DEN	5	CAN	8	SWE	6	USA	7	SCO	5	NOR	6	GER	6	SUI	5	FRA	8
	FRA	5	DEN	5	SCO	3	GER	5	SWE	7	ITA	8	CAN	5	NOR	7	SUI	2
	USA	8	ITA	6	SUI	6	NOR	6	CAN	4	FRA	4	SCO	4	DEN	2	SWE	8
	CAN	9	USA	6	FRA	8	SWE	12	DEN	4	SCO	7	NOR	12	GER	4	ITA	4
	GER	3	NOR	5	DEN	7	SCO	1	SUI	7	USA	2	FRA	3	SWE	8	CAN	10

Semi-Final		*Rond-Robin-Ergebnis*		*Endergebnis*	
SCO	5	SWE	8–1	SWE	10–1
CAN	8	CAN	7–2	CAN	8–3
USA	0	SCO	6–3	SCO	6–4
SWE	5	USA	6–3	USA	6–4
Final		NOR	5–4	NOR	5–4
SWE	8	SUI	5–4	SUI	5–4
CAN	5	ITA	4–5	ITA	4–5
		FRA	2–7	FRA	2–7
		GER	2–7	GER	2–7
		DEN	0–9	DEN	0–9

Jahr	Land & Club	Skip	Third	Second	Lead
1978	*Schottland* Oxenfoord C.C.	Jim Sanderson	Iain Baxter	Willie Sanderson	Colin Baxter
	Kanada Medicine Hat C.C.	Mike Chernoff (third)	Ed Lukowich (fourth)	Dale Johnston	Ron Schindle
	USA Superior C.C.	Bob Nichols	Bill Strum	Tom Locken	Bob Christman
	Schweden Djursholm C.C.	Tom Schaeffer	Svante Odman	Fred Ridderstad	Boa Carlam
	Schweiz Bern Zaehringer C.C.	Fredy Collioud	Roland Schneider	René Collioud	Kurt Schneider
	Norwegen Trondheim C.C.	Kristian Sørum	Morten Sørum	Eigil Ramsfjell	Gunnar Meland
	Frankreich Mont d'Arbois C.C.	Pierre Boan	Pierre Duclos	Honore Brangi	Jean-Claude Gachet
	Deutschland Münchener C.C.	Keith Wendorf	Sascha Fischer-Weppler	Balint von Béry	Heino von L'Estocq
	Italien 66 – Cortina C.C.	Leone Rezzadore	Roberto Zangara	Franco Caldara	Roberto Bocus
	Dänemark Hvidovre C.C.	Arvid Petersen	Arne Pedersen	John Christiansen	Erick Kelnæs

Draw #	(1)		(2)		(3)		(4)		(5)		(6)		(7)		(8)		(9)	
	CAN	14	SWE	8	SCO	5	USA	7	DEN	5	NOR	9	FRA	6	ITA	3	GER	3
	NOR	3	DEN	3	ITA	3	FRA	5	SCO	8	SUI	6	CAN	8	USA	5	SWE	8
	GER	8	NOR	3	DEN	5	ITA	8	CAN	9	FRA	5	SCO	6	SWE	5	SUI	3
	FRA	4	USA	9	CAN	11	SUI	3	GER	3	DEN	7	NOR	7	CAN	8	SCO	10
	SWE	10	FRA	6	GER	6	CAN	4	USA	7	ITA	3	SUI	7	SCO	2	DEN	4
	SUI	4	ITA	5	NOR	10	SCO	6	SWE	9	GER	12	DEN	5	FRA	6	USA	6
	USA	5	SUI	6	SWE	11	DEN	7	NOR	11	CAN	8	ITA	5	GER	7	FRA	5
	SCO	4	CAN	3	FRA	4	GER	5	ITA	3	USA	6	SWE	3	SUI	2	NOR	4
	ITA	9	SCO	4	USA	5	NOR	7	SUI	8	SWE	4	GER	4	DEN	3	CAN	9
	DEN	4	GER	7	SUI	4	SWE	8	FRA	7	SCO	10	USA	7	NOR	8	ITA	2

Tie Breaker
SCO 1
NOR 4

Semi-Final
NOR 6
CAN 2
SWE 5
USA 6

Final
USA 6
NOR 4

Round-Robin-Ergebnis
CAN 7–2
USA 7–2
SWE 6–3
NOR 5–4
SCO 5–4
GER 4–5
ITA 3–6
SUI 3–6
FRA 3–6
DEN 2–7

Endergebnis
USA 9–2
NOR 6–5
CAN 7–3
SWE 6–4
SCO 5–5
GER 4–5
FRA 3–6
ITA 3–6
SUI 3–6
DEN 2–7

Jahr	Land & Club	Skip	Third	Second	Lead
1979	*Schottland* Hamilton & Thornyhill	James Waddell	William Frame	James Forrest	George Bryan
	Kanada Deer Lodge C.C.	Barry Fry	William Carey	Gordon Sparkes	Bryan Wood
	USA Bemidji C.C.	Scott Baird	Dan Haluptzok	Mark Haluptzok	Bob Fenson
	Schweden Sundsvalls C.C.	Karl-Erik Bruneflod	Anders Grahn	Ken Bruneflod	Roger Bredin
	Schweiz Dubendorf C.C.	Peter Attinger	Bernhard Attinger	Matti Neuenschwander	Ruedi Attinger
	Norwegen Bygdøy C.C.	Kristian Sørum	Morten Sørum	Eigil Ramsfjell	Gunnar Meland
	Frankreich Strasbourg C.C.	Georges Magnier	Pierre Saas	Rene Robert	Gerard Wendling
	Deutschland Münchener C.C.	Keith Wendorf	Balint von Béry	Sascha Fischer-Weppler	Heino von L'Estocq
	Italien Tofane C.C.	Giuseppe Dal Molin	Andrea Pavani	Giancarlo Valt	Enea Pavani
	Dänemark Hvidovre C.C.	Jorn Blach	Freddy Bartelsen	Bent Jorgensen	Antonny Hinge

Draw #

(1)		(2)		(3)		(4)		(5)		(6)		(7)		(8)		(9)	
USA	8	GER	6	NOR	8	SCO	12	CAN	6	SUI	4	CAN	6	GER	6	ITA	7
FRA	3	SUI	5	SWE	5	DEN	3	ITA	4	USA	3	SWE	5	DEN	5	NOR	6
SUI	7	SWE	7	CAN	6	NOR	7	SCO	5	GER	8	SUI	5	CAN	6	DEN	5
ITA	4	SCO	6	FRA	4	USA	4	FRA	3	ITA	4	NOR	4	USA	4	SWE	4
NOR	4	USA	11	SUI	10	CAN	6	SUI	5	NOR	6	ITA	6	SUI	7	GER	7
DEN	3	ITA	5	SCO	7	GER	3	DEN	2	SCO	5	FRA	3	SWE	6	FRA	4
SCO	4	FRA	6	USA	9	SWE	10	GER	9	SWE	10	USA	8	SCO	7	SUI	6
CAN	3	DEN	4	GER	6	ITA	2	NOR	6	FRA	4	DEN	2	ITA	4	CAN	5
GER	12	NOR	6	ITA	8	FRA	7	USA	9	CAN	9	SCO	7	NOR	6	USA	5
SWE	3	CAN	4	DEN	3	SUI	4	SWE	2	DEN	4	GER	5	FRA	1	SCO	4

Tie Breakers
(1) CAN 8   (1) NOR 6
    USA 4   GER 5
(2) GER 4
    USA 4

Semin-Final
NOR 6
CAN 3
SUI 9
GER 5

Final
NOR 5
SUI 4

Round-Robin-Ergebnis
SUI 7–2
NOR 6–3
CAN 6–3
USA 6–3
GER 6–3
SCO 5–4
SWE 3–6
ITA 3–6
FRA 2–7
DEN 1–8

Endergebnis
NOR 9–3
SUI 7–3
CAN 7–4
GER 7–5
USA 6–4
SCO 5–4
SWE 3–6
ITA 3–6
FRA 2–7
DEN 1–8

Jahr	Land & Club	Skip	Third	Second	Lead
1980	*Schottland* Aberdeen	Barton Henderson	Greig Henderson	Bill Henderson	Alistair Sinclair
	Kanada Nutana C.C.	Rick Folk	Ron Mills	Tom Wilson	Jim Wilson
	USA Hibbing C.C.	Paul Pustovar	John Jankila	Gary Kleffman	Jerry Scott
	Schweden Karlstad C.C.	Ragnar Kamp	Håkan Stahlbro	Thomas Hakansson	Lars Lindgren
	Schweiz Lausanne	Jürg Tanner	Jürg Hornisberger	Franz Tanner	Patrick Loertscher
	Norwegen Bygdøy C.C.	Kristian Soerum	Eigil Ramsfjell	Gunnar Meland	Harald Ramsfjell
	Frankreich Bischheim	Henri Muller	Rene Robert	Jean-Marc Causeret	Claude Groff
	Deutschland Schwenningen C.C.	Hans Dieter Kiesel	Franz Engler (skip)	Willi Rosenfelder	Heiner Martin
	Italien Tofane C.C.	Andrea Pavani	Giuseppe Dal Molin (skip)	Giancarlo Valt	Enea Pavani
	Dänemark Hvidovre C.C.	Jørn Blach	Arne Pedersen	Freddy Bartelsen	Bent Jørgensen

Draw #	(1)		(2)		(3)		(4)		(5)		(6)		(7)		(8)		(9)	
	ITA	6	GER	10	USA	7	NOR	10	SUI	9	SWE	12	USA	8	SCO	8	CAN	4
	DEN	5	SCO	6	SUI	1	SWE	2	FRA	1	SCO	5	GER	4	FRA	4	ITA	2
	USA	7	CAN	7	SWE	15	GER	5	NOR	6	CAN	5	SWE	6	SUI	12	NOR	8
	SCO	4	SUI	6	FRA	3	DEN	4	ITA	4	USA	4	ITA	5	GER	2	A	2
	SUI	6	ITA	8	NOR	10	CAN	7	SWE	5	GER	12	SUI	7	CAN	8	USA	10
	SWE	4	FRA	4	GER	4	SCO	4	USA	4	ITA	2	DEN	2	SWE	6	DEN	2
	GER	5	NOR	8	CAN	10	SUI	10	CAN	10	DEN	8	NOR	6	USA	8	SUI	6
	FRA	2	USA	1	DEN	2	ITA	3	GER	4	FRA	4	SCO	5	ITA	2	SCO	4
	CAN	7	SWE	7	ITA	6	USA	8	SCO	5	SUI	6	CAN	9	NOR	6	SWE	5
	NOR	2	DEN	3	SCO	5	FRA	3	DEN	4	NOR	5	FRA	3	DEN	3	GER	3

Semi-Final		Final		Round-Robin-Ergebnis		Endergebnis	
NOR	9	CAN	7	CAN	9–0	CAN	10–0
SUI	6	NOR	6	SUI	7–2	SUI	7–3
				NOR	7–2	NOR	8–3
				SWE	6–3	SWE	6–3
				USA	6–3	USA	6–3
				GER	4–5	GER	4–5
				ITA	3–6	ITA	3–6
				SCO	2–7	SCO	2–7
				DEN	1–8	DEN	1–8
				FRA	0–9	FRA	0–9

Jahr	Land & Club	Skip	Third	Second	Lead
1981	*Schottland* Carrington C.C.	Colin Hamilton	Mike Dick	David Ramsay	Richard Pretsel
	Kanada Assinboine C.C.	Kerry Burtnyk	Mark Olson	Jim Spencer	Ron Kammerlock
	USA Superior C.C.	Bud Somerville (third)	Bob Nichols (fourth)	Bob Christman	Bob Buchanan
	Schweden Harnosand C.C.	Jan Ullsten	Anders Tidholm	Ante Nilsson	Hans Söderström
	Schweiz Lausanne	Jürg Tanner	Jürg Hornisberger	Patrick Löertscher	Franz Tanner
	Norwegen Bygdoy C.C.	Kristian Soerum	Eigil Ramsfjell	Gunnar Meland	Dagfinn Loen
	Frankreich Megeve C.C.	Gérard Alazet (lead)	Gérard Ravello (fourth)	André Jouvent	Jacques Jullien
	Deutschland Schwenningen C.C.	Keith Wendorf	Hans Dieter Kiesel	Sven Saile	Heiner Martin
	Italien Tofane C.C.	Giuseppe Dal Molin (third)	Andrea Pavani (fourth)	Giancarlo Valt	Enea Pavani
	Dänemark Hvidore C.C.	Tommy Stjerne	Oluf Olsen	Steen Hansen	Peter Andersen

Draw #	(1)		(2)		(3)		(4)		(5)		(6)		(7)		(8)		(9)	
	SUI	9	SCO	7	NOR	11	USA	4	GER	10	CAN	9	SWE	6	FRA	2	DEN	3
	FRA	4	SWE	10	GER	3	CAN	5	ITA	4	SCO	5	NOR	7	USA	8	SUI	9
	NOR	7	GER	4	CAN	8	FRA	4	USA	6	DEN	3	SUI	3	SWE	10	ITA	4
	SCO	3	DEN	6	ITA	2	SWE	17	SUI	5	NOR	5	CAN	8	GER	2	USA	6
	CAN	11	ITA	5	SWE	5	DEN	6	NOR	5	SUI	9	GER	5	SCO	5	FRA	4
	GER	2	SUI	7	USA	7	SCO	7	CAN	7	SWE	6	FRA	6	ITA	4	NOR	12
	SWE	6	USA	4	FRA	3	SUI	7	DEN	2	ITA	8	SCO	4	DEN	3	GER	5
	ITA	8	NOR	6	DEN	11	GER	4	SWE	9	FRA	5	USA	7	CAN	7	SCO	6
	DEN	4	CAN	13	SCO	6	NOR	7	FRA	3	USA	5	ITA	6	SUI	7	SWE	9
	USA	8	FRA	3	SUI	4	ITA	4	SCO	15	GER	7	DEN	5	NOR	4	CAN	5

Semi-Finals		*Final*		*Round-Robin-Ergebnis*		*Endergebnis*	
NOR	4	SUI	2	CAN	8–1	SUI	8–3
USA	7	USA	1	NOR	7–2	USA	7–4
CAN	4			USA	6–3	CAN	8–2
SUI	7			SUI	6–3	NOR	7–3
				SWE	5–4	SWE	5–4
				SCO	5–4	SCO	5–4
				ITA	3–6	ITA	3–6
				DEN	2–7	DEN	2–7
				GER	2–7	GER	2–7
				FRA	1–8	FRA	1–8

Jahr	Land & Club	Skip	Third	Second	Lead
1982	*Schottland* Carrington C.C.	Colin Hamilton	David Ramsay	Mike Dick	Richard Pretsel
	Kanada Thunder Bay	Al Hackner	Rick Lang	Bob Nicol	Bruce Kennedy
	USA Madison	Steve Brown	Ed Sheffield	Huns Gustrowsky	George Godfrey
	Schweden	Soren Grahn	Niklas Jarund	Tony Eng	Conny Ostlund
	Schweiz Lausanne	Jürg Tanner	Jürg Hornisberger	Patrick Loertscher	Franz Tanner
	Norwegen	Sjur Loen	Morten Sogaard	Morten Skaug	Dagfinn Loen
	Frankreich	Andre Tronc	Roger Jacobs	Bob Lehn	Gerard Natter (skip)
	Deutschland Schwenningen C.C.	Keith Wendorf	Hans-Dieter Kiesel	Sven Saile	Heiner Martin
	Italien Tofane C.C.	Andrea Pavani	Giancarlo Valt	Enrico Alberti	Enea Pavani
	Dänemark	Per Berg	Gert Larsen	Jan Hansen	Michael Harry

Draw #

(1)		(2)		(3)		(4)		(5)		(6)		(7)		(8)		(9)	
SUI	2	DEN	4	NOR	7	USA	4	GER	6	CAN	8	FRA	4	SCO	6	ITA	6
SCO	8	FRA	5	GER	9	CAN	8	SWE	5	DEN	6	NOR	5	USA	5	SUI	5
NOR	8	GER	4	CAN	11	SCO	11	USA	5	ITA	5	SUI	3	FRA	3	SWE	5
DEN	5	ITA	5	SWE	4	FRA	3	SUI	6	NOR	6	CAN	7	GER	8	USA	3
CAN	10	SWE	2	FRA	2	ITA	6	NOR	5	SUI	10	GER	8	DEN	7	SCO	4
GER	3	SUI	9	USA	4	DEN	8	CAN	4	FRA	3	SCO	2	SWE	6	NOR	6
FRA	5	USA	8	SCO	4	SUI	6	ITA	8	SWE	8	DEN	7	ITA	5	GER	6
SWE	8	NOR	5	ITA	5	GER	7	FRA	2	SCO	6	USA	4	CAN	4	DEN	7
ITA	6	CAN	6	DEN	5	NOR	5	SCO	5	USA	5	SWE	9	SUI	5	FRA	2
USA	10	SCO	5	SUI	8	SWE	7	DEN	4	GER	4	ITA	3	NOR	3	CAN	9

Tie Breakers		*Final*		*Round-Robin-Ergebnis*		*Endergebnis*	
NOR	3	CAN	9	CAN	7–2	CAN	9–2
SWE	4	SUI	7	SWE	5–4	SUI	7–5
ITA	3			SUI	5–4	SWE	5–5
SUI	8			NOR	5–4	GER	5–5
Semi-Final				GER	5–4	ITA	5–5
GER	4			ITA	5–4	NOR	5–5
SUI	7			SCO	4–5	SCO	4–5
CAN	5			USA	4–5	USA	4–5
SWE	3			DEN	4–5	DEN	4–5
				FRA	1–8	FRA	1–8

Jahr	Land & Club	Skip	Third	Second	Lead
1983	*Dänemark* Hvidovre CC	Tommy Stjerne	Oluf Olsen	Steen Hansen	Peter Andersen
	Deutschland CC Schwenningen	Keith Wendorf	Hans D. Kiesel	Sven Saile	Heiner Martin
	Italien Cortina	Massimo Alvera	Franco Sovilla	Giuseppe DalMolin (skip)	Stefano Morona
	Kanada Avonlea Toronto	Ed Werenich	Paul Savage	Ron Kawaja	Neil Harrison
	Norwegen Snaroen Oslo	Eigil Ramsfjell	Sjur Loen	Gunnar Meland	Bo Bakke
	Österreich CC Kitzbühel	Arthur Fabi	Gunther Märker	Manfred Fabi	Dieter Küchenmeister
	Schottland Irvine Glasgow	Graeme Adam	Ken Horton	Andy McQuistin	Bob Cowan
	Schweden Solleftea	Stefan Hasselborg	Mikael Hasselborg	Hans Nordin	Lars Wenblom
	Schweiz Bern-Wildstrubel	Urs Studer	Bruno Binggeli (skip)	Jürg Studer	Daniel Wyser
	USA Colorado Springs	Don Cooper	Jerry VanBrunt	Bill Shipstad	Jack McNelly

Draw #

(1)		(2)		(3)		(4)		(5)		(6)		(7)		(8)		(9)	
GER	8	SWE	4	GER	8	GER	16	SCO	5	USA	9	GER	7	CAN	7	GER	8
SUI	4	GER	5	ITA	2	AUT	2	GER	4	GER	6	DEN	4	GER	6	NOR	3
SCO	7	AUT	3	USA	10	SCO	6	CAN	9	SUI	6	NOR	7	SUI	10	DEN	8
USA	6	NOR	12	CAN	3	SWE	7	SWE	6	ITA	3	USA	2	AUT	3	SUI	4
NOR	8	ITA	6	SUI	4	USA	6	SUI	6	CAN	8	SCO	9	DEN	7	ITA	7
SWE	5	CAN	8	SCO	5	DEN	4	NOR	9	NOR	7	ITA	5	ITA	3	SWE	9
DEN	3	USA	4	SWE	13	ITA	5	USA	11	DEN	7	SWE	7	SCO	4	AUT	4
CAN	6	SUI	5	AUT	3	NOR	7	ITA	2	SWE	6	SUI	5	NOR	6	USA	5
ITA	6	SCO	10	DEN	7	SUI	2	AUT	2	SCO	10	CAN	11	USA	6	CAN	10
AUT	7	DEN	4	NOR	9	CAN	8	DEN	11	AUT	3	AUT	3	SWE	8	SCO	7

Tiebreaker
NOR 8
SWE 3
GER 7
SCO 5
SWE 6
SCO 5

Semi-Final
NOR 3
GER 4
CAN 8
SWE 5

Final
CAN 7
GER 4

Round-Robin-Ergebnis
CAN 8–1
SCO 6–3
SWE 6–3
NOR 6–3
GER 6–3
USA 5–4
DEN 4–5
SUI 3–6
AUT 1–8
ITA 0–9

Endergebnis
CAN 10–1
GER 8–4
NOR 7–4
SWE 7–4
SCO 6–5
USA 5–4
DEN 4–5
SUI 3–6
AUT 1–8
ITA 0–9

Jahr	Land & Club	Skip	Third	Second	Lead
1984	*Dänemark* Gentofte, Kopenhagen	Christian Thume	Nils Siggaard	Jess Møller	Torsten Søndergaard
	Deutschland CC Schwenningen	Keith Wendorf	Hans D. Kiesel	Sven Saile	Heiner Martin
	Italien Tofane, Cortina	Andrea Pavani	Franco Sovilla	Giancarla Valt	Stefano Morona
	Kanada Pembina, Winnipeg	Mike Riley	Brian Toews	John Helstone	Russ Wookey
	Norwegen Snaroen, Oslo	Eigil Ramsfjell	Sjur Loen	Gunnar Meland	Bo Bakke
	Österreich Kitzbühel CC	Gunther Märker/ Günther Hummelt	Roland Koudelka	Günter Mochny	Ernst Egger/ Dieter Küchenmeister
	Schottland Dunning, Perth	Mike Hay	David Hay	David Smith	Russell Keiller
	Schweden Karlstad	Connie Östlund	Per Lindemann (skip)	Carl von Wendt	Bo Andersson
	Schweiz Dübendorf	Peter Attinger	Bernhard Attinger	Werner Attinger	Kurt Attinger
	USA Hibbing, Min.	Joe Roberts	Bruce Roberts (skip)	Gary Kleffman	Jerry Scott

Draw #	(1)		(2)		(3)		(4)		(5)		(6)		(7)		(8)		(9)	
	CAN	9	AUT	5	SUI	11	GER	8	SCO	5	ITA	7	NOR	5	USA	5	DEN	4
	GER	5	NOR	12	ITA	5	SWE	5	AUT	1	DEN	5	CAN	6	SUI	6	SCO	7
	NOR	4	USA	6	GER	8	SCO	4	SWE	6	CAN	4	ITA	1	DEN	7	SUI	3
	SWE	7	ITA	3	DEN	3	CAN	9	USA	4	SUI	6	GER	6	AUT	3	NOR	9
	SCO	3	CAN	7	SWE	6	NOR	8	GER	5	USA	5	DEN	4	ITA	2	AUT	2
	USA	11	DEN	3	AUT	0	ITA	4	SUI	7	NOR	6	SWE	7	SCO	3	CAN	9
	DEN	2	SCO	6	USA	6	SUI	7	NOR	7	SWE	4	AUT	5	GER	8	ITA	3
	SUI	16	GER	4	CAN	2	AUT	4	DEN	1	SCO	6	USA	11	NOR	3	SWE	9
	AUT	6	SWE	8	SCO	5	DEN	4	ITA	2	GER	7	SUI	5	CAN	4	USA	5
	ITA	9	SUI	2	NOR	8	USA	5	CAN	6	AUT	2	SCO	3	SWE	6	GER	6

Tiebreaker
GER 5
NOR 6

Semi-Final
SWE 3
NOR 5
CAN 8
SUI 8

Final
NOR 8
SUI 5

Round-Robin-Ergebnis
SWE 7–2
SUI 7–2
CAN 6–3
GER 6–3
NOR 6–3
USA 5–4
SCO 5–4
ITA 2–7
DEn 1–8
AUT 0–9

Endergebnis
NOR 9–3
SUI 8–3
SWE 7–3
CAN 6–4
GER 6–4
USA 5–4
SCO 5–4
ITA 2–7
DEN 1–7
AUT 0–9

Damen-Weltmeisterschaft 1979–1984

Jahr	Land & Club	Skip	Third	Second	Lead
1979	*Dänemark* Hvidovre C.C.	Iben Larsen	Astrid Birnbaum	Marianne Jørgensen	Helena Blach
	Deutschland C.C. Schwenningen	Susi Kiesel	Gisela Lünz	Heidi Schapmann	Trudi Benzing
	England Glendale C.C.	Janette Forrest	Enid Logan	Mary Aitchison	Dorothy Shell
	Frankreich Mégève C.C.	Erna Gay	Paulette Delachat (skip)	Suzanne Parodi	Huguette Jullien
	Italien Cortina C.C.	Nella Alvera	Paola Zardini	Lidia Cavallini	Loredana Da Giau
	Kanada North Shore Winter Club, B.C.	Lindsay Sparkes	Dawn Knowles	Robin Wilson	Lorraine Anne Bowles
	Norwegen Asker C.C.	Ellen Githmark	Eli Kolstad	Kirsten Vaule	Ingvild Githmark
	Schottland Ayr C.C.	Beth Lindsay	Ann McKellar	Jeanette Johnson	May Taylor
	Schweden Stockholm	Brigitta Torn	Katarina Hultling	Susanne Gynning-Odlund	Gunilla Bergman
	Schweiz Basel Albeina	Gaby Casanova	Betty Bourquin	Linda Thommen	Rosi Manger
	USA Granite C.C.	Nancy Langley	Dolores Wallace	Leslie Frosch	Nancy Pearson

Draw #	(1)		(2)		(3)		(4)		(5)		(6)		(7)		(8)		(9)		(10)		(11)	
	NOR	5	USA	10	FRA	10	SWE	9	ENG	6	CAN	5	USA	9	ITA	2	CAN	12	USA	6	SWE	9
	GER	17	ITA	9	SUI	5	CAN	3	GER	14	NOR	7	SWE	6	GER	10	DEN	2	NOR	2	GER	11
	ENG	3	FRA	8	USA	8	SCO	11	CAN	12	USA	9	DEN	9	ENG	3	USA	5	FRA	11	USA	4
	SCO	16	SWE	10	ENG	6	DEN	2	SUI	5	FRA	8	GER	7	SWE	10	SUI	11	ITA	4	SCO	6
	FRA	3	ENG	7	SWE	8	ENG	2	SWE	7	DEN	7	SCO	4	USA	1	FRA	14	ENG	2	ITA	3
	CAN	11	DEN	8	SCO	5	ITA	11	NOR	3	ITA	6	SUI	7	CAN	8	GER	3	SUI	13	NOR	11
	USA	6	SUI	9	DEN	9	USA	9	FRA	7	SCO	15	CAN	10	SUI	9	SWE	11	SCO	7	DEN	5
	DEN	5	GER	6	NOR	5	GER	8	DEN	5	GER	6	ITA	6	NOR	7	ITA	3	CAN	6	SUI	10
	SUI	18	SCO	13	CAN	12	FRA	9	SCO	13	SWE	10	FRA	13	FRA	10	ENG	6	SWE	11	ENG	2
	ITA	1	NOR	8	GER	2	NOR	4	ITA	2	SUI	6	ENG	11	SCO	5	NOR	10	DEN	4	CAN	13
überzählig	SWE		CAN		ITA		SUI		USA		ENG		NOR		DEN		SCO		GER		FRA	

Tie-Breaker		Semi-Final		Final		Round Robin				Endergebnis	
FRA	5	CAN	3	SWE	5			USA	7–3	USA	7–4
SUI	8	SUI	7	SUI	13	SWE	8–2	DEN	4–6	SUI	10–3	DEN	4–6
SCO	6	SWE	8			CAN	7–3	GER	4–6	SWE	9–3	GER	4–6
USA	4	SCO	5			SCO	7–3	NOR	3–7	CAN	8–4	NOR	3–7
						FRA	7–3	ITA	1–9	SCO	8–4	ITA	1–9
						SUI	7–3	ENG	0–10	FRA	7–4	ENG	0–10

Jahr	Land & Club	Skip	Third	Second	Lead
1980	Dänemark Hvidovre C.C.	Helena Blach	Marianne Jørgensen (skip)	Astrid Birnbaum	Malene Krause
	Deutschland C.C. Schwenningen	Susi Kiesel	Gisela Lünz	Trudi Benzing	Ines Campagnolo
	Frankreich Mégève C.C.	Paulette Sulpice	Agnès Mercier	Huguette Jullien	Anne-Claude Kennerson
	Italien Cortina C.C.	Maria Grazia Costantini	Nella Alvera	Marina Pavani	Ann Lacedelli
	Kanada Caledonian C.C., Regina	Marg Mitchell	Nancy Kerr	Shirley McKendry	Wendy Leach
	Norwegen Asker C.C.	Ellen Githmark	Trine Trulsen	Ingvild Githmark	Kirsten Vaule
	Schottland	Bett Law	Bea Sinclair	Jane Sanderson	Carol Hamilton
	Schweden Karlstad C.C.	Elisabeth Högström	Carina Olsson	Birgitta Sewik	Karin Sjögren
	Schweiz Lausanne C.C.	Gaby Charrière	Marie-Louise Favre	Marianne Uhlmann	Cécile Blanvillian
	USA Granite C.C. Seattle	Sharon Kozai	Joan Fish	Betty Kozai	Aija Edwards

Draw #

(1)		(2)		(3)		(4)		(5)		(6)		(7)		(8)		(9)	
USA	7	GER	3	SWE	12	NOR	2	SWE	15	CAN	9	ITA	8	SCO	10	SWE	15
NOR	9	CAN	14	ITA	3	ITA	11	DEN	6	DEN	1	FRA	9	SUI	5	GER	7
SUI	11	SCO	6	CAN	12	DEN	4	FRA	7	SCO	8	GER	9	ITA	9	NOR	1
GER	2	SWE	13	USA	3	USA	8	NOR	4	FRA	4	DEN	3	USA	2	CAN	10
SWE	10	ITA	11	NOR	4	FRA	1	ITA	4	USA	8	USA	8	SWE	7	DEN	5
FRA	7	SUI	5	SCO	6	CAN	10	SCO	7	SWE	5	SUI	4	CAN	6	ITA	9
CAN	9	NOR	10	FRA	8	SUI	4	GER	9	NOR	11	CAN	11	GER	6	USA	6
ITA	7	DEN	6	GER	4	SWE	12	USA	10	SUI	5	SCO	4	NOR	15	SCO	8
DEN	2	USA	8	SUI	10	SCO	10	SUI	5	GER	9	SWE	9	DEN	6	FRA	8
SCO	10	FRA	6	DEN	8	GER	4	CAN	8	ITA	10	NOR	7	FRA	5	SUI	7

Tie-Breaker	Round-Robin-Ergebnis	Endergebnis
USA 10	SWE 8–1	CAN 10–1
ITA 5	CAN 8–1	SWE 9–2
Semi-Final	SCO 7–2	SCO 7–3
SWE 9	ITA 5–4	USA 6–5
USA 5	USA 5–4	ITA 5–5
CAN 9	FRA 4–5	FRA 4–5
SCO 4	NOR 4–5	NOR 4–5
Final	SUI 2–7	SUI 2–7
SWE 6	GER 1–8	GER 1–8
CAN 7	DEN 1–8	DEN 1–8

Jahr	Land & Club	Skip	Third	Second	Lead
1981	*Dänemark* Hvidovre C.C.	Helene Blach	Marianne Jørgensen	Astrid Birnbaum	Malene Krause
	Deutschland EC Oberstdorf	Almut Hege	Susanne Koch	Renate Räderer	Ingeborg Stock
	Holland Den Haag C.C.	Laura van Imhoff	Hermance van den Houten	Annemie de Jongh	Hanneke Veening
	Italien Cortina C.C.	Maria Grazia Costantini	Ann Lacedelli	Tea Valt	Marina Pavani
	Kanada Calgary C.C.	Susan Seitz	Judy Erickson	Myrna McKay	Betty McCracken
	Norwegen Oslo C.C.	Anne Jotun Bakke	Bente Hoel	Elisabeth Skogen	Hilde Jotun
	Schottland Broughty Ferry Ladies Dundee	Helen Caird	Rae Gray	Sheena Hay	Helen Watson
	Schweden Karlstad C.C.	Elisabeth Högström	Carina Olsson	Birgitta Sewik	Karin Sjögren
	Schweiz Bern C.C.	Susann Schlapbach	Irene Burgi	Ursula Schlapbach	Katrin Peterhans
	USA Granite C.C. Seattle	Nancy Langley	Carol Dahl	Leslie Frosch	Nancy Wallace

Draw #	(1)		(2)		(3)		(4)		(5)		(6)		(7)		(8)		(9)	
	DEN	9	SUI	8	ITA	4	HOL	4	USA	5	CAN	7	SUI	5	NOR	9	HOL	6
	ITA	8	SCO	7	NOR	10	NOR	12	SCO	6	DEN	3	SWE	7	GER	8	SCO	11
	GER	8	GER	6	HOL	1	SWE	8	ITA	4	HOL	5	CAN	8	SWE	8	ITA	4
	HOL	4	DEN	9	CAN	10	GER	1	SWE	9	USA	8	SCO	3	DEN	3	SUI	12
	SWE	4	HOL	2	DEN	5	USA	6	NOR	6	SCO	6	GER	6	ITA	5	SWE	12
	CAN	6	SWE	9	SUI	4	ITA	13	CAN	8	SWE	13	USA	8	SCO	11	NOR	4
	SCO	5	NOR	7	SCO	6	CAN	7	DEN	10	SUI	7	NOR	4	SUI	13	GER	4
	NOR	8	USA	5	GER	8	SUI	9	HOL	4	NOR	8	DEN	3	HOL	2	CAN	5
	USA	2	CAN	9	USA	5	DEN	5	SUI	9	GER	9	ITA	11	CAN	9	DEN	7
	SUI	8	ITA	8	SWE	7	SCO	6	GER	4	ITA	10	HOL	2	USA	2	USA	6

Semi-Final
CAN 7
SUI 6
SWE 4
NOR 2

Final
CAN 2
SWE 7

Round-Robin-Ergebnis
CAN 8–1
SWE 8–1
NOR 7–2
SUI 6–3
DEN 5–4
SCO 4–5
ITA 3–6
USA 2–7
GER 2–7
HOL 0–9

Endergebnis
SWE 10–1
CAN 9–2
NOR 7–3
SUI 6–4
DEN 5–4
SCO 4–5
ITA 3–6
USA 2–7
GER 2–7
HOL 0–9

Jahr	Land & Club	Skip	Third	Second	Lead
1982	*Dänemark* Hvidovre C.C.	Marianne Jørgensen	Helena Blach	Astrid Birnbaum	Jette Olsen
	Deutschland C.C. Schwenningen	Susi Kiesel	Gisela Lünz	Trudi Benzing	Daniela Kiesel
	Frankreich Mégève-Mont d'Arbois	Huguette Jullien	Agnès Mercier	Paulette Sulpice (skip)	Eva Duvillard
	Italien Cortina-Club Ladies	Maria Grazia Costantini	Ann Lacedelli	Tea Valt	Angela Costantini
	Kanada Nova Scotia	Colleen Jones	Kay Smith	Monica Jones	Barbie Jones
	Norwegen Snarøen C.C.	Trine Trulsen	Dordi Nordby	Hanne Pettersen	Cathrine Hannevig
	Schottland Hamilton & Thorny Hill	Isobel Torrance	Isobel Waddell	Marion Armour	Margaret Wiseman
	Schweden Karlstad C.C.	Elisabeth Högström	Katarina Hulting	Birgitta Sewik	Karin Sjögren
	Schweiz Bern Egghölzli Damen	Erika Müller	Barbara Meyer	Nicole Oetliker	Christina Wirz
	USA Oak Park Acorns, Ill.	Ruth Schwenker	Stephanie Flynn	Donna Purkey	Kiki Wilson

Draw #	(1)		(2)		(3)		(4)		(5)		(6)		(7)		(8)		(9)	
	USA	3	NOR	3	FRA	10	SUI	14	DEN	4	SWE	8	GER	7	CAN	5	ITA	5
	CAN	12	SWE	14	GER	7	ITA	1	NOR	7	SCO	9	USA	12	SUI	7	FRA	10
	DEN	11	SUI	9	CAN	8	NOR	4	SWE	8	USA	7	SCO	8	FRA	4	GER	1
	SWE	5	GER	8	SCO	7	USA	7	FRA	5	ITA	9	SUI	6	NOR	10	DEN	10
	NOR	8	USA	5	DEN	8	GER	11	SUI	13	FRA	6	ITA	3	SCO	10	SWE	12
	SCO	11	FRA	6	ITA	5	SWE	10	USA	4	CAN	8	NOR	7	GER	8	SUI	5
	SUI	4	CAN	7	USA	1	DEN	7	ITA	0	NOR	9	FRA	4	SWE	6	SCO	5
	FRA	10	ITA	5	SWE	12	CAN	13	SCO	16	GER	4	DEN	14	ITA	5	USA	3
	ITA	7	DEN	10	NOR	12	SCO	1	CAN	13	SUI	7	SWE	6	DEN	7	CAN	5
	GER	8	SCO	7	SUI	3	FRA	12	GER	6	DEN	8	CAN	3	USA	5	NOR	7

Tie-Breaker		*Final*		*Round-Robin-Ergebnis*		*Endergebnis*	
SCO	8	DEN	8	DEN	7–2	DEN	9–2
CAN	6	SWE	7	CAN	6–3	SWE	8–4
NOR	4			SCO	6–3	SCO	7–4
SWE	6			NOR	6–3	NOR	7–5
CAN	6			SWE	6–3	CAN	6–5
NOR	8			FRA	5–4	FRA	5–4
Semi-Final				SUI	4–5	SUI	4–5
NOR	3			GER	2–7	GER	2–7
DEN	4			USA	2–7	USA	2–7
SWE	8			ITA	1–8	ITA	1–8
SCO	3						

Jahr	Land & Club	Skip	Third	Second	Lead
1983	*Dänemark* Hvidovre C.C.	Jane Bidstrup	Iben Larsen	Maj-Brit Rejnholdt-Christensen	Kirsten Hur
	Frankreich Mégève-Mont D'Arbois	Huguette Jullien	Agnès Mercier	Paulette Sulpice (skip)	Monique Tournier
	Italien Cortina C.C. Ladies	Maria Grazia Costantini	Ann Lacedelli	Nella Alvera	Angela Costantini
	Kanada Halifax	Penny LaRoque	Sharon Horne	Cathy Caudle	Pam Sandford
	Norwegen Trondheim	Eva Vanvik	Aase Vanvik	Alvhild Fugelmo	Liv Groeseth
	Österreich Kitzbühel C.C.	Marianne Gartner	Edeltraud Koudelka	Monica Hölzl	Herta Küchenmeister
	Schottland RCCC Ladies	Hazel McGregor	Jane Ramsay	Betty McGregor	Billie-May Muirhead
	Schweden Stockholm	Anneli Burman	Brita Lindholm	Mait Bjurström	Kate Lässuer
	Schweiz Bern Egghölzli Damen	Erika Müller	Barbara Meyer	Barbara Meier	Cristina Wirz
	USA Seattle	Nancy Langley	Dolores Campbell	Nancy Wallace	Leslie Frosch

Draw #	(1)		(2)		(3)		(4)		(5)		(6)		(7)		(8)		(9)	
	ITA	4	USA	6	DEN	5	FRA	9	CAN	8	SUI	7	SWE	10	NOR	9	SCO	4
	FRA	8	SWE	4	SUI	8	AUT	7	USA	5	SCO	6	ITA	1	DEN	7	CAN	5
	SWE	11	NOR	3	FRA	8	CAN	9	AUT	5	ITA	5	SUI	11	SCO	9	DEN	3
	AUT	1	SUI	12	SCO	6	ITA	1	NOR	13	DEN	10	FRA	3	USA	5	SWE	9
	CAN	10	ITA	2	AUT	1	SWE	8	FRA	10	NOR	7	SCO	9	SUI	5	USA	5
	NOR	8	SCO	8	USA	14	SUI	4	DEN	5	SWE	6	AUT	4	CAN	3	ITA	9
	SCO	9	CAN	10	NOR	9	DEN	10	SWE	8	AUT	1	USA	7	FRA	6	SUI	12
	DEN	2	FRA	1	ITA	5	USA	4	SCO	5	CAN	9	NOR	6	SWE	5	AUT	5
	USA	9	AUT	7	CAN	11	SCO	8	SUI	10	FRA	7	DEN	9	ITA	8	NOR	8
	SUI	17	DEN	10	SWE	6	NOR	9	ITA	6	USA	8	CAN	5	AUT	4	FRA	5

Tie-Breaker	*Round-Robin-Ergebnis*	*Endergebnis*
SWE 11	SUI 8–1	SUI 10–1
FRA 4	CAN 7–2	NOR 7–4
Semi-Final	NOR 6–3	CAN 7–3
SUI 12	SWE 5–4	SWE 6–5
SWE 10	FRA 5–4	FRA 5–5
CAN 3	USA 4–5	USA 4–5
NOR 6	DEN 4–5	DEN 4–5
Final	SCO 4–5	SCO 4–5
NOR 3	ITA 2–7	ITA 2–7
SUI 18	AUT 0–9	AUT 0–9

Jahr	Land & Club	Skip	Third	Second	Lead
1984	*Kanada* Winnipeg	Connie Laliberte	Christine More	Corinne Peters	Janet Arnott
	Dänemark Hvidovre C.C.	Jane Bidstrup	Iben Larsen	Maj-Brit Rejnholdt	Kirsten Hur
	Frankreich Mégève-Mont D'Arbois	Huguette Jullien	Agnès Mercier	Paulette Sulpice (skip)	Andrée Dupont-Roc
	Deutschland EC Oberstdorf	Almut Hege	Josefine Einsle	Susanne Koch	Petra Tschetsch
	Italien Cortina	M. Grazia Costantini	Tea Valt	Nella Alvera	Angela Costantini
	Norwegen Asker C.C.	Ellen Githmark	Ingvill Githmark	Heidi Throndsen (Dordi Nordby)	Anka Sunde Andresen
	Schottland Ayrshire	Sadie Anderson	Annie Kennedy	Martha McFadzean	Jessie Brown
	Schweden Stockholm	Ingrid Thideall Meldahl	Ann-Catrin Kjerr	Astrid Blomberg	Sylvia Malmberg
	Schweiz Wetzikon	Brigitte Kienast	Irene Bürgi	Erika Frewein	Evi Rüegsegger
	USA Duluth	Amy Andrea Hattan	Terry Ann Leksell	Karen Lee Leksell	Kelly Joy Sieger

Draw #	(1)		(2)		(3)		(4)		(5)		(6)		(7)		(8)		(9)	
	SCO	11	GER	6	CAN	8	FRA	6	NOR	7	DEN	7	USA	2	ITA	2	SUI	4
	FRA	5	USA	5	DEN	2	SWE	7	GER	8	SUI	10	SCO	8	CAN	11	NOR	11
	USA	4	ITA	4	FRA	6	NOR	7	SWE	8	SCO	4	DEN	8	SUI	6	CAN	7
	SWE	8	DEN	9	SUI	4	SCO	6	ITA	3	CAN	7	FRA	3	GER	4	USA	6
	NOR	9	SCO	7	SWE	7	USA	4	FRA	4	ITA	3	SUI	8	DEN	8	GER	6
	ITA	2	SUI	5	GER	6	DEN	9	CAN	7	USA	7	SWE	3	NOR	5	SCO	5
	SUI	3	NOR	3	ITA	1	CAN	3	USA	3	SWE	4	GER	7	FRA	8	DEN	8
	CAN	5	FRA	5	SCO	7	GER	4	SUI	6	NOR	7	ITA	2	USA	2	SWE	7
	GER	8	SWE	6	NOR	6	SUI	6	DEN	4	FRA	7	CAN	6	SCO	5	ITA	3
	DEN	2	CAN	11	USA	5	ITA	5	SCO	7	GER	3	NOR	5	SWE	12	FRA	11

Tie-Breaker		Semi-Final		Round-Robin-Ergebnis		Endergebnis	
SUI	6	CAN	8	CAN	8–1	CAN	10–1
SWE	4	NOR	6	GER	6–3	SUI	8–4
FRA	5	SUI	8	SCO	5–4	NOR	7–5
NOR	6	GER	7	FRA	5–4	GER	6–4
DEN	4	*Final*		SWE	5–4	DEN	5–5
NOR	9	CAN	10	SUI	5–4	FRA	5–5
SCO	4	SUI	0	DEN	5–4	SCO	5–5
SUI	6			NOR	5–4	SWE	5–5
				USA	1–8	USA	1–8
				ITA	0–9	ITA	0–9

Junioren-Weltmeisterschaft 1975–1983

Liste der Spieler – 1975

Ort	Land, Club und Trainer	Skip	Third	Second	Lead
East York Curling Club, Toronto, Kanada	*Kanada* Edmonton	Rob Fing	Bill Fowlis	Brad Hannah	Chris King
	Schottland	Peter Wilson	Andrew McQuistin	Neale McQuistin	John Sharp
	Frankreich Mégève Sports Club	Claude Feige	Jean-Louis Sibuet	Christian Marin-Pache	Marc Sibuet
	Deutschland	Dieter Kiesel	Rainer Schöpp	Peter Lessinger	Roland Liedtke
	Schweiz	Rene Geisser	Peter Boesch	Nick Gartenmann	Felix Trueb
	Schweden	Jan Ullsten	Mats Nyberg	Anders Grahn	Bo Söderström
	USA	Steve Penencello	Rick Novak	Ben Dardeski	Ken Baher
	Norwegen	Morten Sørum	Bjorn Skutbergsveen	Hans Bekkelund	Dagfinn Loen
	Italien	Massimo Alvera	Antonio Calli	Marco Lorenzi	Fabio Bovolenta

1975 Ergebnisse

Endergebnis		Draw 1		Draw 2		Draw 3		Draw 4		Draw 5		Draw 6		Draw 7		Draw 8		Draw 9	
Kanada	8–0	Norwegen	5	Kanada	12	Kanada	8	Kanada	4	Kanada	5	Schweiz	7	Kanada	6	Schweiz	10	USA	10
Schweden	6–2	USA	4	Schweiz	4	Norwegen	3	Deutschland	3	USA	3	Deutschland	6	Schottland	3	Deutschland	3	Schweiz	5
Schottland	5–3	Deutschland	10	Schottland	8	Schottland	10	Schweden	8	Schottland	8	Kanada	12	Schweden	6	USA	12	Kanada	8
Norwegen	5–3	Italien	5	USA	6	Italien	7	Schottland	7	Deutschland	4	Italien	2	Norwegen	2	Italien	2	Schweden	4
USA	5–3	Schweiz	10	Deutschland	18	Schweden	10	Norwegen	7	Frankreich	7	USA	8	Frankreich	12	Norwegen	5	Schottland	10
Schweiz	3–5	Schottland	5	Frankreich	7	Schweiz	3	Frankreich	5	Schweiz	4	Schweden	6	Italien	4	Schweiz	3	Frankreich	8
Deutschland	2–6	Schweden	14	Norwegen	11	USA	11	Schweiz	10	Schweden	15	Schottland	7	USA/	15	Kanada	12	Norwegen	8
Frankreich	2–6	Frankreich	4	Italien	3	Frankreich	1	Italien	7	Italien	9	Norwegen	5	Deutschland	7	Frankreich	5	Deutschland	3
Italien	0–8	Überzählig Kanada		Überzählig Schweden		Überzählig Deutschland		Überzählig USA		Überzählig Norwegen		Überzählig Frankreich		Überzählig Schweiz		Überzählig Schottland		Überzählig Italien	
		Semi-Finale		Schweden	9	Überzählig		*Finale*		Schweden	8								
				Schottland	8	Kanada				Kanada	6								

Liste der Spieler – 1976

Ort	Land, Club und Trainer	Skip	Third	Second	Lead
Aviemore Centre, Aviemore, Schottland	*Kanada* Calgary C.C.	Paul Gowsell 18	Neil Houston 18	Glen Jackson 18	Kelly Stearne 17
	Schottland Glasgow Young Curler's Club David Duncan	Robert Kelly 20	Kenneth Horton 19	Willie Jamieson 18	Keith Douglas 18
	Frankreich Mégève Sports Club Albert Sulpice	Claude Feige 17	Jean Louis-Sibuet	Christian Marin-Pache	Marc Sibuet 18
	Deutschland	Hans-Dieter Kiesel 21	Rainer Schöpp 18	Wolfgang Artinger 18	Norbert Petrasch 18
	Schweiz Schaffhausen Club	Jean-Claude Stettler 20	Marcel Ruefli 19	Hans Peter Ringli 18	Christoph Stiep 20
	Schweden K. A. Svensson	Jan Ullsten 21	Mats Nyberg 17	Anders Grahn 17	Bo Söderström 17
	USA Grand Forks C.C. Donald Barcome, Sr.	Donald Barcome, Jr. 17	Dale Mueller 19	Gary Mueller 18	Earl Barcome 15
	Norwegen Brumunddal C.C. Odd Loen	Sjur Loen 17	Morten Sogard 19	Hans Bekkelund 19	Roar Rise 18
	Italien Dolomiti C.C.	Massimo Alvera 19	Franco Sovilla 19	Fabio Bovolenta 20	Marco Lorenzi 19
	Dänemark Hvidovre C.C. Gunnar Stenholm	Tommy Stjerne 18	Oluf Olsen 18	Peter Andersen 18	Steen Hansen 18

1976 Ergebnisse

Endergebnis		Draw 1		Draw 2		Draw 3		Draw 4		Draw 5		Draw 6		Draw 7		Draw 8		Draw 9	
Kanada	7–2	Norwegen	4	Kanada	9	Frankreich	9	Schottland	11	Norwegen	8	Kanada	8	Schweden	7	Deutschland	7	USA	8
Norwegen	7–2	Schottland	3	USA	4	Dänemark	5	Schweiz	4	Schweden	4	Schweiz	7	Frankreich	3	Italien	4	Dänemark	3
Schweden	6–3	USA	5	Norwegen	14	Schottland	8	Frankreich	4	Schweiz	7	Schweden	7	Schottland	8	Schottland	5	Norwegen	4
Schottland	7–2	Deutschland	2	Schweiz	7	Kanada	4	Norwegen	2	Dänemark	3	Italien	3	Deutschland	5	Frankreich	4	Kanada	3
Frankreich	5–4	Schweden	9	Frankreich	10	Norwegen	10	Kanada	6	Frankreich	8	Schottland	8	USA	7	Norwegen	7	Schweiz	5
USA	5–4	Dänemark	3	Deutschland	8	Italien	2	Schweden	3	Italien	7	Dänemark	4	Schweiz	5	USA	5	Frankreich	4
Deutschland	4–5	Kanada	9	Dänemark	11	USA	7	Deutschland	7	Schottland	6	Deutschland	9	Kanada	9	Schweden	7	Schottland	7
Schweiz	3–6	Frankreich	1	Italien	3	Schweden	1	Dänemark	4	USA	3	Norwegen	5	Italien	2	Schweiz	6	Italien	4
Dänemark	1–8	Schweiz	9	Schweden	9	Deutschland	11	USA	6	Kanada	6	Frankreich	7	Norwegen	8	Kanada	8	Schweden	9
Italien	0–9	Italien	5	Schottland	5	Schweiz	2	Italien	5	Deutschland	3	USA	5	Dänemark	4	Dänemark	4	Deutschland	2
		Semi-Finale		Schweden	8	Kanada	11	*Finale*		Kanada	4								
				Norwegen	2	Schottland	3			Schweden	3								
		Extra Ends – Round Robin				5. draw		Frankreich	7	Frankreich	8	8. draw		USA	5	Norwegen	7		
								Italien	7	Italien	7			Norwegen	5	USA	5		

Liste der Spieler – 1977

Ort	Land, Club und Trainer	Skip	Third	Second	Lead
Peps Arena, Laval Univ., Quebec City, Kanada	*Kanada* Charlottetown C.C. Doug Cameron	Bill Jenkins 20	John Scales 19	Sandy Stewart 19	Alan Mayhew 19
	Schottland Hamilton Bob Grierson	Lockhart Steele 21	Gavin Wiseman 20	Tom McGregor 21	Archie Craig 21
	Frankreich Mégève Sports Club Albert Sulpice	Claude Feige 18	Marc Sibuet 19	Gilles Marin-Pache 18	Yves Tronc 16
	Deutschland C.C. Bavaria München Peter Fischer-Weppler	Ralph Zimmermann 18	Florian Zimmermann 15	Pascal Piroué 13	Thomas Mueller-Stoy 13
	Schweiz Lausanna C.C. Franz Tanner	Jürg Tanner 21	Jean Pierre Morisetti 20	Jürg Hornisberger 17	Patrick Loertscher 17
	Schweden Sundsvall C.C.	Anders Grahn 18	Mats Nyberg 18	Bo Soderstrom 18	Bo-Goran Stromberg 17
	USA Grand Forks C.C. Donald Barcome, Sr.	Donald Barcome, Jr. 18	Dale Mueller 20	Gary Mueller 19	Earle Barcome 16
	Norwegen Brumunddal C.C. Lars Tueter	Sjur Loen 18	Morten Sogaard 20	Hans Bekkelund 20	Roar Rise 19
	Italien Dolomiti C.C. Renate Pesavento	Massimo Alvera 19	Franco Sovilla 19	Fabio Bovolenta 20	Stefano Morona 19
	Dänemark Rungsted C.C. Gunnar Stenholm	Peter Sundberg 18	Lars Erik Sundberg 16	Holger Bo Nissen 18	Morten Andreason 18

1977 Ergebnisse

Endergebnis		Draw 1		Draw 2		Draw 3		Draw 4		Draw 5		Draw 6		Draw 7		Draw 8		Draw 9	
USA	8–1	Schweden	14	Schweiz	7	Norwegen	10	Schweden	10	Frankreich	12	USA	7	Schottland	6	USA	8	Norwegen	10
Schweden	6–3	Deutschland	5	Dänemark	4	Italien	9	Kanada	4	Deutschland	2	Kanada	3	Frankreich	5	Italien	7	Schottland	5
Norwegen	6–3	Kanada	7	Frankreich	10	Schweden	16	USA	10	Italien	8	Schweiz	10	Italien	7	Frankreich	8	USA	9
Kanada	5–4	Norwegen	5	Italien	4	Dänemark	1	Norwegen	7	Kanada	6	Schottland	3	Dänemark	6	Norwegen	7	Deutschland	6
Frankreich	5–4	Frankreich	12	Norwegen	9	Schottland	12	Dänemark	9	Norwegen	7	Italien	11	USA	8	Kanada	7	Schweiz	8
Schweiz	5–4	USA	8	Schweden	8	Deutschland	4	Frankreich	2	Schweiz	5	Deutschland	7	Schweden	5	Schottland	5	Frankreich	6
Schottland	4–5	Italien	9	USA	9	Kanada	9	Schweiz	12	Schweden	8	Norwegen	7	Schweiz	7	Dänemark	7	Schweden	7
Italien	4–5	Schweiz	7	Schottland	3	Frankreich	8	Deutschland	5	Schottland	4	Dänemark	2	Kanada	4	Deutschland	3	Italien	4
Dänemark	2–7	Schottland	8	Kanada	13	USA	8	Schottland	7	USA	9	Frankreich	6	Norwegen	10	Schweden	10	Kanada	11
Deutschland	0–9	Dänemark	6	Deutschland	5	Schweiz	4	Italien	4	Dänemark	4	Schweden	3	Deutschland	2	Schweiz	7	Dänemark	4
		4. Platz		Kanada	7	Kanada	4	Semi-Finale		Kanada	7	Schweden	6	Finale		Kanada	9		
				Frankreich	3	Schweiz	2			USA	6	Norwegen	5			Schweden	5		
		Extra Ends – Round Robin																	
		3. draw		Kanada	8	Kanada	9	5. draw		Italien	6	Italien	8	8. draw		Kanada	5	Kanada	7
				Frankreich	8	Frankreich	8			Kanada	6	Kanada	6			Schottland	5	Schottland	5
		Extra Ends – Semi-Finale																	
		Schweden	5	Schweden	6														
		Norwegen	5	Norwegen	5														

Liste der Spieler – 1978

Ort	Land, Club und Trainer	Skip	Third	Second	Lead
Sportzentrum Grindelwald, Schweiz	*Kanada* Calgary C.C. Warren Hansen	Paul Gowsell 20	John Ferguson 20	Douglas McFarlane 19	Kelly Stearne 19
	Schottland Chuck Hay	Colin Hamilton 21	Douglas Edwardson 21	Trevor Dodds 21	David Ramsay 20
	Deutschland Riessersee C.C.	Rainer Schöpp 20	Wolfgang Artinger 20	Norbert Petrasch 20	Christoph Falk 19
	Schweiz Stafa C.C.	Felix Luchsinger 19	Thomas Grendelmeier 17	Danny Streiff 18	Ueli Bernauer 17
	Schweden Karlstad C.C. Stig Sewik	Thomas Hakansson 21	Per Lindeman 22	Lars Lindgren 21	Erik Bjoremo 21
	USA James Stephens	Jeff Tomlinson 21	Ted Pervis 17	Curt Fish 16	Marc McCartney
	Norwegen Brumunddal C.C. Peter Lange	Sjur Loen 19	Morten Sogard 21	Roar Rise 21	Tom Sogard 18
	Italien Dolomiti C.C.	Massimo Alvera 20	Franco Sovilla 20	Stefano Morona 20	Dennis Ghezze 16
	Dänemark Hvidovre C.C.	Tommy Stjerne 21	Oluf Olsen 21	Steen Hansen 21	Peter Anderson 16
	Frankreich Mégève Sports Club Albert Sulpice	Yves Tronc 18	Pascal Pagliano 19	Christophe Boan 18	Andre Jouvent 20

1978 Ergebnisse

Endergebnis		Draw 1		Draw 2		Draw 3		Draw 4		Draw 5		Draw 6		Draw 7		Draw 8		Draw 9	
Kanada	8–1	USA	9	Deutschland	8	Schottland	6	Kanada	8	Dänemark	8	Kanada	7	Schweden	5	Schottland	5	Norwegen	8
Schottland	8–1	Dänemark	7	Italien	7	Norwegen	4	USA	5	Frankreich	5	Schweiz	4	Frankreich	4	Schweiz	4	Schweden	4
Schweden	6–3	Kanada	7	Schottland	6	USA	7	Schweiz	7	Kanada	10	Schweden	8	Schottland	6	Norwegen	9	Schweiz	7
Norwegen	5–4	Norwegen	5	Frankreich	5	Deutschland	3	Norwegen	4	Schottland	5	Italien	2	Deutschland	4	Frankreich	3	Dänemark	6
USA	5–4	Schweiz	13	Norwegen	8	Schweden	7	Deutschland	9	Norwegen	12	Schottland	7	Schweiz	6	Schweden	5	Frankreich	7
Deutschland	4–5	Frankreich	3	USA	6	Dänemark	5	Frankreich	5	Italien	2	Dänemark	5	USA	5	Kanada	3	Italien	3
Schweiz	4–5	Schottland	4	Schweden	8	Kanada	9	Dänemark	7	USA	4	Norwegen	3	Kanada	6	Deutschland	6	Schottland	8
Dänemark	3–6	Italien	3	Schweiz	6	Frankreich	4	Italien	6	Schweden	3	Deutschland	2	Italien	2	Dänemark	5	USA	2
Frankreich	1–8	Schweden	7	Kanada	6	Italien	6	Schottland	7	Deutschland	8	USA	4	Dänemark	7	USA	5	Kanada	8
Italien	1–8	Deutschland	5	Dänemark	4	Schweiz	5	Schweden	2	Schweiz	7	Frankreich	3	Norwegen	4	Italien	3	Deutschland	4
		4. Platz		Norwegen	6	*Semi-Finale*		Kanada	4	Schweden	5	*Finale*		Kanada	4				
				USA	5			Norwegen	3	Schottland	4			Schweden	2				
		Extra Ends – Round Robin																	
		2. draw		Schottland	5	Schottland	6	*3. draw*		Italien	5	Italien	6	*8. draw*		USA	3	USA	5
				Frankreich	5	Frankreich	5			Schweiz	5	Schweiz	5			Italien	3	Italien	3
		Extra Ends – Semi-Finale																	
		Schweden	4	Schweden	5														
		Schottland	4	Schottland	4														

Liste der Spieler – 1979

Ort	Land, Club und Trainer	Skip	Third	Second	Lead
Moose Jaw Civic Centre Moose Jaw, Kanada	*Kanada* Warren Hansen	Darren Fish	Lorne Barker	Murray Ursulak	Randy Ursulak
	Schottland Stranraer Young Curler's Club Chuck Hay	Andrew McQuistin 18	Neale McQuistin 18	Hugh Aitken 16	Dick Adams 18
	Frankreich Mégève Sports Club Albert Sulpice	Claude Feige 20	Gilles Marin-Pache 20	Gerard Ravello 19	Christophe Boan 19
	Deutschland EC Oberstdorf Heiner Martin	Roland Jentsch 20	Hansjoachim Burba 21	Wolfgang Burba 19	Werner Kolb 18
	Schweiz Geneve C.C. Bruno Leutenegger	Eric Francois Rudolf 20	Manuel Stephane Guiger 19	Pasqual Bianchi 16	Tony Weil 21
	Schweden Karlstads C.C. Stig Sewik	Tong Eng 19	Soren Grahn 17	Lars Grengmark 16	Anders Svennersted 15
	USA Grand Forks C.C. Donald Barcome, Sr.	Donald Barcome, Jr. 20	Randy Darling 21	Bobby Stalker 21	Earl Barcome 18
	Norwegen Brumunddal C.C. Peter M. Lange	Sjur Loen 20	Morten Skaug 16	Olav Saugstad 14	Tom Soerlund-sengen 16
	Italien Dolomiti C.C. Renato Pesavento	Massimo Alvera 21	Franco Sovilla 21	Stenfano Morona 21	Dennis Gheeze 17
	Dänemark Hvidovre Curling C. Ole Larsen	Tommy Stjerne 21	Oluf Olsen 21	Steen Hansen 21	Peter Anderson 17

1979 Ergebnisse

Endergebnis		Draw 1		Draw 2		Draw 3		Draw 4		Draw 5		Draw 6		Draw 7		Draw 8		Draw 9	
Kanada	8–1	Dänemark	6	Schottland	7	USA	6	Norwegen	5	Schweiz	4	Schweden	7	USA	10	Dänemark	6	Kanada	6
USA	7–2	Italien	4	Deutschland	6	Schweiz	5	Schweden	2	Frankreich	2	Schottland	2	Deutschland	2	Norwegen	4	Italien	4
Norwegen	6–3	Schottland	6	Kanada	6	Schweden	7	Dänemark	9	Norwegen	9	USA	8	Schweden	7	Schweiz	7	Norwegen	7
Schottland	6–3	USA	5	Schweiz	5	Frankreich	6	Deutschland	4	Italien	6	Kanada	4	Italien	4	Deutschland	6	Frankreich	5
Schweiz	5–4	Schweiz	8	Italien	9	Norwegen	8	Kanada	6	Schweden	7	Italien	7	Schweiz	6	Schottland	6	USA	9
Dänemark	5–4	Schweden	7	Frankreich	6	Deutschland	4	Schottland	4	USA	6	Deutschland	5	Dänemark	5	Frankreich	5	Dänemark	4
Schweden	5–4	Frankreich	11	USA	7	Kanada	5	Schweiz	6	Kanada	11	Dänemark	11	Norwegen	8	Kanada	9	Schottland	5
Italien	2–7	Deutschland	5	Norwegen	3	Dänemark	4	Italien	4	Deutschland	2	Frankreich	5	Schottland	7	Schweden	7	Schweiz	3
Frankreich	1–8	Kanada	6	Dänemark	4	Schottland	13	USA	7	Schottland	7	Norwegen	6	Kanada	10	USA	6	Schweden	6
Deutschland	0–9	Norwegen	5	Schweden	2	Italien	2	Frankreich	5	Dänemark	3	Schweiz	4	Frankreich	5	Italien	3	Deutschland	4
		Semi-Finale		Schottland	5	USA	7	*Finale*		USA	6	*3. Platz*		Kanada	9				
				Kanada	3	Norwegen	4			Schottland	4			Norwegen	4				

Extra Ends – Round Robin

	Draw 1		Draw 2		Draw 5			
	Schottland 5	Schottland 6	Italien 6	Italien 9	Draw 5	Schweden 6	Schweden 7	
	USA 5	USA 5	Frankreich 6	Frankreich 6		USA 6	USA 6	
Draw 8	Schweiz 6	Schweiz 7	Kanada 7	Kanada 9	Draw 9	Schottland 3	Schottland 5	
	Deutschland 6	Deutschland 6	Schweden 7	Schweden 7		Schweiz 3	Schweiz 3	

Liste der Spieler – 1980

Ort	Land, Club und Trainer	Skip	Third	Second	Lead
Kitchener Memorial Auditorium Kitchener-Waterloo, Kanada	*Kanada* Assiniboine Memorial C.C. Mark Olson	Mert Thompsett 18	Lyle Derry 19	Joel Gagne 18	Mike Friesen 17
	Schottland Stranraer Young Curlers Chuck Hay	Andrew McQuistin 19	Norman Brown 18	Hugh Aitken 17	Dick Adams 19
	Frankreich Sport Club, Mégève Gerard Alazet	Yves Tronc 19	Christophe Boan 19	Gerard Ravello 20	Andre Jouvent 20
	Deutschland Stuttgart Curling C. Heiner Martin	Christoph Moeckel 18	Kai Meidele 16	Stephan Koch 17	Hagen Waegerle 18
	Schweiz Solothurn Centre Bruno Leutenegger	Rico Simen 18	Thomas Klay 19	Jürg Dick 18	Urs Dick 19
	Schweden Skvadern Curling C. Sundsvall Stig Sewik	Thomas Norgren 19	Peter Svedlund 19	Conny Ekholm 19	Erik Pettersson 19
	USA Devils Lake C.C. Dale Dalziel	Scott Dalziel 18	Todd Dalziel 16	Scott Gerrard 17	Paul Thompson 17
	Norwegen Risenga Curling Club Peter Lange	Pal Trulsen 17	Flemming Davanger 16	Arne Gunnestad 18	Kjell Berg 18
	Italien Dolomiti Curling C. Umberto Giacomelli	Adriano Lorenzi 19	Enrico Fumagalli 19	Allessandro Del Fabbro 20	Roberto De Rigo 19
	Dänemark Hvidovre Curling Club Mrs. Johanna Kjaerulff	Jack Kjaerulff 17	Lasse Lavrsen 17	Kim Dupont 18	Henrek Jakobsen 17

1980 Ergebnisse

Endergebnis		Draw 1		Draw 2		Draw 3		Draw 4		Draw 5		Draw 6		Draw 7		Draw 8		Draw 9	
Kanada	8–1	USA	7	Deutschland	5	Schweden	5	Schottland	7	Italien	3	Schweiz	4	Kanada	6	Dänemark	5	Norwegen	11
Schottland	8–1	Frankreich	5	Schweiz	4	Norwegen	2	Dänemark	5	Kanada	7	USA	7	Schweden	7	Deutschland	8	Italien	4
USA	6–3	Schweiz	10	Schweden	4	Frankreich	5	USA	5	Schottland	9	Italien	5	Norwegen	6	Kanada	7	Dänemark	4
Schweden	6–3	Italien	6	Schottland	5	Kanada	7	Norwegen	6	Frankreich	4	Deutschland	6	Schweiz	7	USA	4	Schweden	6
Deutschland	4–5	Dänemark	6	Italien	5	Schottland	1	Kanada	15	Schweiz	9	Norwegen	2	Frankreich	8	Schweiz	7	Deutschland	3
Dänemark	4–5	Norwegen	5	USA	10	Schweiz	0	Deutschland	2	Dänemark	10	Schottland	10	Italien	7	Schweden	6	Frankreich	7
Schweiz	4–5	Kanada	4	Frankreich	7	USA	8	Italien	1	Deutschland	9	Schweden	5	Dänemark	3	Schottland	6	Schweiz	4
Frankreich	3–6	Schottland	2	Dänemark	8	Deutschland	4	Schweden	10	Norwegen	6	Frankreich	3	USA	6	Italien	2	Kanada	7
Norwegen	2–7	Schweden	5	Norwegen	6	Dänemark	13	Schweiz	9	USA	7	Kanada	9	Deutschland	5	Frankreich	7	Schottland	7
Italien	0–9	Deutschland	3	Kanada	7	Italien	3	Frankreich	6	Schweden	6	Dänemark	3	Schottland	8	Norwegen	5	USA	6
		Semi-Finale		USA	2	Schweden	5	*3. Platz*		USA	7	*Finale*		Schottland	5				
				Schottland	3	Kanada	6			Schweden	9			Kanada	3				

Extra Ends – Round Robin

	Draw 1													
Draw 1	USA	5	USA	7	*Draw 2*		Deutschland	4	Deutschland	5	*Draw 4*		USA	5	USA	5
	Frankreich	5	Frankreich	5			Schweiz	4	Schweiz	4			Norwegen	5	Norwegen	6
Draw 7	Kanada	6	Kanada	6	*Draw 8*		Kanada	4	Kanada	7	*Draw 9*		Schottland	6	Schottland	7
	Schweden	6	Schweden	7			USA	4	USA	4			USA	6	USA	6

Zwei Extra Ends – Round Robin

Draw 1	Dänemark	5	Dänemark	6	*Draw 5*	USA	6	USA	7
	Norwegen	5	Norwegen	5		Schweden	6	Schweden	6

Extra Ends – Championship Round

Semi-Finale	USA	2	USA	2
	Schottland	2	Schottland	3

Liste der Spieler 1981

Ort	Land, Club und Trainer	Skip	Third	Second	Lead
Palais Des Sports Mégève, Frankreich	*Kanada* Laviolette Curling Club, Trois Rivieres Andre Ferland	Denis Marchand 20	Denis Cecil 20	Larry Phillips 18	Yves Barrette 20
	Schottland Stranraer Young Curlers Chuck Hay	Peter Wilson 19	Jim Cannon 20	Roger McIntyre 18	John Parker 20
	Frankreich Club Des Sports De Mégève Gerard Alazet	Christophe Boan 20	Dominique Dupont-Roc 18	Philippe Pomi 18	Christophe Michaud 18
	Deutschland Stuttgart Curling Club Otto Danieli	Christoph Moeckel 18	Uwe Saile 19	Michael Neumaier 20	Harald Zinsmeister 20
	Schweiz Solothurn Curling Centre Jurg Geiler	Rico Simen 19	Thomas Klay 19	Jurg Dick 18	Mario Gross 18
	Schweden Skvadern Curling Club in Sundsvall Stig Sewik	Thomas Norgren 20	Peter Svedlund 20	Conny Ekholm 20	Erik Pettersson 20
	USA Seattle Curling Club Ken Purvis	Ted Purvis 20	Dale Risling 19	Milton Best, Jr. 20	Dean Risling 17
	Norwegen Risenga Curling Club Peter Lange	Pal Trulsen 18	Flemming Davanger 17	Stig-Arne Gunnestad 19	Kjell Berg 19
	Italien Enrico Alberti	Denis Ghezze	Fabio Mitterhofer	Allessandro Lanaro	Stefano Sartori
	Dänemark Hvidovre Curling Club Erik Kelnaes	Jack Kjaerulff 18	Lasse Lavrsen 18	Kim Dupont 19	Henrek Jakobsen 18

182

1981 Ergebnisse

Endergebnis		Draw 1		Draw 2		Draw 3		Draw 4		Draw 5		Draw 6		Draw 7		Draw 8		Draw 9	
Kanada	8–1	Frankreich	5	Kanada	10	USA	11	Deutschland	6	Schweden	7	Schottland	2	Dänemark	3	Schweiz	4	Italien	5
USA	6–3	Schweiz	12	Dänemrk	2	Schweden	2	Schottland	7	Norwegen	5	Kanada	10	USA	8	Deutschland	7	Frankreich	6
Schottland	5–4	USA	7	Schweden	17	Norwegen	6	Schweiz	8	Deutschland	5	Italien	3	Frankreich	4	Dänemark	3	Norwegen	6
Deutschland	5–4	Kanada	8	Italien	4	Schottland	5	Dänemark	2	Frankreich	7	USA	8	Schottland	5	Schweden	5	Deutschland	7
Schweden	5–4	Schottland	7	Norwegen	8	Dänemark	5	Italien	5	USA	8	Frankreich	6	Schweden	9	Kanada	6	Schweiz	7
Dänemark	4–5	Schweden	6	Frankreich	3	Deutschland	7	Kanada	9	Schottland	2	Dänemark	7	Schweiz	5	Norwegen	8	USA	4
Norwegen	4–5	Dänemark	7	Deutschland	5	Schweiz	9	Frankreich	3	Italien	4	Norwegen	7	Kanada	8	Schottland	11	Schweden	5
Schweiz	4–5	Norwegen	6	USA	9	Italien	5	Schweden	7	Dänemark	8	Schweiz	6	Deutschland	3	Italien	4	Kanada	6
Frankreich	3–6	Italien	3	Schottland	11	Kanada	7	USA	7	Schweiz	3	Deutschland	10	Norwegen	2	Frankreich	6	Dänemark	8
Italien	1–8	Deutschland	11	Schweiz	2	Frankreich	3	Norwegen	6	Kanada	4	Schweden	9	Italien	10	USA	4	Schottland	5
		Semi-Finale		USA	5	Kanada	8	*3. Platz*		Schweden	3	*Finale*		Kanada	5				
				Schottland	7	Schweden	5			USA	5			Schottland	8				
		Extra Ends – Round Robin																	
		Draw 1		USA	7	USA	7	*Draw 4*		Deutschland	6	Deutschland	6	*Draw 6*		Norwegen	6	Norwegen	7
				Kanada	7	Kanada	8			Schottland	6	Schottland	7			Schweiz	6	Schweiz	6
		Draw 6		Deutschland	9	Deutschland	10	*Draw 9*		Italien	5	Italien	5	*Draw 9*		Norwegen	6	Norwegen	6
				Schweden	9	Schweden	9			Frankreich	5	Frankreich	6			Deutschland	6	Deutschland	7
		Tie-Breaker		Schweden	7														
		4. Platz		Deutschland	6														
		Zwei Extra Ends – Round Robin																	
		Draw 7		Frankreich	4	Frankreich	4												
				Schottland	4	Schottland	5												
		Extra Ends – Championship Round																	
		Tie-Breaker		Schweden	6	Schweden	7												
		4. Platz		Deutschland	6	Deutschland	6												

Liste der Spieler – 1982

Ort	Land, Club und Trainer	Skip	Third	Second	Lead
Aitken University Centre Frederiction Kanada	*Kanada* Assiniboine Memorial C.C. Mark Olson	Mert Thompsett 20	Bill McTavish, Jr. 20	Joel Gagne 20	Mike Friesen 19
	Schottland Greenacres C.C. Chuck Hay	Robin Gray 18	Mark Stokes 19	Drew Howie 19	David Mack 19
	Frankreich Mégève Sports Club Pierre Catella	Christophe Boan 21	Philippe Pomi 18	Christophe Michaud 18	Patrick Philippe 20
	Deutschland Schwenningen C.C. Otto Danieli	Christoph Moeckel 20	Uwe Saile 21	Jürgen Kiesel 20	Andreas Sailer 20
	Schweiz Solothurn C.C. Matti Neuenschwander	Rico Simen 20	Yves Hugentobler 20	Jurg Dick 19	Mario Gross 20
	Schweden Karlstad C.C. Stig Sewik	Soren Grahn 19	Niklas Jarund 20	Henrik Holmberg 18	Anders Svennerstedt 18
	USA Seattle Granite Club Milton Best, Sr.	Dale Risling 20	Milton Best, Jr. 21	Rob Foster	Jim Foster
	Norwegen Brumunddal C.C. Bo Bakke	Morten Skaug 19	Tom Kristian Soerlundsengen 19	Helge Smeby 17	Yngve Slyngstad 19
	Italien New Wave C.C. Nino Pezzin	Adriano Lorenzi 21	Enrico Fumagalli 21	Roberto Lacedelli 21	Massimo Constantini 20
	Dänemark Hvidovre C.C. Erik Kelnaes	Jack Kjaerulff 19	Lasse Lavrsen 19	Henrik Jakobsen 19	Bo Frank 18

1982 Ergebnisse

Endergebnis		Draw 1		Draw 2		Draw 3		Draw 4		Draw 5		Draw 6		Draw 7		Draw 8		Draw 9	
Schweden	9–0	Frankreich	5	Kanada	6	Schottland	5	Deutschland	3	Schweden	9	USA	8	Dänemark	8	Schweiz	2	Italien	6
Kanada	6–3	Schweiz	6	Dänemark	4	Schweden	8	USA	4	Norwegen	4	Kanada	7	Schottland	5	Deutschland	8	Frankreich	7
USA	6–3	Schottland	5	Schweden	9	USA	6	Schweiz	8	Deutschland	6	Italien	5	Frankreich	3	Dänemark	5	Norwegen	7
Schottland	6–3	Kanada	4	Italien	3	Norwegen	4	Dänemark	7	Frankreich	8	Schottland	6	USA	9	Schweden	9	Deutschland	5
Schweiz	5–4	USA	2	Norwegen	9	Dänemark	4	Italien	2	Schottland	6	Frankreich	7	Schweden	10	Kanada	6	Schweiz	7
Norwegen	4–5	Schweden	10	Frankreich	2	Deutschland	5	Kanada	5	USA	4	Dänemark	5	Schweiz	1	Norwegen	3	Schottland	2
Frankreich	3–6	Dänemark	4	Deutschland	3	Schweiz	10	Frankreich	3	Italien	6	Norwegen	4	Kanada	13	USA	5	Schweden	4
Deutschland	3–6	Norwegen	6	Schottland	4	Italien	3	Schweden	13	Dänemark	12	Schweiz	6	Deutschland	5	Italien	7	Kanada	3
Dänemark	2–7	Italien	8	USA	7	Kanada	11	Schottland	10	Schweiz	5	Deutschland	4	Norwegen	8	Frankreich	5	Dänemark	5
Italien	1–8	Deutschland	9	Schweiz	5	Frankreich	3	Norwegen	8	Kanada	8	Schweden	6	Italien	1	Schottland	7	USA	9
		Tie-Breaker		Kanada	8	*Semi-Finale*		Schottland	2	*Finale*		Kanada	2						
		3. Platz		USA	6			Kanada	4			Schweden	6						
		Extra Ends – Round Robin																	
		Draw 4		Schweiz	7	Schweiz	8	*Draw 6*		Frankreich	5	Frankreich	7	*Draw 9*		Schweden	3	Schweden	4
				Dänemark	7	Dänemark	7			Dänemark	5	Dänemark	5			Kanada	3	Kanada	3
		Extra Ends – Championship Round																	
		Tie-Breaker		Kanada	6	Kanada	8												
				USA	6	USA	6												

Bemerkung: Nur ein Semi-Finale-Spiel, weil Schweden aus dem Round-Robin unbesiegt direkt ins Finale kam.

Liste der Spieler 1983

Ort	Land, Club und Trainer	Skip	Third	Second	Lead
City of Medicine Hat Arena-Convention Center Medicine Hat Kanada	*Kanada* Mississauga Golf & Country Club Rick Base	John Base 20	Bruce Webster 20	Dave McAnerney 20	Jim Donahoe 19
	Schottland Perth Ice Rink Bill Muirhead	Mike Hay 19	David Hay 20	David Smith 19	Russell Keiller 19
	Frankreich Curling Club of Mégève Gerard Alazet	Dominique Dupont-Roc 19	Patrick Philippe 21	Christian Dupont-Roc 18	Thierry Mercier 15
	Deutschland Schwenningen Curling Club Otto Danieli	Christoph Moeckel 20	Uwe Saile 21	Jürgen Kiesel 20	Andreas Sailer 20
	Schweiz Zermatt Curling Club Daniel Annaheim	Raoul Perren 19	Donat Perren 18	Diego Perren 18	Reto Biner 19
	Schweden Karlsad Curling Club Stig Sewik	Soren Grahn 20	Niklas Jarund 21	Henrik Holmberg 19	Anders Svennerstedt 19
	USA Rolla Curling Club Kermit Edwards	Al Edwards 21	Mark Larson 19	Kenny Mickelson 20	Dana Westemeier 21
	Norwegen Risenga Curling Club Bo Bakke	Pal Trulsen 20	Flemming Davanger 19	Stig-Arne Gunnestad 21	Kjell Berg 20
	Italien Cortina Curling Club Leone Bezzadore	Dennis Ghezze 21	Massimo Constantini 21	Paolo Bocus 20	Umberto Vacondio 19
	Dänemark Hvidovre Curling Club Erik Kelnaes	Jack Kjaerulff 20	Lasse Lavrsen 20	Henrik Jakobsen 19	Bo Frank 19

1983 Ergebnisse

Endergebnis		Draw 1		Draw 2		Draw 3		Draw 4		Draw 5		Draw 6		Draw 7		Draw 8		Draw 9	
Kanada	7–2	Frankreich	6	Kanada	6	Schottland	3	Deutschland	2	Schweden	3	Schweiz	6	Dänemark	7	USA	6	Italien	9
Norwegen	7–2	USA	3	Dänemark	5	Schweden	5	Schweiz	5	Norwegen	6	Kanada	7	Schottland	6	Deutschland	4	Frankreich	1
USA	6–3	Schottland	4	Schweden	12	Schweiz	2	USA	7	Deutschland	7	Italien	4	Frankreich	3	Dänemark	5	Norwegen	5
Dänemark	5–4	Kanada	7	Italien	3	Norwegen	6	Dänemark	8	Frankreich	4	Schottland	13	Schweiz	4	Schweden	4	Deutschland	4
Schottland	5–4	Schweiz	5	Norwegen	8	Dänemark	2	Italien	5	Schottland	10	Frankreich	7	Schweden	4	Kanada	6	USA	4
Schweiz	4–5	Schweden	2	Frankreich	6	Deutschland	8	Kanada	8	Schweiz	6	Dänemark	2	USA	6	Norwegen	2	Schottland	5
Schweden	4–5	Dänemark	6	Deutschland	5	USA	10	Frankreich	6	Italien	3	Norwegen	4	Kanada	15	Schweiz	9	Schweden	7
Deutschland	3–6	Norwegen	7	Schottland	6	Italien	3	Schweden	5	Dänemark	8	USA	5	Deutschland	3	Italien	3	Kanada	5
Frankreich	3–6	Italien	4	Schweiz	4	Kanada	6	Schottland	7	USA	5	Deutschland	4	Norwegen	11	Frankreich	2	Dänemark	6
Italien	1–8	Deutschland	7	USA	5	Frankreich	4	Norwegen	7	Kanada	2	Schweden	6	Italien	3	Schottland	7	Schweiz	4
		Tie-Breaker		Dänemark	3	*Semi-Finale*		Kanada	7	Norwegen	6	*3. Platz*		USA	4	*Finale*		Norwegen	2
				Schottland	4			Schottland	5	USA	4			Schottland	6			Kanada	7

Extra Ends – Round Robin

Draw 2		Kanada	5	Kanada	6	*Draw 4*		Frankreich	5	Frankreich	6
		Dänemark	5	Dänemark	5			Schweden	5	Schweden	5

Zwei Extra Ends – Round Robin

Draw 6		Schweiz	6	Schweiz	6	*Draw 7*		Dänemark	6	Dänemark	7
		Kanada	6	Kanada	7			Schottland	6	Schottland	6

Zwei Extra Ends – Championship Round

Tie-Breaker		Dänemark	3	Dänemark	3
		Schottland	3	Schottland	4

Kanadische Meister 1927–1984

1927
Nova Scotia
Halifax Curling Club
Murray Macneill
Al MacInnes
Cliff Torey
Jim Donahue
Ergebnis: 6–1
Ort: Toronto

1928
Manitoba
Strathcona Curling Club
(Winnipeg)
Gordon Hudson
Sam Penwarden
Ron Singbusch
Bill Grant
Ergebnis: 9–2
Ort: Toronto

1929
Manitoba
Strathcona Curling Club
(Winnipeg)
Gordon Hudson
Don Rollo
Ron Singbusch
Bill Grant
Ergebnis: 9–0
Ort: Toronto

1930
Manitoba
Granite Curling Club
(Winnipeg)
Howard Wood Sr.
Jim Congalton
Victor Wood
Lionel Wood
Ergebnis: 8–2
Ort: Toronto

1931
Manitoba
Strathcona Curling Club
(Winnipeg)
Bob Gourley
Ernie Pollard
Arnold Lockerbie
Ray Stewart
Ergebnis: 8–1
Ort: Toronto

1932
Manitoba
Granite Curling Club
(Winnipeg)
Jim Congalton
Howard Wood Sr.
Bill Noble
Harry Mawhinney
Ergebnis: 6–2
Ort: Toronto

1933
Alberta
Royal Curling Club
(Edmonton)
Cliff Manahan
Harold Deeton
Harold Wolfe
Bert Ross
Ergebnis: 6–1
Ort: Toronto

1934
Manitoba
Strathcona Curling Club
(Winnipeg)
Leo Johnson
Lorne Stewart
Lincoln Johnson
Marno Frederickson
Ergebnis: 7–0
Ort: Toronto

1935
Ontario
Thistle Curling Club
(Hamilton)
Gordon Campbell
Don Campbell
Gord Coates
Duncan Campbell
Ergebnis: 6–1
Ort: Toronto

1936
Manitoba
Strathcona Curling Club
(Winnipeg)
Ken Watson
Grant Watson
Marvin MacIntyre
Charles Kerr
Ergebnis: 8–1
Ort: Toronto

1937
Alberta
Royal Curling Club
(Edmonton)
Cliff Manahan
Wes Robinson
Ross Manahan
Lloyd McIntyre
Ergebnis: 9–1
Ort: Toronto

1938
Manitoba
Glenboro Curling Club
Ab Gowanlock
Bung Cartmell
Bill McKnight
Tom McKnight
Ergebnis: 9–0
Ort: Toronto

1939
Toronto
Granite Curling Club
(Kitchener)
Bert Hall
Perry Hall
Ernie Parkes
Cam Seagram
Ergebnis: 9–1
Ort: Toronto

1940
Manitoba
Granite Curling Club
(Winnipeg)
Howard Wood Sr.
Ernie Pollard
Howard Wood Jr.
Roy Enman
Ergebnis: 9–0
Ort: Winnipeg

1941
Alberta
Calgary Curling Club
Howard Palmer
Jack Lebeau
Art Gooder
St. Clair Webb
Ergebnis: 8–1
Ort: Toronto

1942
Manitoba
Strathcona Curling Club
(Winnipeg)
Ken Watson
Grant Watson
Charlie Scrymgeour
Jim Grant
Ergebnis: 8–1
Ort: Quebec City

1943, 1944, 1945
Keine Meisterschaften

1946
Alberta
Sedgewick Curling Club
Billy Rose
Bart Swelin
Austin Smith
George Crooks
Ergebnis: 9–2
Ort: Saskatoon

1947
Manitoba
Deer Lodge Curling Club
(Winnipeg)
Jimmy Welsh
Alex Welsh
Jack Reid
Harry Monk
Ergebnis: 9–0
Ort: St. John, N.B

1948
British Columbia
Trail Curling Club
Frenchy D'Amour
Bob McGhie
Fred Wendell
Jim Mark
Ergebnis: 8–1
Ort: Calgary

1949
Manitoba
Strathcona Curling Club
(Winnipeg)
Ken Watson
Grant Watson
Lyle Dyker
Charles Read
Ergebnis: 9–0
Ort: Hamilton

1950
Northern Ontario
Kirkland Lake Curling Club
Tom Ramsay
Lenny Williamson
Bill Weston
Bill Kenny
Ergebnis: 7–2
Ort: Vancouver

1951
Nova Scotia
Glooscap Curling Club
(Kentville)
Don Oyler
George Hanson
Fred Dyke
Wally Knock
Ergebnis: 10–0
Ort: Halifax

1952
Manitoba
Fort Rouge Curling Club
(Winnipeg)
Billy Walsh
Al Langlois
Andy McWilliams
John Watson
Ergebnis: 10–0
Ort: Winnipeg

1953
Manitoba
Dauphin Curling Club
Ab Gowanlock
Jim Williams
Art Pollon
Russ Jackman
Ergebnis: 9–2
Ort: Sudbury

1954
Alberta
Granite Curling Club
(Edmonton)
Matt Baldwin
Glenn Gray
Pete Ferry
Jim Collins
Ergebnis: 9–1
Ort: Edmonton

1955
Saskatchewan
Avonlea Curling Club
Garnet Campbell
Don Campbell
Glen Campbell
Lloyd Campbell
Ergebnis: 10–0
Ort: Regina

1956
Manitoba
Fort Rouge Curling Club
(Winnipeg)
Billy Walsh
Al Langlois
Chuck White
Andy McWilliams
Ergebnis: 9–2
Ort: Moncton

1957
Alberta
Granite Curling Club
(Edmonton)
Matt Baldwin
Gordon Haynes
Art Kleinmeyer
Bill Price
Ergebnis: 10–0
Ort: Kingston

1958
Alberta
Granite Curling Club
(Edmonton)
Matt Baldwin
Jack Geddes
Gordon Haynes
Bill Price
Ergebnis: 9–2
Ort: Victoria

1959
Saskatchewan
Civil Service Curling Club
(Regina)
Ernie Richardson
Arnold Richardson
Garnet Richardson
Wes Richardson
Ergebnis: 10–1
Ort: Quebec City

1960
Saskatchewan
Civil Service Curling Club
(Regina)
Ernie Richardson
Arnold Richardson
Garnet Richardson
Wes Richardson
Ergebnis: 9–1
Ort: Thunder Bay

1961
Alberta
Alberta Avenue Curling Club
(Edmonton)
Hec Gervais
Ron Anton
Ray Werner
Wally Ursuliak
Ergebnis: 9–1
Ort: Calgary

1962
Saskatchewan
Regina Curling Club
Ernie Richardson
Arnold Richardson
Garnet Richardson
Wes Richardson
Ergebnis: 9–2
Ort: Kitchener

1963
Saskatchewan
Regina Curling Club
Ernie Richardson
Arnold Richardson
Garnet Richardson
Mel Perry
Ergebnis: 9–1
Ort: Brandon

1964
British Columbia
Vancouver Curling Club
Lyall Dagg
Leo Hebert
Fred Britton
Barry Naimark
Ergebnis: 9–1
Ort: Charlottetown

1965
Manitoba
Granite Curling Club
(Winnipeg)
Terry Braunstein
Don Duguid
Ron Braunstein
Ray Turnbull
Ergebnis: 9–1
Ort: Saskatoon

1966
Alberta
Calgary Curling Club
Ron Northcott
George Fink
Bernie Sparkes
Fred Storey
Ergebnis: 9–2
Ort: Halifay

1967
Ontario
Parkway Curling Club
(Toronto)
Alf Phillips Jr.
John Ross
Ron Manning
Keith Reilly
Ergebnis: 9–1
Ort: Ottawa

1968
Alberta
Calgary Curling Club
Ron Northcott
Jim Shields
Bernie Sparkes
Fred Storey
Ergebnis: 9–1
Ort: Kelowna

1969
Alberta
Calgary Curling Club
Ron Northcott
Dave Gerlach
Bernie Sparkes
Fred Storey
Ergebnis: 10–0
Ort: Oshawa

1970
Manitoba
Granite Curling Club
(Winnipeg)
Don Duguid
Rod Hunter
Jim Pettapiece
Bryan Wood
Ergebnis: 9–1
Ort: Winnipeg

1971
Manitoba
Granite Curling Club
(Winnipeg)
Don Duguid
Rod Hunter
Jim Pettapiece
Bryan Wood
Ergebnis: 9–2
Ort: Quebec City

1972
Manitoba
Fort Rouge Curling Club
(Winnipeg)
Orest Meleschuk
Dave Romano
John Hanesiak
Pat Hailley
Ergebnis: 9–1
Ort: St. John's Nfld.

1973
Saskatchewan
Regina Curling Club
Harvey Mazinke
Bill Martin
George Achtymichuk
Dan Klippenstein
Ergebnis: 9–1
Ort: Edmonton

1974
Alberta
St. Albert Curling Club
Hec Gervais
Ron Anton
Warren Hansen
Darrel Sutton
Ergebnis: 8–2
Ort: London

1975
Northern Ontario
Fort William Curling Club
Bill Tetley
Rick Lang
Bill Hodgson
Peter Hnatiw
Ergebnis: 9–2
Ort: Fredericton

1976
Newfoundland
St. John's Curling Club
Jack MacDuff
Toby McDonald
Doug Hudson
Ken Templeton
Ergebnis: 9–2
Ort: Regina

1977	1978	1979	1980
Quebec	Alberta	Manitoba	Sascatchewan
St. Laurent Curling Club	*Medicine Hat Curling Club*	*Deer Lodge Curling Club*	*Nutana Curling Club*
Jim Ursel	Ed Lukowich	(Winnipeg)	(Saskatoon)
Art Lobel	Mike Chernoff (skip)	Barry Fry	Rick Folk
Don Aitken	Dale Johnston	Bill Carey	Ron Mills
Brian Ross	Ron Schindle	Gordon Sparkes	Tom Wilson
Ergebnis: 9–2	Ergebnis: 9–2	Bryan Wood	Jim Wilson
Ort: Montreal	Ort: Vancouver	Ergebnis: 10–1	Ergebnis: 10–2
		Ort: Ottawa	Ort: Calgary

1981	1982	1983	1984
Manitoba	Northern Ontario	Ontario	Manitoba
Assiniboine Memorial Club	*Ft. William Curling Club*	*Avonlea Curling Club*	Mike Riley
(Winnipeg)	(Thunder Bay)	(Toronto)	Brian Toews
Kerry Burtnyk	Al Hackner	Ed Werenich	John Helston
Mark Olson	Rick Lang	Paul Savage	Russ Wookey
Jim Spencer	Bob Nicol	John Kawaja	Ergebnis: 9–3
Ron Kammerlock	Bruce Kennedy	Neil Harrison	Ort: Victoria
Ergebnis: 10–3	Ergebnis: 10–3	Ergebnis: 12–1	
Ort: Halifax	Ort: Brandon	Ort: Sudbury	

Hallenverzeichnis Schweiz

Region Ostschweiz

Dübendorf
Curlingszenter Dübendorf, 8600 Dübendorf

Flims
Curlinghalle Waldhaus, 7018 Flims

Küsnacht ZH
Curlingbahn CC Küsnacht, Kunsteisbahn Itschnach,
8700 Küsnacht

Schaffhausen
Curlingshalle Kunsteisbahn Breite, 8200 Schaffhausen

St. Gallen
Curlinghalle Lerchenfeld, Zürcherstraße, 9000 St. Gallen

Urdorf
Curlinghalle Weihermatt, 8902 Urdorf

Uzwil
Curlinghalle Uzwil, 9240 Uzwil

Wallisellen
Curlingshalle Wallisellen AG, Im Mösli, 8304 Wallisellen

Weinfelden
Curling Center Weinfelden, 5870 Weinfelden

Wetzikon
Curlinghalle CC Wetzikon, 8620 Wetzikon

Wildhaus
Sportanlage Wildhaus AG, 9658 Wildhaus

Zürich-Dolder
Verein Dolder Curlingbahnen, Adlisbergstraße 36,
8044 Zürich

Region Zentralschweiz

Aarau
Curlinghalle Kunsteisbahn Brügglifeld, 5000 Aarau

Adelboden
Curlinghalle Adelboden, 3715 Adelboden

Arlesheim
Schwimmbadweg 4, 4144 Arlesheim

Bern
Curlingbahn Allmend AG, 3000 Bern

Biel
Curlinghalle Biel, 2500 Biel

Burgdorf
Curlinghalle, 3400 Burgdorf

Grindelwald
Sportzentrum Grindelwald AG, 3818 Grindelwald

Kandersteg
Kunsteisbahn Kandersteg, 3718 Kandersteg

Luzern
Curlinghalle Luzern, 6000 Luzern

Lyss
Eissporthalle Lyss, Sägeweg, 3250 Lyss

Olten
Curlinghalle, Kunsteisbahn Kleinholz, 4600 Olten

Solothurn
Curlinghalle in Nennigkofen, 4500 Solothurn

Thun
Curlinghalle Grabengut AG, 3600 THun

Wengen
Kunsteisbahn Wengiboden, 3823 Wengen

Zug
Kunsteisbahn Zug AG, General-Guisan-Str., 6300 Zug

Region Westschweiz

Champéry
Halle de Curling, 1874 Champéry

Les Diablerets
Halle de Curling, 1865 Les Diablerets

Genève
Halle de Curling Tivoli, Ch. Fief-de-Chapitre 1a,
1213 Petit-Lancy

Gstaad
Curlinghalle, 3780 Gstaad

Lausanne
Curling d'Ouchy, Av. de Rhodaine 7, 1007 Lausanne

Leukerbad/Loèche-les-Bains
Halle de Curling, 3954 Loèche-les-Bains

Leysin
Halle de Curling, 1854 Leyson

Morges
Halle de Curling, Avenue Warnery, 1110 Morges

Zermatt
Halle de Curling, 3920 Zermatt

Schweizer Curlingschulen (SCS)

Region Ost

SCS Flims, Werner Bundi, Fliederweg 11, 7000 Chur,
Telefon 081/24 39 50

Schaffhausen, Hermann Kuhn, Schaffhauser Str. 12,
8212 Neuhausen, Telefon 053/2 25 46

Urdorf, Lucy Luchsinger, Reppischtalstr. 8, 8903 Birmenstorf,
Telefon 01/7 37 23 73

Uzwil, Herbert von Känel, Toggenburgstr. 25, 9500 Wil,
Telefon 073/23 47 71

Wallisellen, Hans Stephan, Forchstr. 2, 8302 Kloten,
Telefon 01/8 13 77 62

Wildhaus, Max Himmelberger, Lisighaus, 9658 Wildhaus,
Telefon 074/5 16 22

Zürich-Dolder, Peter Saager, Rütistr. 63, 8032 Zürich,
Telefon 01/2 16 42 41

Region Zentral

Adelboden, Werner Allenbach, Chalet Uranus,
3715 Adelboden, Telefon 033/73 35 21

Basel, Otto Jenni, im Dentschen, 4207 Bretzwil,
Telefon 061/96 20 57

Bern, Max Hulliger, Schaufelweg 104, 3098 Schliern,
Telefon 031/53 10 48

Biel, Pierre-Ives Grivel, Crêt-des-Fleurs 4a, 2500 Biel,
Telefon 032/25 65 60

Langnau, Ernst Stähli, Schrattenweg 13, 3550 Langnau,
Telefon 035/2 14 22

Luzern, Mark Zeugin, Mühlehofstr. 26, 6030 Ebikon,
Telefon 041/36 90 23

Olten, Conrad Engler, Postgasse 13, 4102 Binningen,
Telefon 061/47 42 24

Region West

Genève, Eric Perroud, rue de Lyon 1, 1201 Genève,
Telefon 022/33 83 89

Lausanne, Ernest Pochon, rte Bordinette 13, 1094 Paudex,
Telefon 021/39 33 34

Zermatt, Amédée Biner, Haus der Brücke, 3920 Zermatt,
Telefon 028/67 35 81

Hallenverzeichnis Deutschland

Hamburg
Curlinghalle des CC Hamburg, Hagenbeckstraße,
2000 Hamburg 54, Tel. 0411/5 40 16 21

Schwenningen
Landesleistungszentrum, Zum Mooswäldle 9, 7730 Villingen-Schwenningen, Tel. 07720/39 83 50 od. 6 28 80

Stuttgart
Eishalle des TuS Stuttgart, Königsträßle 37,
7000 Stuttgart-Degerloch, Tel. 0711/24 91 und 29 74

Curlingverbände

International Curling Federation (ICF) und
Royal Caledonian Curling Club (RCCC)
2 Coates Crescent
Edinburgh EH3 7AL
Schottland
Geschäftsführer: Jim Aitken

Deutscher Curling Verband (DCV)
Betzenweg 34
8000 München 60
Geschäftsführer: Hermann Binder
Telefon 089/8 11 20 38

Schweizerischer Curling Verband (SCV/ASC)
Hohenweg 10
4612 Wangen
Präsident: Peter Scheurmann

Österreichischer Curling Verband (ÖCV)
Kästermann Str. 2
D-8022 Grünwald/Deutschland
Präsident: Günther Hummelt

Quellennachweis

Henry Eggenberger: Das große Buch vom Curling
Doug Maxwell: the first fifty
W. H. Murray: The Curling Companion
David B. Smith: Curling: An illustrated history
Manitoba Curling Assosiation Yearbook
Erste Deutsche Curling Zeitung
Pressedienste: Air Canada Silver Broom, Uniroyal Junior World Championship, Royal Bank of Scotland
DCV, KCC-Kitzbühel, RCCC, SCV/ASC
P. A. Fischer-Weppler, E. A. Sautter, Pater Prior A. Graf Waldstein OSB

Besonderer Dank gilt den Kollegen Mike Burns, Frieder Rösler, Erwin A. Sautter, David Buchanan Smith.

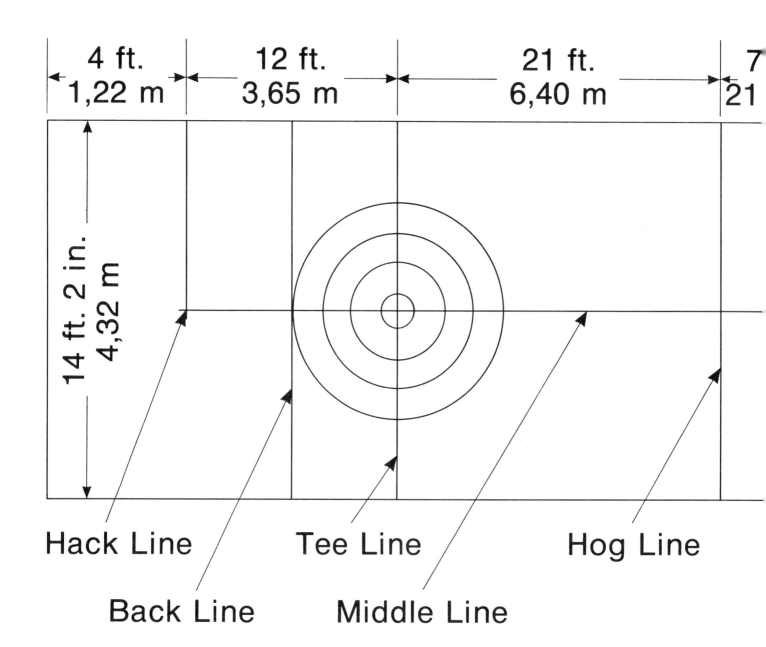